(par Félibien)

V
@
P 3+3

14662

ENTRETIENS
SUR LES VIES
ET
SUR LES OUVRAGES
DES PLUS
EXCELLENS PEINTRES
ANCIENS ET MODERNES.
TROISIEME PARTIE.

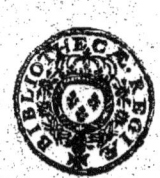 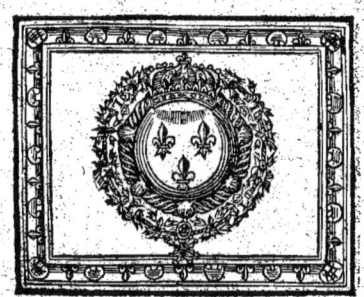

A PARIS,
Chez JEAN BAPTISTE COIGNARD, Imprimeur
du Roy, ruë S. Jacques, à la Bible d'or.

M. DC. LXXIX.

AVEC PRIVILEGE DE SA MAIESTE.

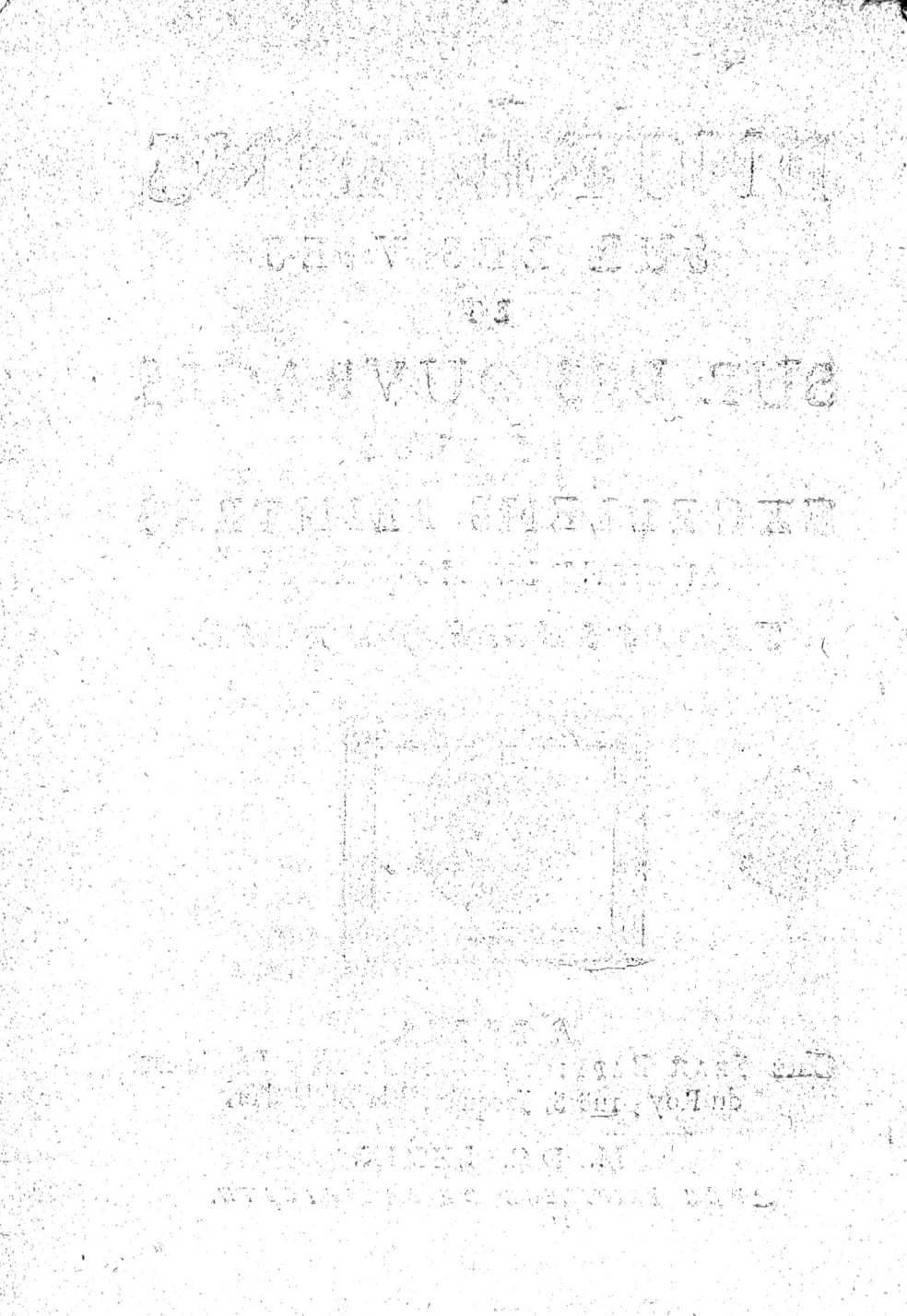

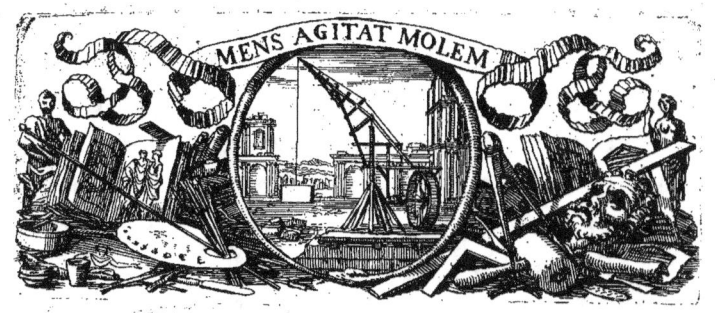

ENTRETIENS
SUR LES VIES
ET
SUR LES OUVRAGES
DES PLUS EXCELLENS PEINTRES ANCIENS ET MODERNES.
TROISIE'ME PARTIE.

CINQUIE'ME ENTRETIEN.

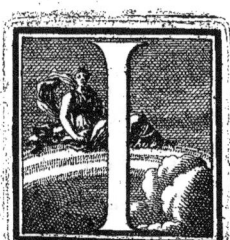L s'estoit passé quelques jours depuis la derniere conversation que nous avions euë dans les Tuilleries Pymandre & moy, lorsque nous sortismes de Paris pour aller nous promener à Saint Cloud. Quand nous fusmes

A

arrivez dans ce magnifique Palais, où Monſieur Frere Unique du Roy a joint les richeſſes de l'Art aux beautez de la Nature, nous deſcendiſmes dans le Jardin, dont les parterres émaillez d'une agreable varieté de toutes ſortes de fleurs, eſtoient encore embellis & parfumez de Myrthes, de Jaſmins & d'Orangers, qui ſurpaſſoient par la beauté de leurs feuilles, de leurs fleurs, & de leurs fruits, tout ce que les Emeraudes, l'or & l'argent peuvent compoſer de plus riche. Nous choiſiſmes pour nous aſſeoir un endroit commode, & d'où nous pouvions voir en meſme temps la riviere de Seine qui ſerpente entre les prairies & les colines qui la bordent. Il y avoit dans l'air quelques legers nuages, dont l'ombre ſe répandant inégalement ſur les montagnes & dans la plaine, faiſoit que la veuë trouvoit de temps en temps des endroits plus ſombres pour ſe repoſer aprés avoir traverſé les parties illuminées de la grande clarté du Soleil. Enfin ce lieu eſtoit pour lors un veritable ſejour de delices, où le ſilence regnoit avec tant de douceur qu'il n'eſtoit interrompu que par le bruit des fontaines, dont l'on voyoit briller les eaux au travers de l'obſcurité des arbres. Comme j'admirois la ſituation de cette charmante demeure: Ne m'avoüe-

ET LES OUVRAGES DES PEINTRES. 3

rez-vous pas, dit Pymandre, qu'en voyant la Nature dans sa beauté comme elle est aujourd'huy, il seroit difficile de ne la pas preferer à tout ce que la Peinture peut faire de plus beau; & que des Tableaux, quelques excellents qu'ils fussent, ne paroistroient rien auprés d'un Païsage aussi agreable que celuy que nous voyons devant nous. Il est vray aussi qu'il y a quelques jours que m'estant rencontré dans un endroit avec des Curieux & des Maistres mesme de l'Art; comme nous regardions les Ouvrages d'un Peintre fameux, il vint une Dame richement vestuë, mais beaucoup plus parée par sa beauté, & par les graces qui brilloient en elle, qui attirerent si puissamment nos yeux, & nous attacherent si fort à la considerer, qu'il nous fut impossible de les détourner tant qu'elle demeura dans ce lieu, ny regarder les Tableaux qui estoient devant nous.

C'estoit sans doute, luy dis-je en soûriant, une beauté semblable à cette Inconnuë dont parle Lucien, qui seule possedoit non seulement tout ce qu'il y a de plus excellent dans les Statuës & les Peintures des Anciens, mais encore ce que les Poëtes ont jamais attribué de plus charmant à leurs Divinitez.

A ij

Je ne sçay point, repartit Pymandre, si cette Dame ressembloit à celle dont parle cet Auteur, mais il y avoit dans la compagnie des gens fort amoureux des ouvrages du Titien, qui avoüerent que ses Tableaux ne paroiſtroient rien en la presence d'une si belle personne, & qui n'admirerent l'excellence de ceux que nous regardions, que quand elle fut sortie.

Outre, repliquay-je, qu'on n'estime pas toujours les Tableaux pour la beauté des sujets qu'ils representent, mais aussi pour l'excellence du travail, je vous diray que quand il est question de la ressemblance, une belle Peinture peut bien faire honte à un objet qui de soy n'est pas agreable, mais quand un beau naturel se rencontre auprés de quelque Tableau, il faut que la Peinture quelque excellente qu'elle soit cede à la Nature, comme le disciple à son maistre, & la copie à l'original.

Cependant, dit Pymandre, les Peintres choisissent les plus belles proportions pour donner à leurs figures ; & par le moyen des couleurs, ils peuvent encore non seulement égaler celle des plus beaux corps, mais en surpasser la vivacité & la fraischeur.

Il est vray, repris-je qu'un sçavant homme peut donner à ses figures par le beau choix de la forme, & l'intelligence des couleurs, plus de beauté & de grace que l'on n'en voit d'ordinaire dans les belles personnes, parce que quelques belles qu'elles soient, elles ne seront jamais si accomplies que le peut estre une figure d'un excellent Peintre. Neanmoins quelque effort que puisse faire ce sçavant homme, il n'y aura point dans ses Tableaux tant de relief qu'on en voit dans le naturel, à cause que la force des couleurs est limitée, & ne peut faire paroistre à la veuë une rondeur pareille à celle que l'on voit dans la Nature.

Je voudrois bien, interrompit Pymandre, que vous voulussiez m'en dire la raison.

C'est premierement, luy répondis-je, que les Peintres n'ont qu'un blanc & un noir pour la lumiere & les ombres; & ce blanc & ce noir ne peuvent point imiter parfaitement la Nature, parceque le blanc quelque blanc qu'il soit n'a point assez d'éclat pour representer les corps lumineux & le brillant des corps luisans; & le noir, quelque noir qu'il soit, ne peut imiter qu'imparfaitement les ombres, qui dans la Nature sont des privations de lumiere. Car les noirs d'un Tableau font des matieres qui ne peuvent estre privées de la lumiere qui les éclaire aussi bien que les autres couleurs qui font étenduës fur la fuperficie de la toile.

Secondement c'eft que nous voyons le naturel d'une autre façon que les Tablaux, parce que les rayons qui partent de nos yeux vont embraffer les tournants des corps qui font de relief, ce qui ne fe fait pas de mefme à l'égard des fuperficies plates, fur lefquelles les rayons vifuels demeurent arreftez. C'eft ce que Leonard de Vinci remarque dans fon traité de la Peinture, où il fait voir que fi nous regardons les chofes peintes avec un feul œil, elles nous fembleront plus vrayes, & paroiftront avoir plus de rondeur, quoyqu'il y ait toujours bien de la difference entre une chofe peinte & le naturel, à caufe, comme je viens de dire, qu'il y a dans les corps naturels une lumiere & des ombres que la Peinture n'a pas la force de bien reprefenter.

* Ch. 341.

N'eft-ce point auffi, dit Pymandre, que nous n'avons plus aujourd'huy toutes les couleurs dont les Anciens fe fervoient : car vous fçavez que l'on a parlé avec tant d'eftime de leurs Tableaux, que mefme quelques-uns en ont écrit des chofes prodigieufes & furprenantes; ce qui fait penser qu'ils devoient avoir quelque secret particulier pour faire de tels miracles; comme quand Appelle peignit une Cavalle qui paroissoit si vraye que les chevaux hannissoient aprés.

Hé bien, luy dis-je, Pline qui rapporte cette merveille de la Peinture, remarque qu'Apelle ne se servoit que de quatre couleurs. Non, non, ce n'est pas qu'ils eussent ny des couleurs plus vives, ny en plus grand nombre que nous en avons aujourd'huy : Si les Anciens ont fait quelque chose de grand & de beau, c'est qu'ils avoient du sçavoir & de l'intelligence.

Cependant, repartit Pymandre, les bonnes couleurs sont tres-necessaires à la perfection des Tableaux, & je vous ay ouy dire, que de tout temps il y a eu des Peintres qui ont sceu les employer les uns bien mieux que les autres. Que Zeuxis parmy les Anciens avoit un coloris plus beau qu'Apelle; de mesme que parmy les Modernes le Titien possedoit cette partie au dessus de Raphaël. Mais puisque nous en sommes sur cette partie du coloris, & que le Titien y estoit si sçavant, ne voudriez-vous pas bien que nous fissions aujourd'huy le sujet de nostre conversation de ce qui regarde ce grand personnage, & parler en mesme temps de la beauté des couleurs, comme vous m'avez déja parlé de l'excellence du deſſein.

Cette matiere, luy répondis-je, eſt bien ample & bien étenduë; car pour connoiſtre le grand ſçavoir d'un Peintre qui a excellé dans le coloris comme a fait le Titien, il faudroit parler des lumieres, des ombres, & de pluſieurs autres choſes, & commencer par les couleurs.

Comme il y en a, dit Pymandre qui croyent qu'elles ne ſont point des ſubſtances corporelles, mais des lumieres, ne ſeroit-il pas à propos de parler d'abord de la lumiere en general.

Il n'eſt pas icy queſtion, luy repartis-je, de diſcourir des couleurs à la maniere des Philoſophes, ny de nous arreſter à leurs diverſes opinions. Nous devons conſiderer les couleurs de la ſorte que les Peintres les conſiderent. C'eſt-à-dire qu'il faut parler en premier lieu des couleurs qui s'employent, ſoit à huile, ſoit à deſtrempe, qui ſont des matieres reélles, & terreſtres: En ſecond lieu de celles qui paroiſſent dans les objets de la Nature; Et en ſuitte aprés avoir dit quelque choſe des lumieres & des ombres, nous y ferons ſi vous voulez des obſervations, lorſque nous parlerons des ouvrages du Titien & d'autres Peintres les plus fameux.

Je

Je dis donc que si dans les choses naturelles, c'est la forme qui maintient l'estre, & qui est le principe de leur durée, il en est tout autrement dans les ouvrages de l'art, où la matiere conserve leur forme, & les fait resister plus ou moins à l'effort des années. C'est pourquoy les Peintres qui veulent que leurs ouvrages se conservent long-temps, ne doivent pas negliger de travailler sur des fonds durables, & avec des couleurs qui ne passent point. Il est vray qu'ils n'ont pas toujours la liberté de choisir le fond de leurs Tableaux, estant obligez de travailler, tantost sur des murailles, tantost sur du bois, & souvent sur de la toile ; mais il est toujours dans leur pouvoir d'apporter beaucoup de soin à preparer ces divers fonds, & à chercher les couleurs qui sont les meilleures. Ainsi quand on peint à fraisque, c'est au Peintre à prendre garde que l'enduit soit de bonne chaux & de bon sable, & à faire provision des couleurs propres pour ces sortes d'ouvrages, parceque celles qui servent à peindre à huile n'y sont pas toutes également bonnes. Les plus terrestres & les moins composées sont les vrayes couleurs dont on se doit servir à fraisque. Pour travailler à huile il faut encore user des mesmes precautions. Les Anciens qui peignoient sur des ais faisoient un choix tout particulier du bois qui estoit le moins sujet à se corrompre. Nous voyons que les Tableaux de Raphaël & des Peintres de son temps, qui estoient sur des fonds de bois, se sont parfaitement bien conservez. Neanmoins comme la toile est plus commode, & se roule aisément quand on veut la transporter, l'on s'en est beaucoup servy, principalement depuis que l'on a peint à huile, & que la fraisque & la destrempe ne sont plus si fort en usage qu'elles estoient anciennement.

Je sçay bien, dit Pymandre, que les Peintres ont receu un grand secours de la maniere de peindre à huile, mais ne trouvez-vous pas que ce qui est peint à fraisque a plus d'éclat & de vivacité.

Dans les grands Ouvrages, luy repartis-je, & principalement dans les voutes, où il est malaisé de trouver des jours propres pour bien voir la Peinture à huile, il est certain que la fraisque est plus commode, & plus expeditive, outre qu'elle ne se pert presque jamais que par la ruine des bastimens mesmes contre lesquels on a travaillé, comme vous avez peu voir à Rome dans ces grandes salles du Vatican, dans plusieurs autres Palais, & dans les ruës mesmes de la ville.

ET LES OUVRAGES DES PEINTRES. 11

Il est vray encore que la vivacité des couleurs se conserve mieux dans la peinture à fraisque que dans la peinture à huile qui est sujette à jaunir & à noircir, & qui se détache quand elle est contre de gros murs à cause de l'humidité, comme il se voit dans le Tableau de la Cene que Leonard de Vinci a peinte à Milan. Cependant pour ce qui regarde les Tableaux de moyenne grandeur, l'huile est plus commode & fait un meilleur effet; parce qu'on peut retoucher davantage son ouvrage; & que les couleurs employées avec l'huile imitent bien mieux le naturel. Si elles ne sont pas si vives ny si fraisches que celles de la peinture à fraisque ou à destrempe, les ombres en recompense en sont bien plus fortes : ce qui fait qu'on peut par ce moyen donner beaucoup plus de relief aux figures, que non pas dans les autres manieres de peindre. Nous voyons mesme de grands ouvrages à huile qui font des effets admirables, quoy que ce soit dans des voutes d'Eglise & des galeries où les jours pouroient n'estre pas si advantageux qu'à la fraisque, comme ce que l'on a peint au Louvre, aux Thuilleries & en divers autres lieux de Paris, sans parler de ces grands Tableaux du Titien & de Paul Veronese qui

B ij

font à Venife, & qui font fi merveilleux pour la beauté & la fraifcheur du coloris. Car il eft certain que l'on manie plus facilement les couleurs à huile ; & que dans la detrempe on ne peut bien finir une chofe qu'avec la pointe du pinceau & avec une patience tres-grande ; Mais à huile un Peintre peut empafter de couleurs & retoucher fon ouvrage autant de fois qu'il luy plaift: Et quand il entend bien la diminution des teintes, il a beaucoup plus de plaifir & d'avantage dans fon travail. Mais il faut auparavant qu'il difpofe, comme je croy vous l'avoir defia dit, les matieres propres pour ce qu'il veut faire, afin de ne pas perdre fon temps fur un ouvrage qui ne dureroit que peu d'années.

Si j'eftois, dit Pymandre, bien entendu dans tout ce qui regarde l'Art de peindre, je ne vous interromprois pas pour vous dire que fans craindre de vous arrefter à des chofes qui vous femblent trop communes, vous pouvez m'apprendre quelles font ces preparations neceffaires à des ouvrages de longue durée: Car pour ceux qui inftruifent, & pour ceux qui veulent eftre inftruits, il n'y a rien de trop bas, ny qui foit indigne d'eftre appris, principalement quand cela fert à la parfaite intelligence d'un

Art dont on est bien aise de sçavoir toutes les circonstances.

Voulez-vous, luy repliquay-je, que je vous dise que pour faire un Tableau vous devriez preparer un bon fonds de bois, ou de la toile bien imprimée de couleurs qui ne viennent pas à tuer celles que l'on y mettra en suite, comme feroit la mine ou la terre d'ombre ; Et que je vous entretienne des incommoditez qu'un Peintre souffre quand sa toile n'est pas bien preparée, & que ses couleurs ne valent rien. Je ne croy pas qu'il soit necessaire de vous instruire de cela, puisque vous ne serez jamais en estat de vous en servir, & que la pratique ne met guere à l'apprendre à ceux qui travaillent. C'est assez que vous sçachiez que les mechantes couleurs sont cause qu'un ouvrage s'efface & perd toute sa force & sa beauté au bout de peu d'années. Je pourois vous dire sur cela beaucoup de choses, mais quand vous les sçauriez, & que je vous aurois nommé toutes les couleurs dont les Peintres se servent, vous n'en seriez gueres plus sçavant : car ce n'est pas seulement la bonté des couleurs qui en fait la beauté dans un Tableau, c'est le travail & la maniere de les employer ; ce qui fait qu'un bon & un mauvais Peintre font des ouvrages bien differents quoy qu'ils se servent des mesmes couleurs. Outre cela il y a le meslange qui se fait des couleurs principales les unes avec les autres ; qui ne s'apprend bien que par la pratique, & encore ce ne seroit pas assez de l'avoir veu faire une ou deux fois, il faut comprendre en travaillant soy-mesme la force & la nature de chaque couleur en particulier, & sçavoir mesme avant que de les employer l'effet qu'elles doivent faire. Car comme les Sciences & les Arts ont quelque ressemblance les uns avec les autres ; les Peintres ont cela de commun avec les Orateurs, que de mesme qu'il n'est pas possible, selon le tesmoignage d'Hermogenes, de bien faire une oraison, & de sçavoir comment elle doit estre composée, si l'on ne sçait auparavant quelles sont les choses qui doivent y entrer ; aussi est-il difficile à un Peintre de bien colorier les corps qu'il veut representer, s'il ne sçait la force des couleurs qu'il veut employer, & l'effet qu'elles produiront quand elles seront meslées ensemble : comme quand le noir de charbon est meslé avec le blanc, le Peintre doit sçavoir qu'il en naistra une couleur d'un gris bluastre ; & que le jaune & le bleu feront du vert.

ET LES OUVRAGES DES PEINTRES. 15

Ce qui fait, dit Pymandre, que les Tableaux sont si differents les uns des autres dans le coloris, n'est-ce point que les ouvriers n'ont pas une égale connoissance de ce meslange; car Denis d'Halicarnasse semble s'estonner de ce qu'encore que ceux qui peignent des animaux se servent tous de mesmes couleurs; il y a cependant toujours beaucoup de difference dans leurs coloris. Or non seulement je remarque cette diversité dans ceux qui font des animaux & qui imitent les choses les plus simples de la Nature, mais aussi dans tous les grands Peintres qui ont representé le corps humain. Car chacun le peint differemment & d'une maniere particuliere, comme ont fait le Guide, le Dominiquin, Lanfranc & tant d'autres, quoy qu'ils fussent tous disciples des Caraches, qu'ils eussent estudié en mesme école, & qu'ils eussent, si vous voulez, un mesme sujet à imiter.

Ce n'est pas, luy respondis-je, le meslange seul des couleurs qui fait cette difference, mais ç'a esté un goust particulier, & une volonté propre à chacun de ces grands hommes qui les a portez à suivre une maniere particuliere selon qu'elle leur a semblé plus vraye & plus forte; Et ce choix que chacun d'eux en a fait est d'autant plus estimable qu'on voit qu'ils approchent du vray & du beau. De sorte que si dans les Tableaux de ces differents Peintres que vous avez nommez, il y a des carnations qui sont plus grises, d'autres plus rouges, & d'autres plus noires que le naturel, c'est un effet de l'inclination & du differend goust de ces maistres. C'est pourquoy le Titien s'est rendu considerable, & s'est eslevé au dessus de tous les autres pour avoir si bien sçeu connoistre la couleur de toutes les choses qu'il a voulu peindre, n'ayant point eu de maniere particuliere; mais ayant tellement imité la belle Nature, qu'il a toujours representé la chair comme une veritable chair; le bois comme du bois; la terre comme de la terre, & ainsi tout ce qu'il a voulu peindre.

Dans l'art de traiter les couleurs, & dans le meslange que l'on fait des unes avec les autres, il se rencontre beaucoup de choses à considerer. Car il y a le meslange des couleurs qui se fait sur la palette avec le couteau lors que l'on compose les principales teintes dont on croit avoir besoin: Et le meslange qui se fait avec le pinceau sur la palette ou sur le Tableau mesme pour joindre ensemble toutes les couleurs & pour les noyer les unes avec les

autres

autres. De tous ces differents meslanges de couleurs s'engendre cette multitude de differentes teintes qui se rencontrent dans les tableaux, sans lesquelles le Peintre ne peut bien imiter, ny les carnations, ny les draperies, ny generalement toutes les autres choses qu'il veut representer. Et comme il doit faire le meslange de ses teintes sur sa palette ou sur son tableau selon les couleurs qui luy paroissent dans le naturel, il faut qu'il soit extraordinairement soigneux d'observer dans la Nature de quelle maniere elles y paroissent; c'est à dire qu'il doit, en considerant les corps des hommes, regarder de quelle façon ils sont colorez; quelles parties sont plus vives, & quelles parties sont plus claires; celles qui sont plus rouges & celles qui ont une apparence un peu bluastre, comme sont d'ordinaire les chairs les plus delicates; & prendre bien garde comment toutes ces differentes couleurs s'unissent & se meslent si bien ensemble, qu'il semble qu'une infinité de diverses teintes ne fassent qu'une seule couleur.

Quand un Peintre sçait mesler ses couleurs, les lier & les noyer tendrement, on appelle cela bien peindre; C'est la partie qu'avoit le Corege, comme je vous ay dit assez de fois,

& ce beau meslange de couleurs non seulement se doit faire dans les superficies égales en clarté, mais encore dans la jonction ou nouëment des parties claires avec les brunes.

Ce nouëment, interrompit Pymandre, & ce meslange de couleurs qui se fait avec tendresse, est-ce point ce que Pline appelle *commissura & transitus colorum* ? Et ce qu'Ovide entend lors qu'il parle des couleurs de l'arc-en-Ciel, quand il dit:

<small>Ovid. 6.
Meth. v. 65.</small>

In quo diversi niteant cum mille colores,
Transitus ipse tamen spectantia lumina fallit,
Vsque adeo quod tangit idem & tamen ultima distant.

Je ne croy pas qu'on puisse mieux exprimer le passage presqu'insensible qui se fait d'une couleur à une autre. Il me souvient que Philostrate traitant de l'education d'Achilles, observe que ce qui paroissoit de plus merveilleux dans la representation de Chiron peint en Centaure, estoit l'assemblage de la Nature humaine avec celle du cheval, que le Peintre avoit si adroitement jointes ensemble, qu'on ne pouvoit connoistre la separation de l'une d'avec l'autre, ny s'appercevoir où elle com-

<small>L. 2. Icon.</small>

ET LES OUVRAGES DES PEINTRES. 19
mençoit, & où elle finiſſoit.

Les plus beaux exemples qu'on en voye dans la peinture, repartis-je, ſont dans la Gallerie de Farneſe, où les Caraches ont repreſenté Perſée qui change des hommes en pierres: Et dans le Cabinet du Roy, où le Guide a peint le Centaure Neſſe qui enleve Dejanire. Mais il y a de la difference de cette maniere de paſſer d'une couleur à une autre, à cette autre union & à ce paſſage de couleurs dont nous venons de parler. Quoy que ce ſoit une choſe tres-eſtimable de bien unir enſemble les couleurs pour joindre des corps de differentes eſpeces, ce n'eſt rien neanmoins en comparaiſon de ſçavoir peindre les contours & les extremitez de tous les corps en general, & faire qu'ils ſe perdent par une fuite & un détour inſenſible, qui trompe la veuë de telle ſorte qu'on ne laiſſe pas d'y comprendre ce qui ne ſe voit point. Parrhaſius fut celuy des Peintres anciens qui poſſeda parfaitement cette ſcience. Pline, qui en a fait la remarque, conſidere cette partie comme la plus difficile & la plus importante de la Peinture, parce, dit-il, qu'encore qu'il ſoit toujours avantageux de bien peindre le milieu des corps, c'eſt pourtant une choſe ou pluſieurs ont acquis de la gloire; Lib. 35 c. 10.

C ij

mais d'en bien tracer les contours; les faire fuir, & par le moyen de ces affoiblissemens, faire en sorte qu'il semble qu'on aille voir d'une figure ce qui est caché; c'est en quoy consiste la perfection de l'art, & ce qui ne s'apprend pas sans beaucoup de peine.

C'est aussi ce qui donne du relief aux corps, & qui dépend non seulement de l'affoiblissement des couleurs, mais encore de celuy des lumieres & des ombres. Les Anciens avoient raison de priser cette partie, parce qu'il faut beaucoup de connoissance pour la posseder. Si vous me demandez quels moyens les Peintres peuvent avoir pour l'acquerir, je vous diray que je n'en voy point de plus propre que les continuelles observations des differens effets de la lumiere & de l'ombre, qu'ils peuvent faire sur le naturel; & en suitte d'imiter ces effets dans leurs tableaux par le moyen des couleurs & des teintes qu'il faut fortifier ou affoiblir selon qu'ils le jugeront necessaire.

N'est-ce pas, dit Pymandre ce que vous appellez la Perspective aërienne.

Il ne faut pas douter, repartis-je, que cela n'en dépende: Cependant je vous diray, que c'est improprement que l'on appelle Perspective aërienne ce qui regarde la diminution

ET LES OUVRAGES DES PEINTRES. 21

des couleurs, & ce n'eſt que par analogie qu'on la nomme ainſi ; parce que la vraye Perſpective pratique n'eſt que des figures dont la grandeur diminuë ſelon l'éloignement, & ſe repreſente par des lignes que l'on tire : au lieu que la diminution des couleurs ne va que dans le plus ou le moins de la lumiere, dont l'on ne peut donner de regles. Il faut ſeulement comprendre que cette Perſpective conſiderée en particulier, n'eſt autre choſe que la diminution des couleurs qui ſe fait par l'interpoſition de l'air qui eſt entre l'objet & noſtre œil. Pour la bien pratiquer on doit prendre garde qu'encore que l'air ſoit un corps diaphane, au travers duquel la lumiere du Soleil paſſe avant que de ſe répandre ſur les autres corps, on ne peut conſiderer les effets de la lumiere du Soleil, ſans concevoir l'impreſſion qu'elle reçoit en paſſant au travers de l'air, qui eſt ſuſceptible de pluſieurs changemens, eſtant plus épais dans des temps & dans des lieux qu'en d'autres. C'eſt pourquoy ſi vous trouvez à propos que nous en diſions quelque choſe, nous obſerverons d'abord ce que fait l'air ſur les corps, ſelon qu'ils ſont plus ou moins éloignez de nous ; & en ſuite nous pourrons parler des ombre & des lumieres, & de ce qu'el-

DE LA PERSPECTIVE AERIENNE.

C iij

les produisent dans les tableaux, quand elles y sont bien observées.

Pour ce qui est de la Perspective aërienne il faut concevoir que l'air est comme je viens de dire un corps diaphane, non pas toutefois absolument diaphane, parce qu'il est coloré, au travers duquel on voit les objets, qui prenant davantage de la couleur de ce corps à mesure qu'ils s'éloignent, viennent peu à peu à se perdre & à se confondre. Je ne puis me servir d'un exemple plus propre à ce sujet que ce qui nous paroist tous les jours dans l'eau. Si nous jettons les yeux sur quelque lac ou sur quelque riviere pour regarder au fond; & qu'il y ait des poissons qui nagent, alors nous voyons distinctement dans ceux qui approchent le plus prés de la surface de l'eau, leur forme & la couleur de leurs écailles. Ceux qui seront plus bas nous sembleront moins colorez; & à mesure qu'ils s'enfonceront plus avant & qu'ils s'éloigneront de nous, ils prendront davantage de la couleur de l'eau, jusques-là qu'on en verra quelques-uns qui ne paroistront que des ombres, d'autres qui seront comme l'eau mesme; enfin quoy qu'il y en ait, nous ne verrons plus rien, si ce n'est qu'il nous semblera qu'il doit y en avoir encore. Tout de mesme quand les images des objets paſſent au travers de l'air, ils diminuent & s'affoibliſſent à proportion de la quantité d'air qui eſt entre eux & l'œil qui les voit.

Mais parce que l'air n'eſt pas toujours également pur par tout : qu'il peut recevoir des lumieres particulieres, comme quand on voit une tour qui paroiſt le matin au lever du Soleil environnée d'une legere vapeur dans la partie la plus proche de la terre, & dont le haut au contraire eſt éclairé du Soleil, ce que le Pouſſin & Claude le Lorrain ont parfaitement bien repreſenté dans des païſages. Et parce encore que les objets peuvent auſſi eſtre plus ou moins ſuſceptibles de la couleur de l'air, & d'eux-meſmes plus ſenſibles à la veuë les uns que les autres, il y a diverſes choſes qu'il faut obſerver dans la Nature, & dont l'on ne peut faire des regles aſſurées.

Par exemple le vert & le rouge mis dans une meſme diſtance feront une ſenſation differente à noſtre veuë, non ſeulement par les qualitez propres de ces deux couleurs ; mais parce que le vert eſtant plus capable de prendre la couleur de l'air, qui eſt bleuë, que non pas le rouge, il paroiſtra plus éloigné, puiſqu'il pert davantage de ſa veritable couleur, qui se confond plus aisément que le rouge avec celles de l'air. Voila quant à la qualité des couleurs dans un mesme air & dans une mesme distance. Voyons ce que fait une mesme couleur dans une mesme distance, mais dans deux situations differentes où l'air soit plus espais en l'une qu'en l'autre. Si une personne vestuë de blanc ou une figure de marbre ou de plastre, si vous voulez, est posée dans un lieu où l'air soit purifié, il est certain qu'elle paroistra plus blanche & plus proche qu'une autre qui sera dans un air plus épais, quoy qu'elles soient dans une égale distance, & de pareille grandeur & blancheur, parce que la grande épaisseur de l'air où elle se trouve esteindra son blanc, & la fera paroistre plus bluastre. C'est pourquoy il est fort difficile de donner des moyens asseurez pour affoiblir les couleurs selon la perspective, puisque cela dépend de la disposition de l'air, de la lumiere qui les éclaire, & encore de la force mesme des couleurs.

Cependant comme tous les objets se monstrent à nous par des lignes qui forment une Pyramide dont la pointe est dans nostre œil & la base sur la surface des corps, il faut que le Peintre s'imagine qu'il sort un nombre infini de lignes de tous les corps, lesquelles luy

en

en apportent la figure & la couleur. Que plus ces lignes font longues, c'est à dire plus l'objet est éloigné de l'œil, & plus elles font teintes & chargées de la couleur de l'air, qui diminuë la couleur naturelle de l'objet ; Outre cela ces mesmes lignes se communiquent les unes aux autres les couleurs qui sont particulieres à chacunes d'elles, ce qui se fait si insensiblement qu'on ne s'apperçoit d'aucun changement, ainsi que vous le disiez tout à l'heure en parlant de la nuance des couleurs de l'Arc-en-Ciel. Et c'est ce qui est cause que plus les corps sont éloignez, & moins nous en découvrons les veritables couleurs, & la vraye forme des contours, parceque les uns & les autres s'unissent ou à d'autres corps qui en sont plus proches, ou mesme à l'air qui passe à costé qui en diminuë & altere quelque partie : ce qui doit obliger le Peintre à faire en sorte que ses figures tiennent toujours de la couleur du champ où elles sont, principalement dans leurs extremitez.

Mais si les corps se changent par la nature de leur propre couleur selon les airs & les distances differentes, ils reçoivent encore du changement selon leurs diverses figures. Car ceux qui sont spheriques ou concaves, prennent d'autres apparences que ceux qui sont plats & uniformes, selon la position de la lumiere, ou de l'œil qui les regarde.

Et parce qu'il est certain que les couleurs changent principalement par le moyen des lumieres; & que dans l'ombre elles ne paroissent point à l'œil comme quand elles sont exposées dans un grand jour, il faut considerer de quelle maniere l'ombre cache & offusque la couleur, & de quelle sorte le jour la découvre & luy rend son lustre. Nous pouvons donc parler premierement de la nature & de l'effet des couleurs, & en suite nous dirons comment elles changent par le moyen de la lumiere.

De la nature et de l'effet des Couleurs.

Il n'est pas besoin de rechercher icy de quelle sorte les couleurs s'engendrent: si c'est du mélange des parties rares ou compactes, qui font de differentes reflexions; ou si c'est du mélange de la reflexion & de la refraction de la lumiere jointes ensemble, qui est l'opinion la plus probable: Car il n'est pas necessaire au au Peintre de sçavoir la nature & les causes des couleurs, mais seulement d'observer leurs effets.

Il y a des Philosophes, dit Pymandre, qui ne veulent admettre que deux couleurs principales du mélange desquelles toutes les au-

ET LES OUVRAGES DES PEINTRES. 27

tres derivent, sçavoir le blanc & le noir.

Il est vray, repartis-je, mais il s'est trouvé aussi des Sçavans en Peinture qui ont creu qu'il y a quatre principales couleurs, qui ont rapport aux quatre elements; le rouge au feu, l'azur à l'air, le vert à l'eau, & le cendré à la terre ; & que du mélange qui se fait de ces quatre couleurs avec le blanc & le noir, qui sont pour la lumiere & les ombres, il s'engendre une infinité d'autres especes de couleurs. *Leon Bapt. Albert l. 1. de la Peint.*

Il y en a d'autres qui ont mis pour couleurs principales le blanc & le noir, qui sont les deux extrémes; & pour moyennes le jaune, le rouge, le pourpre & le vert. Je vous avouë que je ne comprends pas quel a esté leur raisonnement. Il me semble que quand les premiers auroient bien reussi dans l'application qu'ils en font avec les quatre elemens, ils ne se sont pas pour cela moins abusez, s'ils en ont voulu parler comme Peintres. Car si les uns & les autres eussent consideré que prenant le noir & le blanc, pour l'ombre & pour la lumiere, le vert, le pourpre ny le cendré ne peuvent pas estre des couleurs principales, puisqu'elles sont elles-mesmes des couleurs composées. Ils eussent mieux parlé à mon sens, si, laissant le blanc & le noir pour les extremes, ils eus- *Lomazzo l. 3. ch. 3.*

D ij

sent dit qu'il y a trois couleurs premieres qui ne peuvent estre parfaitement composées d'aucune autre, mais dont toutes les autres sont composées; sçavoir le jaune, le rouge & le bleu. Car le jaune & le rouge meslez ensemble font l'orengé; du jaune & du bleu il en naist le vert; & le pourpre est engendré par le mélange du rouge & du bleu. De sorte que si de toutes ces couleurs l'on en forme une nuance, les unissant doucement les unes avec les autres, il s'en forme une harmonie comme dans la Musique; Ce que M. de la Chambre a décrit avec beaucoup de science & de curiosité dans un de ses ouvrages : Estant vray qu'il y a une si grande ressemblance entre les tons de Musique & les degrez des couleurs, que du bel arrangement qu'on peut faire de celles-cy, il s'en forme un concert aussi doux à la veuë, qu'un accord de voix peut estre agreable aux oreilles, & c'est cette science qui fait naistre la douceur, la grace, & la force dans les couleurs d'un tableau. Car de mesme qu'il n'y a qu'un certain nombre de consonances dans la Musique, dont on peut, en les assemblant, faire une diversité de modulations & d'harmonies; aussi par le mélange d'un petit nombre de couleurs, il s'en peut faire des especes sans nombre.

Et comme dans la Musique le grave & l'aigu ne font point d'eux mesmes de tons, parce qu'ils sont dans tous les tons ; ainsi le blanc & le noir ne sont point des couleurs, parce qu'ils se rencontrent dans toutes les couleurs.

Or supposé qu'il n'y ait que trois couleurs principales dont toutes les autres sont engendrées ; Car le nombre des couleurs importe fort peu à un Peintre, pourveu qu'il ait celles qui luy sont necessaires quand il travaille. Cela supposé, dis-je, il doit prendre garde lors qu'il les employe de quelle sorte il les met les unes auprés des autres pour produire cette harmonie dont nous venons de parler ; parce qu'entre toutes les couleurs, soit qu'elles soient simples, soit qu'elles soient mélangées, il y a une amitié & une convenance qui donne aux ouvrages de Peinture une beauté & une grace toute extraordinaire, lors qu'elles sont bien placées les unes auprés des autres.

Vous concevez bien qu'il est tres-difficile de prescrire des regles asseurées pour entrer dans cette pratique, & qu'il faut que le jugement de celuy qui travaille ordonne toutes ses couleurs selon son sujet, selon la disposition de ses figures, & selon les lumieres qui les éclairent ; mais on peut en diverses rencontres faire des observations sur la Nature, & considerer comment les plus excellens Peintres se sont conduits. Nous avons autrefois admiré ensemble de quelle maniere le Guide a si bien vestu les Heures qui suivent le char du Soleil dans le plat-fond qu'il a peint à Rome au Palais du Cardinal Mazarin; Il ne s'est servy que de couleurs douces & amies les unes des autres. Avec combien de plaisir avons-nous consideré dans le Salon du Cardinal Antoine, peint par le Cortone, cette *Vaguez e*, pour me servir du mot Italien; & cette belle harmonie de couleurs qui rend tout cet ouvrage si agreable.

Mais il est encore impossible de bien sçavoir l'effet des couleurs, si l'on n'a égard à la lumiere dont elles sont éclairées, & à l'ombre, qui les obscurcit. Car bien que les couleurs des corps solides demeurent stables, & dans leur nature sur les sujets où elles sont adherentes; comme le blanc d'une statuë, le rouge d'un manteau, le vert d'un arbre, & ainsi du reste; ces mesmes couleurs neanmoins paroistront tantost plus claires & tantost plus obscures, selon qu'elles recevront plus ou moins d'ombre & de lumiere.

Et parce que les lumieres & les ombres ap-

ET LES OUVRAGES DES PEINTRES. 31

portent du changement dans les couleurs, il faut donc que le Peintre faſſe le plus d'obſervations qu'il pourra pour remarquer ces ſortes d'alterations ; & qu'en premier lieu il ſe ſouvienne que la Peinture ne luy fournit que le noir & le blanc pour repreſenter l'ombre & la lumiere, & que c'eſt avec ces deux couleurs qu'il peut rendre toutes les autres plus ou moins ſenſibles. Mais il doit eſtre fort judicieux & retenu quand il employe le blanc & le noir dans ſes ouvrages, parce que comme les jours & les ombres donnent le relief & les enfoncemens aux corps, & aident à en faire paroiſtre les parties ou plus proches ou plus éloignées, il ne reuſſira jamais bien dans ce qu'il entreprendra, s'il ne ſçait temperer ſes bruns & ſes clairs, en ſorte qu'ils faſſent le meſme effet qui paroiſt dans les choſes de relief. Pour cela il faut qu'en peignant la ſuperficie d'un corps, ſa couleur ſoit plus claire & plus lumineuſe dans l'endroit où les rayons de lumiere doivent frapper davantage. Et comme la lumiere viendra peu à peu à s'éteindre & à manquer, il faut auſſi qu'il affoibliſſe peu à peu la force de ſes teintes. Mais parce qu'il n'y a jamais dans un corps aucune ſuperficie éclairée de lumiere, qu'il ne s'en trouve une autre oppofée à la lumineufe qui eft dans l'ombre & dans l'obfcurité, l'on doit prendre garde fur le naturel de quelle forte les ombres répondent entr'elles dans les parties oppofées à la lumiere felon les divers degrez d'éloignement. Par exemple, encore que le bleu d'un manteau foit égal dans toutes les parties de ce veftement, il fait neanmoins un autre effet dans les endroits où la lumiere frappe plus fort; & il paroift d'une autre forte dans les lieux où la lumiere gliffe, & dans ceux qui font ombrez.

Nous avons déja parlé de quantité de fçavans hommes qui ont imité avec tant d'art & de juftesse ce que la Nature fait en ces rencontres, que plufieurs de leurs figures paroiffent vrayes & de relief. Quand on les regarde avec foin on connoift qu'ils y ont obfervé des chofes dont veritablement tout le monde n'eft pas capable de juger, mais que ces grands Perfonnages ont faites avec beaucoup de fcience & de raifon, ayant remarqué tous les differents effets de la lumiere, lors qu'elle fe répand fur les corps. Entre ces excellents Peintres le Titien a efté le plus grand obfervateur de ces effets de lumieres & de couleurs. Et mefme tout ainfi que Michel Ange pour montrer la
connoiffance

connoiſſance qu'il avoit de l'anatomie, cherchoit les occaſions de peindre des hommes nuds, auſſi le Titien affectoit de peindre des ſujets où il peuſt repreſenter ces effets de lumieres.

Si un Peintre, dit Pymandre, veut parfaitement imiter l'ombre & la lumiere, ne doit-il pas faire une eſtude particuliere de toutes les ombres & de toutes les lumieres differentes. Car la lumiere d'un flambeau n'eſt point ſemblable à celle du Soleil; & les corps qui ſont dans la campagne, éclairez d'un jour univerſel, paroiſſent autrement que ceux qui ſont dans une chambre & qui ne reçoivent la lumiere que par une feneſtre. Et comme l'uſage de la Perſpective lineale ſert à trouver la diminution des corps ſelon leurs divers éloignemens, ne peut-elle pas encore faire juger quelle doit eſtre la diminution des teintes & des couleurs, & faire auſſi trouver dans les Tableaux les veritables places des jours & des ombres.

Le Peintre, répondis-je, doit avoir une intelligence generale des divers effets de toutes ſortes d'ombres & de lumieres que la perſpective luy aidera à bien repreſenter, pourveu qu'auparavant on les ait bien compriſes ſur le geometral. Tant de perſonnes en ont écrit, que je ne m'arresteray pas à vous dire comment cela se pratique. Je vous marqueray seulement en general quelques observations qu'il faut faire à l'égard des lumieres & des ombres.

<small>DE L'OMBRE ET DE L'OBSCURITÉ.
Obscuritas comprehenditur à visu ex omnimoda privatione lucis. Vitel. opt. l. 4. th. 146.</small>

Premierement on doit considerer qu'il y a de la difference entre l'ombre & l'obscurité. Vous sçavez bien que l'Obscurité est une entiere privation de lumiere qui fait qu'on ne voit rien du tout, comme dans une nuit fort sombre, ou dans le fond d'un cachot où il n'entre aucun jour.

<small>Vmbra comprehenditur à visu ex privatione alicuius lucis, luce altera præsente. Vitel. opt. l. 4. th. 145.</small>

Quant à l'Ombre c'est une privation de lumiere, mais non pas de toute lumiere, parceque les parties éclairées qui sont autour y reflechissent, comme quand la lumiere du Soleil passe dans une chambre par une fenestre, les objets qui ne sont point touchez de ses rayons se trouvent dans l'ombre, & le lieu où sont ces objets est d'autant plus ombré qu'il est moins exposé aux endroits où frappe la lumiere. Il en est ainsi de tous les corps qui ne sont pas directement éclairez, lesquels, ou sont tout-à-fait dans l'ombre, ou n'estant éclairez qu'en partie, portent ombre à d'autres, & les empeschent de recevoir un grand jour. Les Peintres doivent observer ces differentes sortes d'ombres,

ET LES OUVRAGES DES PEINTRES. 35

car comme les corps ombrez ne sont pas entierement privez de lumiere comme ceux qui sont dans l'obscurité, l'on ne laisse pas souvent d'en voir toutes les parties & toutes les couleurs ; veritablement plus ou moins distinctes, selon que l'ombre est forte : Et mesme il arrive quelquefois que l'on voit bien mieux & plus facilement un objet quand il n'est point éclairé d'une trop forte lumiere, parce que la lumiere d'elle-mesme & les couleurs qui en sont fortement touchées incommodent la veuë. Ce qui fait qu'une trop grande clarté empesche qu'on ne découvre des choses que l'on apperçoit facilement dans un jour mediocre : ainsi que les Estoiles que nous ne voyons que la nuit, & lors que la lumiere du Soleil ne nous les cache plus. Il est vray aussi qu'il y a des corps qui ne se voyent que dans une grande lumiere, & ausquels il faut un grand jour pour les découvrir. *Lux per se & color illuminatus feriunt oculos.* Alhazen opt. l. 1. c. 1.

Lux vehemens obscurat quædam visibilia, quæ lux debilis illustrat & contra. Alhaz. opt. l. 1. c. 2.

Il faut encore prendre garde que l'effusion de la lumiere n'est jamais également forte sur tous les corps où elle paroist, mais qu'elle diminuë à mesure que les parties du corps éclairé s'éloignent de celuy qui l'éclaire dans une mesme disposition.

Ceux qui ont creu bien connoistre la force DE LA LUMIERE.

E ij

de la Lumiere, & sçavoir parfaitement marquer dans les Tableaux, ce que chaque objet en peut recevoir, ont divisé les endroits où frappe la lumiere en parties égales, les affoiblissant ensuite par des regles d'optique. Mais pour vous dire de quelle maniere ils y procedent, il faut que je vous fasse quelque figure.

Alors prenant du papier & un crayon, je tracé des lignes, & aprés avoir marqué des lettres, je continué de dire. Supposé que le corps lumineux soit A. dont la lumiere répanduë à terre finit & se termine en B. ils divisent cette ligne B. F. en parties égales B. C. D. E. F. & tirent de ces points autant de lignes comme autant de rayons jusques en A. qui est le corps lumineux ; puis prenant un compas & du centre A. & de l'intervalle F. tracent l'arc F. G. qui se trouve coupé des rayons susdits en portions inégales en G. H. I. K. F. Et alors chacune des parties marquées sur le plan B. F. possede une portion de lumiere égale à celle qui est marquée dans l'arc ou ligne de circonference: De sorte que B. C. sera éclairé avec une telle discretion, que dans toute son espace il ne possedera que la quantité de lumiere qui est contenuë entre H. G. & ainsi des autres.

ET LES OUVRAGES DES PEINTRES. 37

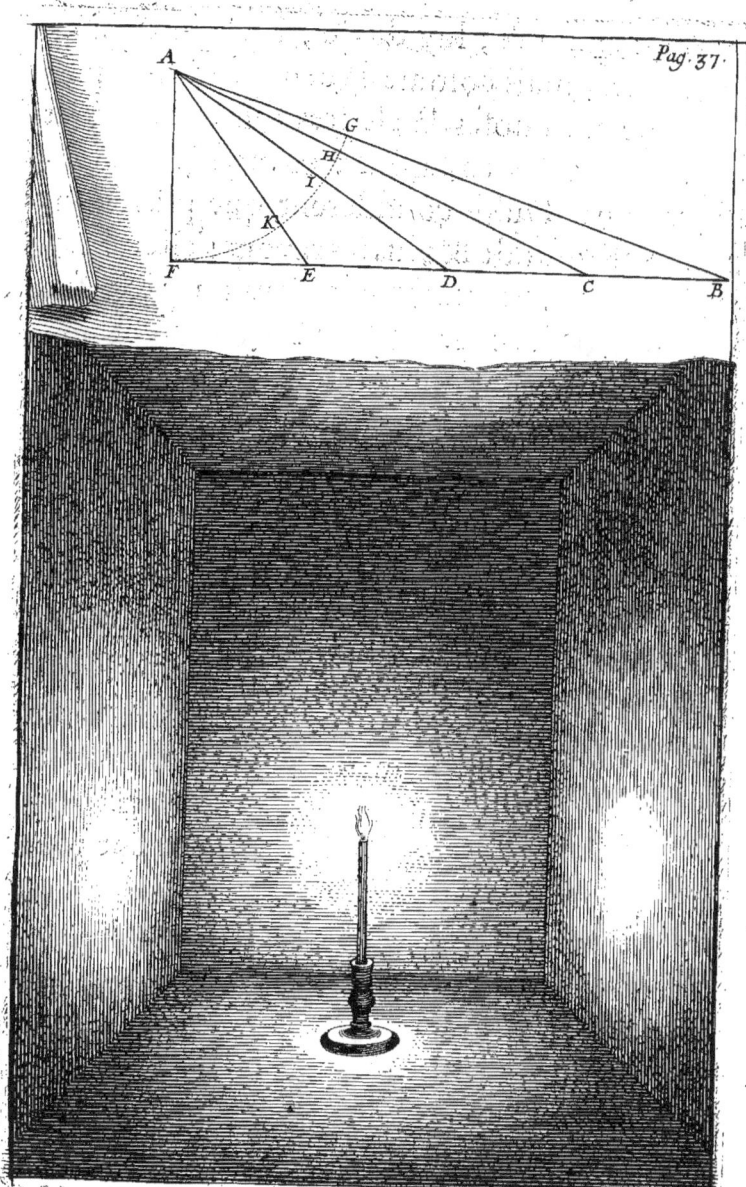

Vous pourez, luy dis-je, lire ceux qui en ont écrit; mais comme la demonstration parfaite de ces choses-là est tres-difficile, il faut que les Peintres en fassent eux-mesmes des observations. Qu'ils considerent que plus la lumiere est grande & plus ses rayons s'estendent, qu'une lumiere renfermée dans un petit lieu l'éclaire davantage qu'elle ne feroit un plus grand espace. C'est à dire qu'une chandelle éclairera davantage une petite chambre bien close, qu'une grande salle.

Omne corpus luminosum minus spatium, à quo non egreditur fortius illuminat quà spatium maius illo. Vit. opt l.1. th. 24.

Il faut qu'ils observent encore l'effet que produisent deux lumieres lors qu'elles se rencontrent. De quelle maniere la plus grande diminuë la moindre, ou pour mieux dire comment toutes les deux se confondent ensemble, & augmentent la splendeur qui en vient: car si l'ombre qui est augmentée par une autre en est d'autant plus obscure, vous jugez bien qu'il faut aussi que deux lumieres fassent plus de clarté qu'une seule.

Omnis umbra multiplicata plus umbrescit. Vitel. l. 2. th. 32.

Je vous diray de plus que le Peintre doit prendre garde que si le corps lumineux est d'une grandeur égale au corps opaque, la moitié du corps opaque sera éclairée de la moitié du corps lumineux, & l'ombre sera égale au corps opaque. Et si le luminaire est plus grand que le corps opaque, l'ombre en sera bien moindre, parceque les rayons qui passent à costé du corps opaque formeront un cone, à la difference de ce qui arrive lors que la lumiere & le corps sont égaux ; car alors les rayons lumineux forment un cylindre.

Il faut encore observer qu'un corps opaque produit autant d'ombres qu'il y a de corps lumineux qui l'éclairent diversement ; mais que l'ombre la moins obscure est toujours celle qui vient par la privation de la lumiere la plus éloignée du corps opaque.

Je pourois bien vous dire, de quelle sorte il faut terminer & esfumer, ou noyer les ombres selon qu'elles s'éloignent des corps qui les causent. Je pourois aussi vous parler sur la difference qu'il y a de la lumiere du Soleil à celle du jour universel ou des lumieres particulieres ; des diverses incidences des lumieres, & des ombres, & de leurs passages : Mais je ne croy pas qu'il soit presentement à propos de nous arrester à cela. Il faudroit beaucoup de temps, il faudroit tracer des lignes, & je ne ferois que redire ce que vous sçavez peut-estre déja, ou que vous pourez toujours bien apprendre une autre fois ; C'est pourquoy aprés avoir consideré ce que sont en elles-mesmes les ombres & les lumieres, nous pourons dire en peu de mots quelque chose de particulier touchant leurs effets, & ensuite en tirer quelques maximes.

Comme la lumiere semble estre une blancheur pure & brillante qui se répand sur toutes les couleurs fixes & apparentes des corps qui sont dans la Nature pour nous les rendre visibles, elle laisse toujours quelque chose de sa couleur propre sur les corps naturels, mais elle s'y attache differemment; car sur les uns elle s'y répand doucement comme une liqueur, taschant d'entrer par tout, & de remplir les lieux par où elle peut trouver passage, & sur les autres elle paroist plus forte, & s'y montre avec éclat. Or cette difference d'effets vient de la diversité des sujets sur lesquels elle se rencontre. Car quand elle trouve un corps qui est mol, doux, & inégal, elle y demeure attachée sans effort, & s'y répand sans resistance; mais quand elle en rencontre un extremement poli, ou duquel la densité resiste à ses rayons, alors comme ils sont repoussez par le poliment de ce corps sur lequel ils frappent, ils reflechissent avec promptitude, & c'est ce qui engendre cet éclat & ce brillant qui paroist sur les eaux, sur le marbre & sur les

Color variatur pro lucis qualitate Alhaz. opt. l.1, c. 3.

ET LES OUVRAGES DES PEINTRES. 41

les metaux. Si je ne craignois d'estre trop long je pourrois vous dire icy la cause de ces differens effets, & les raisons que l'on a de representer diversement les ombres, & les lumieres des corps mattes & des corps polis ; je pourrois mesme vous en faire voir la demonstration telle qu'une personne tres-sçavante se donna la peine de la tracer un jour que nous nous entretenions sur cette matiere, & que je prenois grand plaisir de l'entendre parler sur ce sujet.

Ne craignez rien, interrompit Pymandre, & faites-moy part, je vous prie, de cet entretien.

Les jours & les ombres, repris-je, se doivent representer autrement dans les corps dont la surface est polie, que dans ceux où elle est matte, comme j'ay déja dit. Car les corps qui sont fort polis ne paroissent éclairez qu'en certains endroits, sçavoir en ceux qui refléchissent toute la lumiere vers l'œil, le reste paroissant brun & obscur ; au lieu que les corps mattes paroissent éclairez d'une lumiere répanduë par un grand espace; mais cette lumiere n'est pas si éclatante à cause que les particules dont la surface de ces sortes de corps est composée, ne sont capa-

F

bles de reflefchir vers l'œil, qu'une partie de la lumiere qu'ils reçoivent. Or les particules capables de reflefchir vers noftre œil font celles qui dans les eminences, ou dans les enfoncemens, font fcituées comme il faut pour renvoyer la lumiere à noftre œil. Afin donc de mieux comprendre cette theorie, figurez-vous le globe A. fort poli, fur lequel tombent les rayons de la lumiere 1. 2. 3. 4. 5. & voyez qu'il n'y a que les rayons qui tombent fur la partie B. qui puiffent refléchir vers C. qui eft l'œil; parce que les rayons qui tombent fur D. fe reflefchiffent trop à gauche vers I. & que ceux qui tombent fur F. fe reflefchiffent trop vers G. de forte que tous ces rayons ne fe reflefchiffant point vers l'œil, il s'enfuit que les endroits fur lefquels ils tombent paroiffent bruns & obfcurs. Au contraire vous voyez que les mefmes rayons qui tombent fur le globe H. qui eft mat, y font receus de telle maniere, que les uns tombant fur des eminences, les autres fur des cavitez, il y en a beaucoup plus qui fe peuvent reflefchir vers l'œil E, par la raifon que ce qui fait qu'un corps eft mat, n'eft autre chofe que l'inégalité de fa furface qui eft compofée d'un grand nombre de cavitez & d'eminences, lefquelles prefentent tou-

ET LES OUVRAGES DES PEINTRES. 43

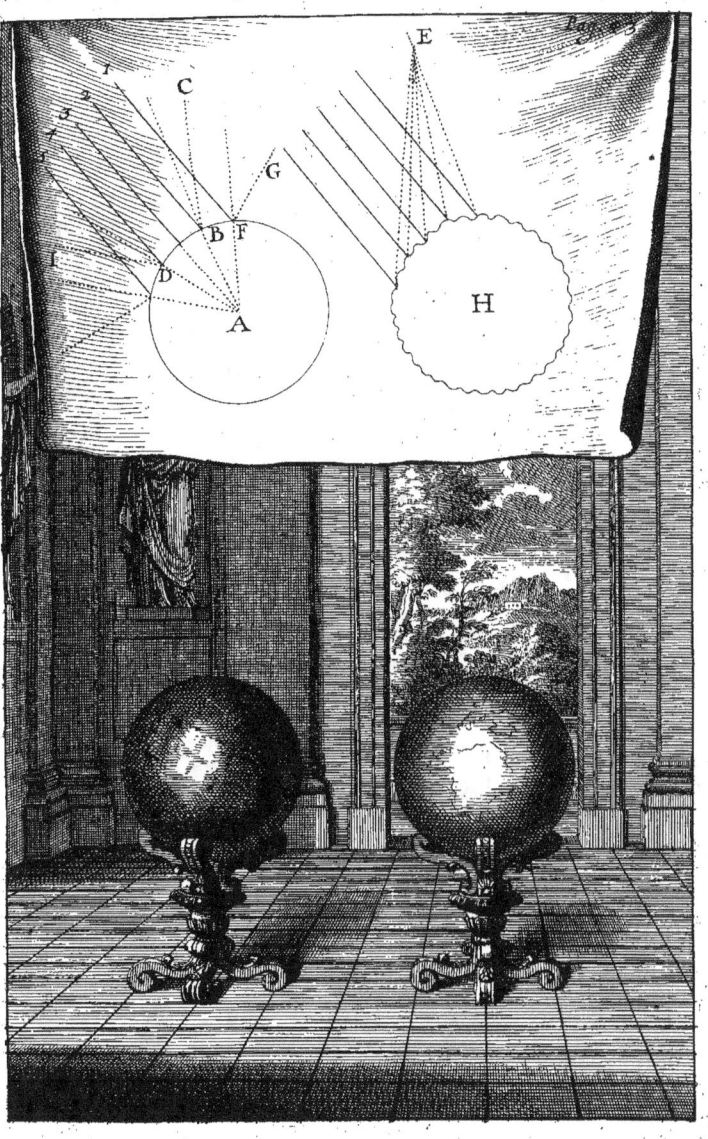

jours quelque petite portion de leur surface capable de faire reflexion. Mais parceque chacune de ces parties est fort petite, elle renvoye peu de lumiere, & cette lumiere se trouve répanduë sur un grand espace du globe, à cause que ces parties sont en grand nombre. Ce que je viens de vous faire observer à l'égard de ces deux globes en particulier, est suffisant pour vous faire comprendre l'effet des lumieres & des ombres sur toutes sortes d'autres corps. Et c'est pourquoi l'on doit avertir les estudians en Peinture lors qu'ils desseignent d'après une statuë de marbre ou de bronze de ne pas peindre des figures naturelles avec la mesme force d'ombres & de clartez que celle qui leur paroist sur leur modelle. Car la lumiere se répand avec bien plus de douceur sur de la chair, qu'elle ne fait sur les choses dures & polies. De mesme dans la campagne nous voyons que les terres labourées, les colines herbuës, sont touchées d'ombres & de clartez beaucoup moins fortes que les rochers & les lieux pierreux. La lumiere mesme est moins brillante sur le revers des feüilles des arbres, & des herbes que sur la partie lisse, à cause qu'il y a moins de poli sur les revers, & qu'il s'y trouve un petit coton qui arreste doucement l'effort des rayons lumineux. La mesme raison fait que les étoffes de laines éclattent moins, que les étoffes de soye.

Or vous remarquerez que la lumiere du Soleil estant tres-pure & tres-blanche, parcequ'elle est la blancheur mesme, elle rend les autres couleurs tres vives, & adjouste, s'il faut ainsi dire, de sa clarté à leur clarté naturelle. Mais la lumiere des flambeaux, ou celle qui sort d'un grand feu estant materielle & grossiere, elle a une couleur épaisse & teinte de jaune ou de rouge, dont les autres corps qu'elle illumine se trouvent colorez. Et aussi comme toutes les differentes lumieres ont leurs reflais en premier & second degré, il est certain que ces refleschissemens sont plus ou moins forts selon la densité & le poliment des corps d'où ils refleschissent. Ainsi les reflais qui viennent d'un metail bien poli sont plus sensibles & plus éclatans que ceux qui viennent d'une muraille : & les reflais de certaines estoffes de soye sont plus forts que ceux des estoffes de laines comme je viens de dire. Mais comme ce reflechissement est une seconde lumiere, il faut considerer qu'il éclaire les parties ombrées des corps qui se rencontrent à la portée du rayon refleschi. Et parce que nous avons marqué que les lumieres portent & communiquent leurs couleurs aux corps qu'elles illuminent, il faut aussi entendre que les rayons de reflexion portent de la mesme maniere, mais plus foiblement, la couleur des corps dont ils se reflechissent sur ceux où ils sont reflechis; comme quand la lumiere frappe sur une étoffe rouge, les objets sur lesquels cette lumiere reflechit participent de cette couleur. On en voit des exemples lors qu'on regarde les personnes qui cheminent dans les prez éclairez de la lumiere du Soleil, car leurs visages paroissent d'une couleur verte.

Il arrive encore que la couleur naturelle du corps illuminé paroist plus ou moins changée selon qu'elle se trouve differente de celle qui luy est apportée par reflexion; je veux dire que si c'est une couleur bleuë qui reflechisse sur une couleur jaune, alors ce jaune paroistra verdastre. Si c'est un rouge sur un bleu, il en naistra une couleur de pourpre; & comme le blanc est disposé à recevoir toutes sortes de couleurs, il se teindra aisement de celles que la lumiere reflechie luy portera. De sorte que vous pouvez juger par là combien le Peintre doit avoir d'égard à ces reflexions, parce que quand il aura disposé ses figures, qu'il aura ordonné la place des lumieres & des ombres, & bien concerté ce qui regarde l'arrangement des couleurs, s'il ne prend garde à l'effet que doivent faire les reflais, il arrivera quand son Tableau sera fini, que les reflais ne feront pas observez, ou bien qu'ils feront un mauvais effet. Mais s'il est bien intelligent dans la science des lumieres & des ombres, il trouvera par leur moyen de grands secours pour donner de la force & de la beauté à toute son ordonnance; pouvant par des reflexions de lumieres, porter du jour sur des parties ombrées qui feront un plus bel effet estant ainsi éclairées, que si elles estoient demeurées dans l'obscurité, ce qu'il faut toujours faire avec beaucoup de discretion & de jugement, pour ne pas tomber dans une maniere foible & transparente. On peut là dessus consulter les meilleurs maistres, & regarder de quelle sorte ils se sont conduits dans ces rencontres.

Vous comprenez bien par ce que j'ay dit que le Peintre a deux sortes de couleurs à imiter, sçavoir les couleurs fixes & permanentes des corps, comme le blanc d'un linge, le vert d'un arbre; Et les couleurs apparentes & passageres, qui ne sont point attachées aux objets, mais qui semblent y estre par le refleschissement des rayons lumineux qui les y portent. De sorte que ceux qui travaillent avec science, & qui cherchent une reputation solide, ne se contentent pas quand ils font des Tableaux de mettre les couleurs naturelles à chaque chose representée, mais ils ont un soin particulier de bien observer les couleurs estrangeres qui peuvent paroistre parmy les veritables & naturelles, & qui les peuvent changer; s'ils peignent un bras ou une main, ils regardent si le reflais de la draperie y peut communiquer de sa lumiere, & de sa couleur, & de mesme des draperies à l'égard les unes des autres, & de toute sorte d'autres choses. C'est pourquoy l'on ne peut trop estimer un ouvrage où l'on voit que le Peintre a eu la discretion de ne se servir dans toutes ses étoffes d'aucunes couleurs qui tuent ses chairs; & qu'il y a si bien répandu les lumieres, que les reflais, bien loin de nuire aux carnations adjoustent de nouvelles veritez, & de plus grandes beautez à tout son ouvrage. Cela dépend du beau choix qu'il fait des jours qui doivent éclairer ses figures, & encore de la disposition des figures mesmes: car comme il peut tirer de grands avantages des lumieres reflefchies, il peut arriver aussi qu'en observant trop exactement ce qu'il

verra

ET LES OUVRAGES DES PEINTRES. 49

verra sur le naturel il fera paroistre un reflais de couleurs trop fortes, ou un reflais de lumieres trop vives dans quelque partie d'un corps; ce qui osteroit & diminuëroit beaucoup de sa force & de sa grace.

Outre les apparences des couleurs qui se meslent les unes avec les autres, il y a aussi les apparences des corps mesmes qui se voyent sur d'autres corps par le reflechissement des rayons des objets vers l'œil, comme l'on voit sur l'or, sur l'argent, sur le fer, sur le marbre, & sur les autres choses polies, mais principalement dans l'eau.

Dites-moy, je vous prie, interrompit Pymandre, par quel secret les Peintres expriment si bien ces sortes de sujets.

Nous serions trop long-temps, repartis-je, s'il faloit parler à fond sur cette matiere, je vous diray seulement en peu de mots comment on peut trouver sur la surface de l'eau l'endroit où chaque objet se reflefchit & renvoye son image à l'œil.

Alors me servant comme j'avois déja fait du crayon que je tenois à la main, je tiré des lignes sur un autre morceau de papier, & y marquant aussi quelques figures, je tasché de satisfaire à la curiosité de Pymandre.

G

Imaginez-vous, luy dis-je, que la ligne A est le plan de la terre que nous voyons de profil, fur lequel fe trouve celuy qui regarde marqué B ; & que la ligne C D eft la furface de l'eau. Que E F eft une colonne élevée au bord de l'eau M. Je dis que fi vous prolongez la ligne E F, jufqu'en D ; puis faifant la ligne D G égale à la ligne D E, & que de G vous tiriez une ligne en B, qui eft l'œil du regardant, la reflexion du point E fe fera dans l'endroit où la ligne G B coupe la ligne C D, & l'œil verra E reprefenté en H; parce que la ligne d'incidence E H, eftant tirée, il arrive que l'angle E H D eftant égal à celuy de D H G, celuy de C H B eft encore égal à C H K; par cette mefme raifon le point I paroiftra fur l'eau en L. Que fi au point I il y avoit quelque avance, comme icy le chapiteau de la colonne, le deflous de ce chapiteau paroiftra fur la furface de l'eau : ce qu'il faut prendre garde à bien reprefenter. Quoy que M, qui eft une levée de terre foit plus proche de l'œil que le haut de la colonne, elle paroiftra neanmoins plus éloignée en N. Et comme cette mefme levée eft pofée devant la colonne E F, elle en cache une partie, & l'on ne peut voir fur la fuperficie de l'eau

ET LES OUVRAGES DES PEINTRES. 51

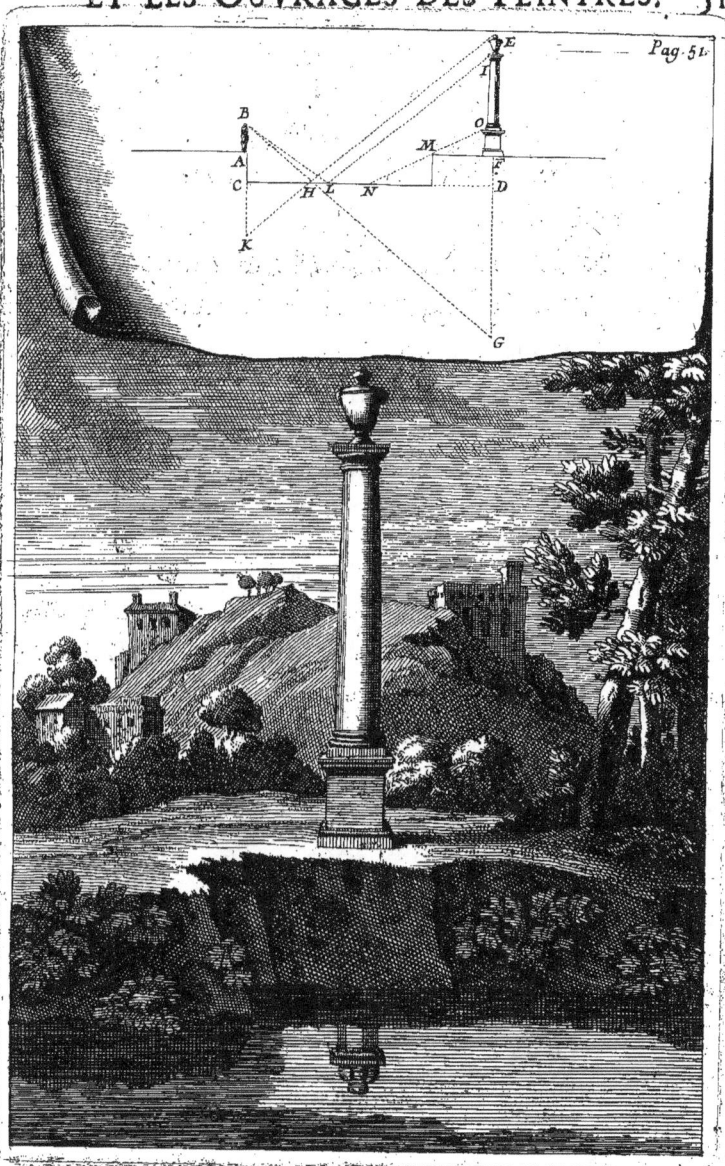

que ce qui eſt depuis E juſques à O, qui paroiſt depuis H juſqu'en N.

Il me ſemble que cela ſuffit pour vous faire entendre la raiſon des reflais dans l'eau; & pour vous faire juger que c'eſt un defaut dans un Tableau, lors que par ignorance ou peu de ſoin, on s'eſt contenté de repreſenter dans quelque riviere ou ſur un lac les apparences des corps qui y reflefchiſſent, comme ſi c'eſtoit ces meſmes corps ſimplement renverſez.

Il eſt vray, dit Pymandre, que les Peintres qui ont tous les jours mille occaſions de repreſenter une infinité de ces ſortes d'objets, ne ſont pas excuſables lors qu'ils negligent d'apprendre comment ils s'en peuvent bien acquitter.

Dautant plus, luy repartis-je, qu'ils n'ont qu'à ſçavoir la raiſon de ces apparences; Et c'eſt pourquoy ils ne doivent pas ignorer l'optique, qui leur fait voir par des regles certaines pourquoy & de quelle ſorte les objets changent à la veuë, ou paroiſſent en differentes façons. C'eſt ce que M. Pouſſin n'a pas ignoré; vous pouvez voir pluſieurs de ſes ouvrages, où il a eſté tres-exact à faire ces ſortes d'obſervations. Il y a un Tableau chez M. Stella, où dans un payſage, il a peint Moyſe exposé sur les eaux. C'est là que vous pouvez connoistre de quelle maniere il a sçavamment traité les reflais.

Il est vray, interrompit Pymandre, qu'il n'y a rien de plus agreable que ces Tableaux, où l'on voit des eaux qui representent comme dans un miroir les objets qui les environnent, parceque ce sont des images charmantes de ce que la Nature fait elle-mesme, lors qu'elle peint sur une eau claire & tranquille le ciel & la terre. Je n'ay rien trouvé qui m'ait attiré les yeux avec plus de plaisir sur les chemins d'Italie que le lac de Bolsene; il me paroissoit comme une glace de cristal d'une grandeur merveilleuse, au travers de laquelle je croyois voir un autre ciel, des montagnes & des collines opposées à celles qui estoient autour de ce lac.

Il y a encore une autre observation à faire, c'est que tous les corps obliques ont pareillement leurs images reflefchies obliquement sur l'eau, mais dans la partie opposée. En disant cela je tracé encore quelques figures sur le mesme papier, puis je continué.

G iij

Si A B est la superficie de l'eau sur laquelle soit élevé obliquement le corps C D, je dis que telle obliquité paroistra à l'œil par reflexion de la mesme sorte que paroist la ligne D E; Mais si celuy qui regarde se place en sorte que la ligne D C, ne luy semble point panchée d'un costé plus que d'un autre ; mais seulement avancée en devant par le bas, comme il arrivera si l'œil est posé en F perpendiculairement à A, alors la ligne D C paroistra sur la superficie de l'eau A B, comme D H, & non pas comme D E; & C D H sembleront une seule ligne droite, & continuë; La mesme chose se rencontrera si nous mettons le point de l'œil en I. Car le point C D refleschira en D G; & C D G representeront à l'œil l'apparence d'une seule ligne.

Omnis reflexio debilitat l. ces & universaliter omnes formas. Vitel. l. 5. theor. 3.

Il faut encore observer que les choses qu'on voit dans l'eau par reflexion ne paroissent jamais si marquées qu'elles le font dans le naturel, à cause que les couleurs & les lumieres s'affoiblissent par le refleschissement, & moins encore les parties les plus éloignées des veritables que celles qui en sont proches, comme dans la figure precedente le bas de la colonne devroit estre plus sensible sur la surface de l'eau que le vase.

ET LES OUVRAGES DES PEINTRES.

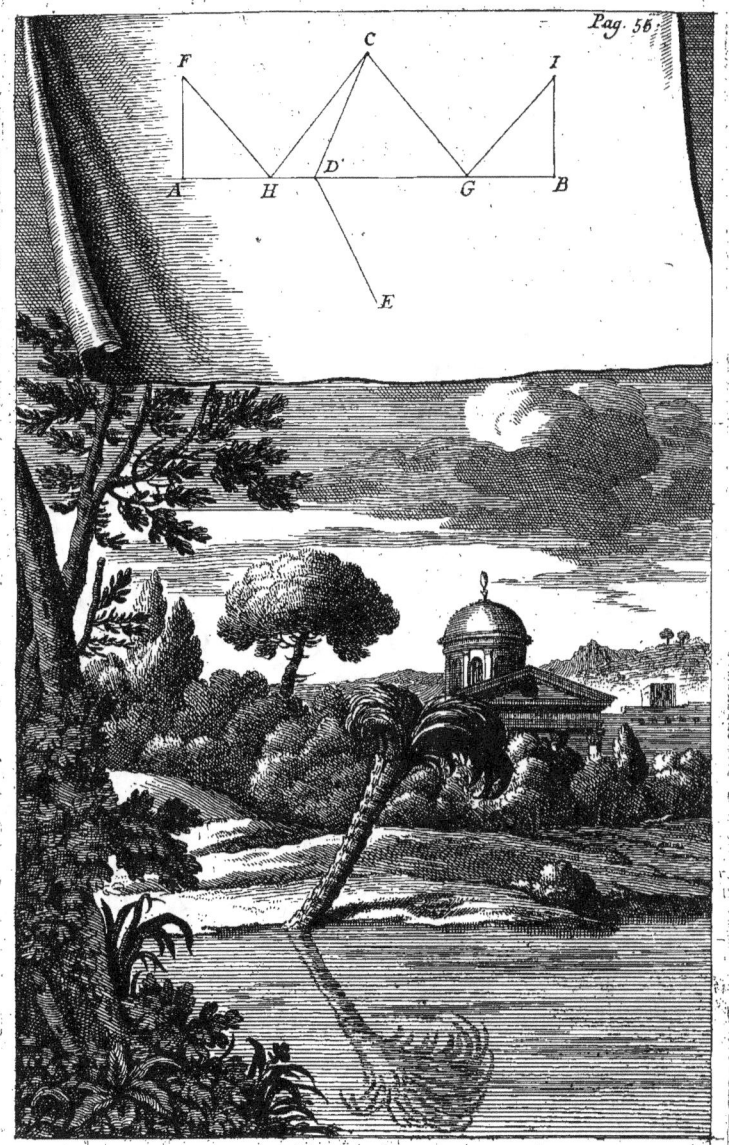

Outre les objets veus par reflexion, l'on peut confiderer ceux qui fe voyent par refraction. Lorfque nous regardons un bafton, une pierre, ou quelque autre chofe qui eft effectivement dans l'eau, tous ces corps paroiffent à la veuë autrement qu'ils ne font en effet, à caufe que les rayons venans à fe rompre fur la furface de l'eau, vont chercher l'objet dans l'eau pour le découvrir à l'œil qui croit le voir où il n'eft pas, & le voit tout autre qu'il n'eft.

Imago refracta rei occurrit vifui, in loco rei vifa, fed femper extra fuum locum. Vitel. l. 10. th. 11.

C'eft ainfi que nous voyons au fond d'un vafe, remply d'eau, une piece de monnoye que nous ne pouvions voir auparavant. Que la jambe d'un homme qui n'eft qu'à moitié dans l'eau nous paroift rompuë & plus groffe qu'elle n'eft, & que ce qui eft au fond de l'eau paroift plus proche. Mais fi ces corps paroiffent plus gros dans l'eau, il n'en eft pas de mefme des couleurs, au contraire, elles s'affoibliffent & diminuent à la veuë. Cependant il faut avoir égard à la nature des eaux & à leur quantité ou profondeur : car fi l'eau eft fort claire comme celle des fontaines, & qu'elle ne foit pas profonde, alors il eft certain que la groffeur dans les apparences des corps qui font dans l'eau ne fera prefque pas plus

Omne corpus vifum in aqua compreenditur maius quam fit fecundum veritatem. Vit. th. 42. l. 10.

Omnis refractio lucis & coloris quæ funt in re vifa, debilius vifui reprafentat. Vit. th. 10. l. 10.

plus forte que si on voyoit ces mesmes corps hors de l'eau, parceque la densité ou épaisseur d'une eau tres-claire quand il n'y a pas de profondeur, ne fait guere plus de changement aux corps qui en sont environnez, que la densité de l'air; au moins cette difference est peu sensible à la veuë. Nous pouvons considerer une partie de ces differens effets dans cette fontaine qui est devant nous, où nous verrons la representation de tous les objets qui sont alentour.

Alors nous approchant des bords du bassin où le jet avoit cessé, nous nous arrestasmes à regarder dans l'eau les apparences de plusieurs objets; & y tenant un baston tout de bout, nous vismes ces effets de refraction, dont j'avois tracé la figure.

Nous estions occupez à ces observations, lors que nous entendismes du costé du Chasteau un grand bruit comme de quelque chose qui auroit roulé du haut de la montagne en bas. Car on ne se seroit pas imaginé que ce bruit fust dans l'air, puisque le ciel estoit tres-serain, & qu'il n'y avoit aucune apparence de mauvais temps. Cependant comme un peu aprés, ce mesme bruit recommença avec plus de force, nous jugeasmes qu'il ve-

H

noit d'ailleurs que de la ruë; & alors nous regardasmes de toutes parts pour en découvrir la cause. Nous estant approchez de cette grande terrasse qui est presque sur le bord de la riviere, nous apperceusmes du costé de Meudon une nuée fort épaisse, qui se déployant comme un voile noir, s'approchoit de nous; & par sa forme & son obscurité, nous menaçoit d'un orage qui n'estoit pas bien loin. En effet nous estant encore avancez pour mieux voir de quel costé elle se portoit, nous vismes que de cette grosse nuée il en sortoit déja des éclairs; & que la pluye commençant à tomber en quelques endroits éloignez, l'air estoit obscurcy de telle maniere, qu'on n'y découvroit plus rien. Pendant que d'un costé nous regardions crever cette nuée, & que nous admirions dans cette partie de la terre qui estoit couverte d'obscurité, les divers effets que la lumiere des esclairs y faisoit paroistre, & de quelle maniere dans ces momens les corps sont illuminez, nous vismes que tout d'un coup le ciel se changea; & que les nuages s'assemblant de toutes parts, il en fut couvert en un instant. Un vent furieux souffla en mesme temps, qui, élevant des tourbillons de poussiere, troubla l'air de telle sorte

ET LES OUVRAGES DES PEINTRES. 59
qu'on ne voyoit presque ny le Ciel ny la terre. L'on appercevoit seulement dans cette l'obscurité, la riviere toute blanche d'escume comme se défendre contre les vents qui l'agitoient. Les plus hauts arbres cedant à la violence de la bourasque panchoient leurs testes jusqu'à terre ; & l'on entendoit ceux qui resistoient le plus, se fendre & esclater avec bruit. Un si subit changement dans l'air nous fit retirer promptement au Chasteau. Lorsque nous y fusmes arrivez nous allasmes aux fenestres, pour considerer plus commodement la pluye qui tomba aussi-tost avec une violence extraordinaire ; & pour remarquer en mesme temps le desordre que causoit dans les arbres & dans la campagne une si furieuse tempeste. Le tonnerre grondoit continuellement autour de nous, & de temps en temps faisoit retentir l'air de bruits épouventables.

Pymandre s'estant approché du lieu où j'estois. Ce seroit, me dit-il une belle occasion à un Peintre de pouvoir observer ce que nous voyons presentement. Ne croyez-vous pas aussi que ce fut dans une pareille rencontre que M. Poussin fit le dessein de ce Tableau que vous me monstrastes il y a quelque temps, où

H ij

il a representé un orage presque semblable à celuy-cy, & donné lieu à ne le pas moins admirer qu'on faisoit autrefois Appelle; puisque l'un & l'autre pour avoir si bien peint ces sortes de sujets, on peut dire qu'ils ont parfaitement imité des choses qui ne sont pas imitables.

Bien que la cause de ces horribles tonnerres, luy repartis-je, & de ces prodigieux efforts de la Nature soit tres-cachée, elle est toutefois bien moins difficile à comprendre que les effets que nous en voyons ne sont aisez à imiter. Toutes les actions promptes & passageres ne sont pas favorables aux Peintres: & lors que quelqu'un y reussit, les choses qu'il fait sont autant de miracles dans son art. Aussi les plus habiles ne se hazardent pas souvent dans de telles entreprises. Ceux qui se sont particulierement attachez à bien copier la Nature ont cherché quelques accidens favorables, par le moyen desquels en representant seulement une partie de ce qui paroist de plus beau & de plus extraordinaire, ils peussent faire en sorte qu'on jugeast avantageusement du reste, & qu'on devinast ce qui ne s'y voit point. Il est vray que M. Poussin a fait des Tableaux où l'on trouve de ces sortes d'accidens qui sont merveilleux tant par le choix qu'il en a fceu faire que par leur belle expreſſion. Longtemps avant luy le Titien en avoit fait une eſtude particuliere dont il a laiſſé des exemples que peu de Peintres ont fuivis. Car non feulement il a imité dans la Nature ce qu'il y a de plus parfait, & qu'on peut repreſenter avec beaucoup de grace & de beauté; mais ayant tres-bien connu l'effet des couleurs, des ombres & des lumieres dont nous avons parlé, il s'en eſt heureuſement ſervi; & par un diſcernement judicieux il a donné plus ou moins d'éclat à ſes ouvrages, ſelon la qualité des ſujets qu'il a traitez.

Pendant que le mauvais temps nous oblige à demeurer icy, dit Pymandre, je vous prie voyons un peu quel a eſté ce grand homme; car je penſe que vous avez oublié de le nommer en ſon rang & que vous avez fait mention de pluſieurs autres Peintres qui eſtoient au monde depuis luy. Alors nous eſtans retirez de la feneſtre, & aſſis à un coin de la chambre pour nous entretenir plus commodement, je repris ainſi le diſcours.

Quoyque TITIEN fuſt né en l'an 1477. neanmoins n'eſtant mort qu'en 1576. je ne croy pas vous avoir parlé d'aucun Peintre qui ait

LE TITIEN. travaillé depuis ce temps-là ; cependant puisque vous le voulez nous pouvons dire quelque chose de cet homme celebre & de l'excellence de ses ouvrages, sans nous arrester à faire une longue histoire de tout ce qu'il a fait pendant qu'il a vescu. Nous avons mesme déja parlé si souvent de son merite, & des avantages qu'il a eus sur les autres Peintres pour ce qui regarde la couleur, qu'il n'est pas besoin d'en rien dire de plus.

Je remarqueray seulement qu'estant né à Cador sur les confins du Frioul d'une famille assez ancienne appellée des VECELLI, il fut dés sa jeunesse instruit dans les belles lettres, & qu'ayant fait connoistre l'inclination qu'il avoit à la Peinture, ses parens l'envoyerent à Venise, où ils le mirent sous Jean Bellin qui estoit alors en grande reputation. Dans les commencemens le Titien fit plusieurs ouvrages qui tenoient beaucoup de la maniere de son Maistre : mais aprés qu'il eut compris celle du Giorgeon qui estoit à peu prés de son âge, & avec lequel il avoit travaillé sous Jean Bellin, comme l'écrit le Cavalier Ridolphi, & non pas son second Maistre, comme a dit le Vasari, il changea de maniere, s'attachant à celle de Giorgeon beaucoup plus belle & plus sçavante. Il l'imita si parfaitement qu'il fit LE TITIEN. plusieurs Tableaux que l'on ne croyoit point de luy; & mesme le Giorgeon ayant receu quelques complimens sur des ouvrages que l'on prenoit pour estre de sa main & qui estoient du Titien, il en devint tellement jaloux, qu'il ne voulut plus le recevoir en sa maison.

Lorsque le Titien commença à estre connu; Il fit quelques Tableaux pour la Republique de Venise. Ensuite il alla à Padouë, où il peignit autour d'une chambre le triomphe de Jesus-Christ, lequel a depuis esté gravé en bois. Il fit aussi trois Tableaux pour la Confrairie de Saint Antoine, en concurrence du Campagnola & de quelques autres Peintres de Padouë. Ces Tableaux representoient trois differens miracles de S. Antoine de Padouë. Ils estoient tous également admirables pour le coloris, mais il y en avoit un, où l'on voyoit un paysage d'une beauté singuliere.

En l'an 1511. le Giorgeon estant mort de la peste qui affligea la ville de Venise, & ayant laissé imparfaits quelques Tableaux qu'il avoit commencez pour la Republique, le Titien les finit & en fit encore plusieurs autres pour des particuliers.

Quelques années aprés il fit le portrait du

LE TITIEN. Roy François I. avant qu'il partist d'Italie pour retourner en France. Ensuite estant allé à la Cour d'Alphonce I. Duc de Ferrare, il acheva la Baccanale commencée par Jean Bellin, que vous avez veuë dans la vigne Aldobrandine, & dont le paysage est si beau, qu'estant à Rome & desirant d'en avoir la copie, vous sçavez le soin que prit le sieur du Fresnoy à peindre celle que je garde. Ce Tableau donna sujet au Titien d'en faire trois autres pour l'accompagner. Dans le premier il representa Bacchus qui rencontre Ariadne sur le bord de la mer. Dans le second plusieurs petits Amours. Et dans le troisiéme cette belle Baccanale, où sur le devant il y a une femme qui dort. Il en fit encore d'autres pour le mesme Duc; & ce fut pendant ce temps-là qu'il fit amitié avec l'Arioste, & que se visitant souvent l'un l'autre, ils s'entretenoient de leurs ouvrages, par lesquels ils travailloient reciproquement à s'immortaliser l'un & l'autre. L'Arioste a fait mention du Titien dans son Poëme de Roland, & le Titien fit le portrait de ce Poëte fameux. Cependant quoy que cet excellent Peintre ne perdist pas un moment de temps, sa fortune neanmoins n'en estoit pas meilleure. Il entreprit en 1523. pour le Senat de Venise

quantité

ET LES OUVRAGES DES PEINTRES.

quantité d'ouvrages pour orner la grande sal- LE TITIEN. le du Conseil. Entre les sujets qu'il exécuta, celuy de la bataille donnée à Cador entre les Venitiens & les Imperiaux, fut un des plus considerables pour le travail. Cette Peinture a esté bruslée, mais l'on en voit une estampe gravée par Fontana. Il fit ensuite le fameux Tableau de S. Pierre le Martyr, & plusieurs autres qui luy donnoient de la reputation, mais qui n'augmentoient pas sa fortune. De sorte que se plaignant souvent avec Pietro Aretino dont les écrits sont si renommez, & qui paroissoient alors sous le nom de *Partenio Etiro*; ce fidele amy, taschant de le servir, employoit souvent sa plume à publier son sçavoir, & à le faire connoistre dans les Cours des plus grands Princes. Comme en l'an 1530. Charles-Quint alla à Bologne pour estre couronné par les mains du Pape Clement VII. l'Aretin sceut si bien faire valoir le merite du Titien par ses livres & par ses discours, que l'Empereur le fit venir à la Cour. Il n'y fut pas pluftost arrivé qu'il commença à faire le portrait de l'Empereur, qui en fut tellement satisfait, qu'il combla le Titien de biens & d'honneurs. Il fit aussi le Portrait d'Antoine de Leve, & celuy de Dom Alphonse d'Avalos Mar-

I

quis du Guast, qui le recompensa en son particulier d'une pension annuelle assignée sur tous ses biens.

Aprés le depart de Charles-Qunint le Titien retourna à Venise où il continua à travailler pour des Eglises, pour l'Empereur, pour le Cardinal Hyppolite de Medicis, pour le Marquis du Guast & pour le Duc Frederic Gonzague qui le mena à Mantouë, où il fit les douze Cesars à demy corps. Ces Tableaux perirent dans les desordres des dernieres guerres d'Angleterre.

Lors que le Pape Paul III. alla à Ferrare en l'an 1543. le Titien fit son portrait; & dés ce temps-là il auroit esté à Rome comme le Pape le souhaitoit, mais estant engagé avec François de la Rovere Duc d'Urbin, il differa ce voyage pour aller à Urbin. Enfin ayant esté appellé à Rome en 1548. il fit pour la seconde fois le portrait de Paul III. & le representa assis & s'entretenant avec le Duc Octave & le Cardinal Farnese. Ce fut pour lors qu'il peignit cette belle Danaé que Michel Ange admira si fort, avoüant que pour la beauté des couleurs, la Peinture ne pouvoit aller plus loin. Il fit aussi le Tableau de Venus & d'Adonis que vous avez veu au Palais Farnese. Le Pape

ET LES OUVRAGES DES PEINTRES. 67

l'honora de plusieurs presens, & donna à son fils Pomponio un benefice considerable; & mesme luy offrit l'Evesché de Ceneda que le Titien empescha son fils d'accepter, ne trouvant pas qu'il eust les talens necessaires pour remplir une si grande charge. Le Pape voulut aussi donner au Titien l'Office de *Fratel del Piombo* vaccante par la mort de Fra Sebastien, pour l'engager à demeurer à Rome, mais il remercia le Pape, desirant retourner en son pays pour y finir ses jours dans le repos & dans la compagnie de ses amis, dont le Sansouin Sculpteur estoit des premiers.

Sur la fin de la mesme année il ne put se dispenser d'aller à la Cour de l'Empereur, auquel il porta quelques-uns de ses ouvrages, & le peignit pour la troisiéme fois. Ce fut pour lors qu'en travaillant on dit qu'il luy tomba un pinceau de la main, & que l'Empereur l'ayant ramassé le Titien se prosterna aussi-tost pour le recevoir en disant ces mesmes paroles, *Sire, non merita cotanto honore un servo suo*, à quoy l'Empereur repartit, *e degno Titiano essere servito da Cesare*.

L'Empereur luy ayant ordonné de faire plusieurs portraits des hommes illustres de la Maison d'Austriche, pour en composer une espece

I ij

de frise autour d'une chambre, il voulut que le Titien y fust aussi representé: Pour obeïr à ce Prince il se peignit luy-mesme, & par modestie plaça son portrait dans un endroit le moins en veuë. Charles V. pour recompenser avec plus d'honneur le merite du Titien, & laisser à la posterité des marques de l'estime particuliere qu'il en faisoit, l'annoblit avec toute sa famille & ses descendans; Il luy donna le titre de Comte Palatin, & n'oublia rien de toutes les graces & faveurs qu'il pouvoit luy faire. Il donna à son fils Pomponio un Canonicat dans l'Eglise de Milan, & à Horace son autre fils une pension considerable.

Dans ce mesme temps le Titien fit le portrait du Prince Philippe d'Espagne, & estant passé à Inspruch il peignit sur une mesme toile Ferdinand Roy des Romains, la Reyne sa femme, & sept de leurs filles. Il fit aussi le portrait de Maximilien qui fut Empereur aprés Ferdinand son pere, & ceux de plusieurs autres Princes.

Je serois trop long si j'entreprenois de vous parler de tous les tableaux que l'on voit de luy; car comme il a vescu long-temps, il n'y a guere eu de Peintres qui en ayent tant fait. Il y en a beaucoup en Espagne. Nous en avons veu plusieurs à Rome; quantité ont esté portez en

ET LES OUVRAGES DES PEINTRES. 69

Angleterre, en Flandre & en Allemagne. Le Titien.
Mais c'est à Venise que l'on voit ses plus
grands ouvrages: Cependant il y en a en France d'assez considerables, & par lesquels on peut
juger du merite de ce grand Peintre. Ceux
qui sont dans le Cabinet du Roy sont d'une
beauté achevée ; vous avez veu celuy où le
Marquis du Guast est representé avec une femme & un petit Amour. Je ne crois pas que l'on
puisse rien voir de mieux peint. Celuy où Jesus-Christ est à table au milieu des Pelerins d'Emaüs; un autre où l'on porte le corps de ce divin
Sauveur dans le sepulchre ; celuy qui estoit autrefois en Angleterre où l'on voit une femme
qui dort & des Satyres qui la regardent. Tous
ces tableaux sont autant de chefs-d'œuvre.
Il est vray que le dernier a esté gasté par le
feu, mais on ne laisse pas d'y bien voir la grandeur du genie de celuy qui l'a fait ; & au travers de ce que la fumée y a laissé d'obscur, l'on
apperçoit la beauté de ses idées dans la composition d'un paysage admirable.

Il y a encore dans le Cabinet du Roy une
Magdelaine de la main du Titien ; un tableau
où la Vierge est representée avec le petit Jesus
& sainte Catherine; on l'appelle le tableau au
lapin blanc, à cause d'un petit lapin qui pa-

I iij

LE TITIEN. roist sur le devant. On peut voir un tableau de Venus & d'Adonis dans le Cabinet de Monsieur le Grand; dans celuy de M. le Chevalier de Lorraine une femme à demy-corps qui porte une cassette, & ainsi plusieurs autres que des personnes de qualité & des curieux conservent cherement.

Outre les tableaux que l'on voit de ce sçavant homme, il a laissé quantité de desseins à la plume, particulierement des paysages, en quoy il excelloit. Il peignit aussi des cartons pour ceux qui travailloient alors de mosaïque. Il desseigna plusieurs des ouvrages qu'il avoit peints que l'on grava en bois, & que l'on voit encore aujourd'huy. Lors que Corneille Cort Flamand alla à Venise en l'an 1570. le Titien le receut chez luy, & l'occupa quelque temps à graver d'aprés ses tableaux & ses desseins, les estampes que nous avons de luy.

Quoy qu'il fust déja fort âgé, il ne laissoit pas de travailler, & jusqu'à sa mort il ne passa aucun jour sans donner quelque coup de pinceau; ce qu'il ne faisoit point alors par interest; Car depuis qu'il se vit en estat de ne plus craindre les besoins de la vie, il fit toutes choses avec beaucoup de generosité, principale-

ET LES OUVRAGES DES PEINTRES. 71

ment pour ſes amis qu'il prenoit plaiſir à obli- LE TITIEN.
ger.

Quand Henry III. paſſa par Veniſe à ſon retour de Pologne, il voulut connoiſtre le Titien, qui eſtoit alors celuy de tous les Peintres qui avoit le plus de reputation, & alla juſques dans ſon logis pour le voir. Le Titien receut cet honneur avec tout le reſpect & toute la joye qu'on peut s'imaginer. Il traita meſme pluſieurs perſonnes de la Cour d'une maniere honorable. Car il avoit une grandeur d'ame qui le mettoit au deſſus du commun; & dans ſa maiſon, & dans ſon equipage il paroiſſoit beaucoup de magnificence. Il entretint agreablement le Roy; & en luy faiſant voir ſes ouvrages, ne manqua pas de luy dire les graces particulieres qu'il avoit receuës de Charles V. Comme il vit que le Roy conſideroit beaucoup quelques-uns de ſes tableaux, il en fit preſent à ſa Majeſté, qui ſceut bien l'en recompenſer.

Et certes ſi l'eſtime & l'amitié des Grands ſervent encore à augmenter l'honneur que les perſonnes de merite acquierent par leur vertu, on peut dire qu'il n'a rien manqué au Titien de tout ce qui luy pouvoit eſtre glorieux, & qui pouvoit davantage relever ſa reputation.

LeTitien. Car pendant qu'il a vefcu, il n'y a pas eu de Papes, de Rois & de Princes, dont il n'ait efté conneu, & dont il n'ait receu des marques d'eftime toutes particulieres. Mais outre la faveur des grands Seigneurs, il avoit encore pour amis les plus honneftes gens & les plus fçavans hommes de fon temps. Enfin aprés avoir mené une vie heureufe, il mourut com-

En 1576. blé d'honneurs & de gloire âgé de quatre-vingt-dix-neuf ans.

Bien qu'il fuft mort de la pefte on ne laiffa pas de l'enterrer publiquement; & l'on n'ufa point en fon endroit des precautions dont on fe fervoit alors à l'égard de tout le monde, tant eftoit grande l'eftime & l'amour qu'on avoit pour luy.

François Vecelli. Il avoit un frere nommé FRANCOIS VECELLI, qui fut auffi Peintre, & qui fit plufieurs ouvrages d'une excellente maniere. On dit que la reputation dans laquelle il commençoit d'eftre, fit que le Titien pour ne pas avoir en fon propre frere un obftacle à fa gloire, luy perfuada de fe mettre dans le negoce; & qu'ayant fait un grand achapt de bois, le Titien obtint de Ferdinand Roy des Romains une exemption des droits qu'ils pouvoient devoir. Ainfi François abandonna la palette &

les

les pinceaux, ne fit plus que quelques portraits pour ses amis.

Quant à HORACE Vecelli duquel j'ay parlé, il fit des portraits qui disputoient de beauté avec ceux du Titien son pere. Il entreprit aussi d'autres grands ouvrages, & representa dans la salle du Conseil de Venise, le combat donné à Rome entre la Noblesse Romaine & les troupes de l'Empereur Frederic Barberousse. Il y avoit dans ce Tableau des figures que l'on croioit avoir esté retouchées du Titien, tant elles estoient belles. Il fit cet ouvrage en concurrence du Tintoret & de Paul Veronese.

<small>HORACE VECELLI.</small>

Lors qu'il accompagna son pere à Rome du temps de Paul III. il peignit les principaux Officiers de la Maison du Pape : & quand il alla en Allemagne, il fit aussi les portraits de quantité de personnes qui estoient à la Cour de l'Empereur. Cependant comme il avoit l'esprit porté à vivre noblement, & avec peu de soin pour ce qui regardoit sa fortune, parce qu'il joüissoit de beaucoup de biens, il negligea la Peinture pour s'appliquer à la Chimie, où, en cherchant à faire de l'or, il en consomma beaucoup de celuy que son pere luy avoit amassé. Il ne le survescut de gueres, car il

K

mourut aussi de la peste peu de temps aprés luy.

Alors ayant cessé de parler, Pymandre me dit : A ce que j'entens il y a eu plusieurs Titiens? & des tableaux qui portent ce nom, il peut donc s'en rencontrer quantité qui ne soient pas du veritable Titien.

Il ne faut pas que vous doutiez, luy repartis-je, que tous ceux qui disent avoir des Ouvrages de ce fameux Peintre, ne soient trompez, ou n'en vueillent tromper d'autres : car non seulement l'on a fait passer les tableaux de François & d'Horace pour estre du Titien ; mais de plus c'est qu'il y a eu d'autres Peintres qui ont travaillé sous luy, lesquels ont beaucoup imité sa maniere, & qui ayant copié plusieurs de ses ouvrages, les ont vendus pour des originaux. L'on dit mesme que lorsque le Titien sortoit de son logis, il laissoit souvent son cabinet ouvert, feignant d'avoir oublié à le fermer ; & qu'alors ses Eleves prenoient ce temps-là pour copier ses plus beaux tableaux, pendant qu'un d'entre eux faisoit la sentinelle pour observer quand il reviendroit : Mais qu'à quelque temps de là le Titien revoyant tous les tableaux qui estoient chez luy ramassoit les copies de ses disciples, &

aprés les avoir retouchées on les regardoit ensuite comme estans de sa main. Et c'est ainsi que quantité de tableaux, qui effectivement ne sont que de ses Esleves, ou des copies, ont passé pour estre de luy, & pour originaux.

Il est vray, interrompit Pymandre, que nous en voyons plusieurs qui representent un mesme sujet, qu'on dit neanmoins estre tous de la main du Titien.

Ce n'est pas en cela, luy repartis-je, qu'on peut estre trompé, car il a souvent repeté une mesme chose: comme l'histoire des Pelerins d'Emaüs, le tableau de la Magdeleine, celuy de Venus & d'Adonis; & plusieurs autres. Cela n'empesche pas qu'entre ceux qu'on estime du Titien, il n'y en ait beaucoup qui n'en sont point. Comme il n'a pas esté si sçavant dans la partie du dessein que dans celle du coloris, on luy fait cette injustice de luy attribuer quelquefois des Tableaux tres-mediocres, à cause seulement qu'il y a quelque chose de bien colorié. Cependant il est certain que les veritables ouvrages du Titien ne sont pas mal desseignez, si ce n'est quelques-uns qu'il peut avoir faits sur la fin de ses jours; mais pour ceux qu'il a peints dans la force de son âge, on y voit de belles ordonnances & des sujets bien exprimez. Aussi le Tintoret disoit que le Titien faisoit souvent des choses où l'on ne pouvoit rien trouver à redire; & qu'il en sortoit de sa main, qui eussent peu estre plus correctes: mais ce n'est pas qu'il tombast dans des deffauts aussi grands qu'il y en a dans quelques tableaux qu'on dit estre de luy. Et quand Michel Ange admiroit sa Danaë, & qu'il y souhaitoit autant de grandeur de dessein, qu'il y avoit de beauté de couleurs, c'estoit pour voir un ouvrage achevé, & un chef-d'œuvre de l'art, qui n'a peut-estre jamais esté fait. Quand on veut donc juger de la science de ce sçavant homme, il faut considerer les grands ouvrages que l'on sçait asseurément estre de sa main, comme son tableau de S. Pierre le Martyr, son S. Laurens, ces beaux tableaux que nous avons veus à Rome dans la vigne Aldobrandine, dans le Palais Farnese, & dans celuy de Borghese; & ceux encore qui sont dans le Cabinet du Roy. Mais lors qu'on en voit que l'on dit estre de luy & qui n'ont point le caractere de ceuxlà, je vous asseure qu'on ne peut gueres se tromper quand on les croira, ou des copies, ou des ouvrages de ses disciples. Il est vray qu'il

ET LES OUVRAGES DES PEINTRES. 77
y a eu de ses Eleves qui en ont fait de tres-beaux, & que du temps du Titien, comme plusieurs Peintres faisoient gloire de l'imiter, on estoit bien aise d'avoir leurs ouvrages, dont ensuite on a encore voulu relever le prix en les attribuant au Titien mesme.

Il y avoit un Gentilhomme Venitien de ses amis nommé GIO. MARIO VERDIZZOTO, qui se plaisoit beaucoup à peindre. Il a composé un livre de fables, & a fait les figures en taille de bois, où l'on voit des paysages d'un goust excellent. VERDIZZO-TO.

Entre les Eleves du Titien il y eut un NADALINO DE MURANO qui peignit assez bien, & dont plusieurs tableaux ont passé en Angleterre & en Flandres. NADALI-NO.

DAMIANO MAZZA de Padouë fut fort bon coloriste, il imita tellement la maniere de son Maistre qu'ayant fait à Padouë un platfond où estoit representé Ganimede emporté par un aigle, l'on prenoit cet ouvrage pour estre de la main du Titien. Il mourut dans la vigueur de son âge, & lors qu'il promettoit beaucoup. MAZZA.

GIROLAMO DI TITIANO fut encore un de ceux qui imiterent beaucoup le Titien; s'estant entierement attaché à son service, il GIROLAMO DI TITIA-NO.

K iij

78 ENTRETIENS SUR LES VIES

GIROLAMO DI TITIANO. le foulageoit en beaucoup de chofes ; car le Titien n'auroit pu luy feul venir à bout de tant d'ouvrages qu'on voit de luy, s'il n'avoit efté aidé par fes Efleves. Ce Girolamo a fait quelquès tableaux qui paffent pour eftre du Titien ; comme il n'a pas efté conneu, fa reputation auffi-bien que fa fortune a efté fort mediocre.

JEAN CALKER. Il y eut auffi un Flamant nommé JEAN CALKER qui imita la mefme maniere de peindre ; c'eft de luy les figures d'Anatomie qui font dans Vefale. Il mourut à Naples encore fort jeûne.

PARIS BORDON. Mais celuy de tous les Efleves du Titien qui a eu le plus de reputation a efté PARIS BORDON. Son pere eftoit un Gentilhomme Trevifan, & fa mere Venitienne. Dés fa jeuneffe il fut inftruit aux lettres humaines, & apprit la Mufique & les autres exercices convenables aux perfonnes d'une naiffance noble. Comme il témoigna de l'inclination pour la Peinture, on le mit fous le Titien, où il fe perfectionna de telle forte, qu'il fut bien-toft employé à plufieurs ouvrages confiderables, tant à Venife qu'en quelques autres lieux d'Italie. Il fit pour les Confreres de l'Efcole de S. Marc de Venife un tableau où il reprefenta

ET LES OUVRAGES DES PEINTRES. 79

ce qu'ils appellent l'Aventure du Pescheur. Cette aventure est de celles où il faut beaucoup de foy pour les croire; mais je ne vous la diray qu'à cause du tableau où elle est peinte.

Ceux qui ont écrit l'histoire de Venise rapportent que pendant le Gouvernement du Doge Barthelemy Gradenic, la mer s'enfla de telle sorte qu'il sembloit que la ville deust estre submergée. Dans ce temps un vieux Pescheur qui, triste & abbatu de sa mauvaise fortune, s'estoit retiré dans sa barque au bord de la place de S. Marc, vit venir à luy trois hommes qui le prierent de les conduire à S. Nicolas *del Lido*, pour une affaire tres-importante. Comme il craignoit de faire naufrage il les refusa: mais estant entrez dans sa barque, ils l'obligerent de prendre la rame & de voguer. Contraint par ces hommes, & tout étonné de voir que de ses rames il surmontoit facilement la violence des vagues & l'impetuosité des flots, il les conduisit où ils voulurent aller. Estant arrivez à la fosse du port, ils luy montrerent un vaisseau remply de demons qui agitoient la mer, lequel aussi-tost qu'ils eurent parlé fut englouti, & la mer demeura calme & tranquille. Aprés cela un de ces trois hom-

PARIS BORDON.

M. Ant Sabel. hist. Ven. Deca. 2. l. 2. L'an 1339. le 25. Fevr.

PARIS BORDON.

mes se fit descendre proche l'Eglise de S. Nicolas, un autre à celle de S. George, & le Pescheur ayant remené le troisiéme où ils s'estoient tous embarquez, luy demanda son payement, quoy que tres-épouvanté des choses qu'il avoit veuës; Mais cet homme luy dit, qu'il n'avoit qu'à aller trouver le Doge, & les Senateurs, qui le recompenseroient au delà de ce qu'il luy demandoit, en leur apprenant que par son moyen, & par celuy des deux qui estoient avec luy, la ville avoit esté delivrée cette nuit-là du danger où elle avoit esté. Comme le Pescheur luy repliqua qu'on ne le croiroit pas, & qu'il passeroit pour un imposteur; celuy qui luy parloit ayant tiré une bague de son doigt la luy donna, & adjousta; Montre cet anneau pour marque de la verité de ce que tu diras; & sçache qu'un de ceux qui estoient avec moy, est S. Nicolas, pour lequel vous autres matelots avez de la veneration; l'autre est S. George, & moy je suis Marc l'Evangeliste protecteur de cette Republique; & en mesme temps disparut.

Le jour estant venu, le Pescheur ayant esté introduit au Conseil raconta tout ce qu'il avoit veu, & comme l'anneau qu'il montra servit à authoriser ce qu'il disoit, le Senat luy
assigna

ET LES OUVRAGES DES PEINTRES. 81

assigna une pension considerable pour vivre le reste de ses jours : & l'anneau est gardé dans l'Eglise de saint Marc parmy les reliques.

PARIS BORDON. Doglioni hist. Ven. l. 4.

C'est de cette histoire dont Paris Bordon fit un tableau, dans lequel il representa le Pescheur en presence du Doge & du Senat, auquel il montre l'anneau. Outre la belle disposition du principal sujet, on y voit plusieurs Senateurs representez au naturel; & cet ouvrage est consideré comme un des meilleurs qu'il ait faits.

Cependant ce Peintre connoissant qu'en quelqu'estime qu'il fust à Venise, il falloit faire sa cour, & mandier la faveur de la Noblesse pour avoir de l'employ & faire quelque fortune, resolut, pour se deliver d'une servitude si rude, de sortir de la ville, & d'aller travailler en quelqu'autre pays. Ayant heureusement rencontré l'occasion de venir en France au service de François I, il y arriva en 1538. & se mit aussi-tost à faire pour Sa Majesté les portraits de plusieurs Dames de la Cour, & quantité d'autres ouvrages. Il travailla aussi en mesme temps pour le Duc de Guise, & pour le Cardinal de Lorraine.

A quelque temps de là, estant retourné à Venise, fort accommodé des biens de la For-

L

tune, & dans l'estime de tout le monde, il y finit ses jours, & mourut âgé de soixante & quinze ans. Il a fait un grand nombre de tableaux. Il s'en rencontre encore aujourd'huy plusieurs dans les cabinets des curieux.

Comme j'eus cessé de parler, Pymandre me dit: Je juge par ce que vous m'avez dit du Titien & de ceux de son Escole, qu'il ne faut les considerer que comme de grands coloristes, & non pas comme des Peintres achevez, & tels qu'ont esté les Raphaëls, les Jules Romains & les autres Peintres de Rome dont vous avez parlé, qui surpassoient beaucoup l'Escole de Lombardie.

La Peinture, luy repartis-je, embrasse, comme je vous ay dit plusieurs fois, tant de parties, dont la moindre demanderoit la vie d'un homme pour la bien étudier, qu'il ne faut pas estre surpris si les plus grands Peintres ne les ont jamais possedées toutes dans une égale perfection. Cependant comme la fin principale du Peintre est de representer la Nature sur une superficie plate; & que cela ne se fait bien que par le moyen des couleurs, des ombres & des jours conduits judicieusement avec l'aide du dessein, qui doit estre toujours le guide & comme le maistre dans les ateliers des Peintres.

Il est certain que ceux qui se sont rendus bons coloristes ont fait un grand progrez, & sont entrez bien avant, s'il faut ainsi dire, dans ce qu'il y a de plus secret & de plus beau dans cet art. C'est ce qui est arrivé au Titien & à ceux de son Escole, & ce qui leur a fait meriter une gloire toute particuliere.

Neanmoins, repliqua Pymandre, vous m'avez dit plusieurs fois, que non seulement ils ont fait des fautes dans le dessein, mais qu'ils ont mesme ignoré la perspective, & n'ont pas sceu tout ce qui regarde les draperies & les accompagnemens qui appartiennent à l'histoire.

Il est vray, répondis-je, qu'ils ont manqué souvent dans ces choses, soit par negligence, soit qu'ils les ayent ignorées. Mais il y a dans leurs tableaux d'autres parties si considerables qui meritent d'estre admirées, qu'il ne faut pas songer, en les voyant, à celles qui ne s'y rencontrent pas, si l'on veut joüir du plaisir de ce qu'ils ont fait : Et mesme souvent il y a des choses qu'on y trouve à redire, qui ne sont pas les plus difficiles, ny qui meritent le plus de loüange. S'il n'estoit besoin que de sçavoir la perspective pour estre un grand Peintre, il y a une infinité de gens qui égaleroient Raphaël

L ij

& Michel Ange. Car la perspective ne consistant qu'à bien tirer des lignes, comme je vous ay dit une fois en parlant de Michel Ange, ils en sçavent autant que ces grands hommes. Et pour ce qui est des draperies & des accommodemens, si le Titien a manqué dans la convenance necessaire aux sujets, il a pourtant bien sceu les disposer, & vestir ses figures d'une maniere riche & avantageuse.

Comme la connoissance des divers habillemens & leurs differens usages est une science de theorie, & que bien des gens sçavans dans l'histoire peuvent posseder, cela ne regarde pas l'art de peindre. Il n'est pas plus difficile à un Peintre de bien faire un vestement à l'antique, qu'un à la moderne; un laticlave, qu'un habit de païsan. Et de mesme que l'on n'estimeroit guere celuy qui ne sçauroit que bien marquer ces differences dans ses ouvrages, aussi l'on ne doit point blasmer si fort ceux qui les ont ignorées, quand ils sont recommandables par d'autres qualitez. Il est vray que comme il est aisé aux Peintres de s'en instruire, ils sont moins excusables, lors qu'ils manquent dans cette partie de convenance, qui devroit toujours estre observée dans tous leurs tableaux. J'en dis de mesme de la perspective qu'ils ne doivent jamais ignorer. Mais je suis bien aise de vous faire remarquer que le plus difficile de cet art ne dépend point si absolument de sçavoir les regles de la perspective, qu'il y en a qui se l'imaginent, & mesme qui veulent faire croire que c'est le seul secret de faire de grands Peintres : car il y a bien d'autres parties plus difficiles & plus necessaires pour rendre un ouvrage accomply. Je voudrois bien sçavoir, si ces grands Maistres en perspective pretendent par la pratique qu'ils en ont, estre capables d'instruire les autres Peintres en ce qui regarde l'ordonnance des tableaux, le choix & l'élection des attitudes, le bon goust dans le dessein & dans la proportion des corps, l'agencement des draperies, & une infinité d'autres choses.

J'ay ouy dire à quelques-uns, interrompit Pymandre, que pour ce qui regarde la portraiture, vous sçavez mieux que moy ce qu'ils entendent par ce mot, je m'imagine que c'est la representation lineale de toutes sortes de corps: je leur ay, dis-je, entendu soustenir que la perspective enseigne à faire cette representation dans l'estat le plus parfait, où elle puisse parvenir; que les Peintres ne manquent dans la ressemblance que faute de bien sçavoir la perspective; que c'est elle qui leur fournit des moyens asseurez & faciles pour que leurs tableaux fassent toujours l'effet qu'ils desirent dans quelqu'endroit qu'ils soient placez ; sans estre obligez à tastonner, effacer & defaire des choses qui ne reüssissent jamais quand elles ont esté faites au hazard, comme dans des voutes & des platfonds, ou faute d'avoir bien sçeu la raison de ce qu'ils font, il se trouve qu'aprés avoir pris beaucoup de peine, il y a souvent bien des choses à redire.

Ces gens-là, repartis-je, qui vantent si fort ce qu'ils sçavent n'ont pas asseurement produit des ouvrages qui répondent à ce qu'ils promettent. Car pour moy j'ay appris des plus grands Peintres qui sçavent bien la perspective & qui n'ignorent pas tous les avantages qu'on en peut recevoir, qu'il y a bien des choses où il est impossible de tirer aucun secours des regles & des lignes dont l'on se sert d'ordinaire, qu'il faut que ce soit l'œil qui juge & qui soit le principal instrument. Qu'il se trouve dans la pratique des difficultez que la theorie ne peut prevoir, & où les regles ne servent de guere, à cause que ceux qui regardent ne peuvent pas toujours estre placez dans un mesme lieu, & ne voir les tableaux qu'au travers

ET LES OUVRAGES DES PEINTRES. 87
d'une pinulle, principalement dans les grands
ouvrages qu'on ne peut voir d'un feul endroit.
J'ay veu travailler Lanfranc à une de ces grandes coupes qu'il a peintes à Rome ; & j'ay veu
de quelle forte il regardoit fouvent d'en bas
l'effet que faifoient fes figures. Ce n'eft pas
que je veuille diminuer en rien les avantages
que la Peinture tire de la Perfpective ; je vous
ay dit tantoft comme l'optique apprend la raifon des differentes appartenances que nous re-
marquons dans les objets : & qu'elle donne
des moyens pour que les chofes faffent à l'œil
l'effet que l'on defire, comme Phidias le fceut
bien faire connoiftre au defavantage d'Alca-
menes. Mais il faut prendre garde dans tous
les arts, & particulierement dans celuy dont
nous parlons, de ne pas nous preoccuper fi fort
pour une partie, que nous en faffions dépen-
dre toutes les autres. S'il y en a quelques-unes
qu'un Peintre n'ait pas, il faut le confiderer
dans celles où il excelle ; Et cependant l'eftime qu'on a pour celuy qui en poffede parfaitement quelqu'autre ne doit pas empefcher
qu'on n'examine le refte de fes ouvrages, de
crainte qu'en voulant imiter ce qu'il a fait de
bon, on ne l'imite auffi dans fes deffauts : parce qu'on fe perfuade aifément qu'ayant bien

fait une chose il a de mesme reussi dans toutes les autres. Ne seroit-ce pas une erreur estrange de croire que Michel Ange estant un grand desseignateur estoit aussi un grand coloriste, ou bien s'imaginer que le Titien n'est pas estimable, & qu'on ne doit conter pour rien la connoissance parfaite qu'il a euë du coloris, à cause qu'il n'a pas desseigné comme Raphaël. Il faut donc au contraire regarder Michel Ange & le Titien dans les choses où ils ont excellé. Ainsi on pourra dire que pour ce qui est de conduire un tableau de couleurs, & d'ententes de lumieres, il n'y a jamais eu de Peintre qui l'ait fait aussi sçavamment que ce dernier ; Il n'estoit pas mesme si pauvre d'invention & de dessein que quelques-uns se l'imaginent. Les grands ouvrages qu'on voit de luy le font assez connoistre, mais par ce qu'il a esté extraordinairement sçavant dans le coloris, & que c'est de cette partie-là que vous avez desiré que nous fissions aujourd'huy le sujet de nostre Entretien, remettez, je vous prie, dans vostre esprit les tableaux que vous avez veus de luy, & considerez de quelle sorte, il s'est conduit pour leur donner cette beauté de couleurs, cette vivacité, cette force, & ce je ne sçay quoy de precieux que l'on y admire.

Un

ET LES OUVRAGES DES PEINTRES. 89

Un Peintre, sans doute travaille sur de bons principes, lorsqu'il tasche de conduire ses ouvrages par les regles de la perspective, & qu'il imite dans ses figures la beauté de l'antique, soit dans leurs proportions, soit dans leurs habits, lors que cela convient à son sujet. Mais dites-moy, je vous prie, si ceux qui ne se sont attachez qu'à ces parties, dont je pourrois bien vous en nommer quelques-uns en particulier, ont fait quelque chose qui approche de la beauté qu'on voit dans les ouvrages du Titien, & si par les seules regles de la perspective, ils auroient peu representer des figures qui fissent un effet semblable à celles de ce Peintre.

Cependant, dit Pymandre, il me semble que vous venez de dire que ce qui fait le fort & le foible, & ce que vous appellez l'affoiblissement des teintes, se doit comprendre par les diverses coupes qu'on se peut imaginer à mesure que les corps s'éloignent.

Il est vray, luy repliquay-je, & c'est dont nous avons tantost parlé sur le sujet de la perspective de l'air, Leon Baptiste Albert appelle cette coupe *Il taglio*. J'avouë que dans la speculation l'on peut comprendre de quelle sorte les objets doivent diminuer de couleur par ces differentes coupes. Mais quand on vient à la pratique, cette speculation, ou le raisonnement qui fait juger combien un corps doit perdre de sa couleur lors qu'on le veut faire paroiftre enfoncé dans le tableau dix ou douze pieds plus qu'un autre, ne peut apprendre precisément comment il faut diminuer la teinte de cette couleur, & la proportionner à son éloignement. Avez-vous jamais remarqué un maiftre de Mufique qui accorde un luth ou une harpe, il vous fera bien connoiftre quel ton la premiere corde doit avoir avec la feconde, & ainfi des autres : mais il ne peut vous enfeigner à les accorder, en vous difant qu'il faut tourner les chevilles un certain nombre de tours. Il faut que ce foit l'oreille qui juge de l'harmonie lors qu'on les touche. De mefme dans les couleurs on peut dire qu'il en faut diminuer ou augmenter la teinte à mefure qu'elles s'éloignent ou s'approchent; ou qu'elles reçoivent divers accidens d'ombres & de lumieres : mais c'eft à l'œil à juger du plus ou du moins de force qu'on leur donne en les meflant. Et outre cela c'eft que, comme nous avons remarqué qu'il y a des couleurs plus fortes & plus fenfibles à la veuë les unes que les autres, il faut apprendre à les difpofer de telle forte que les plus éloignées n'affoiblif-

ET LES OUVRAGES DES PEINTRES. 91
fent pas les plus proches. Il me souvient de
m'eftre un jour trouvé à Rome avec des Peintres tres-sçavans, & qui sans doute avoient
beaucoup étudié toutes les regles de l'art, &
fait diverses observations sur les plus beaux
tableaux. Il y en avoit un, qui parlant de la
maniere dont on doit répandre la lumiere dans
un tableau, vouloit que pour donner plus de
grandeur à tout le sujet, on le peignist en sorte
qu'il parust dans l'ouvrage entier une rondeur
comme si ce n'eust esté qu'une teste : & disoit
sur cela, que le sentiment du Titien estoit qu'on
devoit considerer un tableau comme une grappe de raisin composée de plusieurs grains qui
tous ont leur jour & leur ombre en particulier ;
& que neanmoins il y a dans cette grappe la
principale partie qui reçoit le jour plus fortement que les autres & qui les fait fuir. Qu'ainsi dans un tableau tous les corps doivent estre
disposez de telle sorte qu'il y ait un endroit
qui reçoive toute la force du jour, & que le
reste s'éloigne & se perde insensiblement par
l'affoiblissement des jours & des ombres, aussi-bien que des couleurs.

Il y en avoit qui répondoient que cette comparaison d'une grappe pouvoit avoir lieu lors
que l'on peignoit un grouppe de figures : Mais
M ij

non pas un tableau entier, parce que dans une grande ordonnance quoy que l'on y marque un jour principal, la lumiere neanmoins ne frappe pas sur des figures ou sur des groupes separées de mesme qu'elle fait sur une grape de raisin.

Ainsi ils faisoient voir que dans une grande composition de figures, l'on ne peut pas observer la maxime que le premier sembloit vouloir établir comme une regle generale, & sans laquelle il ne croyoit pas qu'on peust conduire un tableau dans sa perfection. Mais l'autre repartit à cela que les plus grands sujets ne sont pas les plus propres à faire paroistre la force de la Peinture. Qu'un seul groupe de peu de figures fait bien un autre effet qu'une grande ordonnance, rapportant ce que Leon Baptiste Albert a dit, qu'il est aussi difficile qu'un tableau remply de quantité de figures reüssisse bien, & fasse tout l'effet qu'on peut desirer, qu'il est mal-aisé qu'une comedie où il y aura un trop grand nombre d'acteurs soit entierement accomplie, à cause que l'excés des choses apporte toujours de la confusion.

Cependant, interrompit Pymandre, si un grand ouvrage est traité avec le mesme art qu'un plus petit, le plus grand doit-il pas estre plus estimé ?

Il est vray, répondis-je; mais c'est en quoy ils trouvoient de la difficulté, demeurant quasi tous d'accord qu'on ne peut faire paroistre tant de force dans une grande disposition d'ouvrage que dans un tableau qui est composé de peu de figures; & la raison qu'ils en apportoient, est que la Peinture a ses bornes & ses limites. Un Peintre sçavant, disoient-ils, peut par le secret de son art, & par l'intelligence des couleurs, tromper entierement la veuë dans un espace mediocre, & en representant peu de figures; mais non pas dans une grande estenduë, ny en toutes sortes de rencontres. Au bout d'une allée, une Perspective bien peinte, peu de figures bien disposées, feront un effet surprenant, au lieu que dans une grande façade le mesme sujet ne trompera point de la mesme sorte. Ils rapportoient pour un exemple de cela la bataille de Constantin, & les autres grands tableaux de Raphaël, qui sont dans les Salles du Vatican, lesquels n'ont point cette force que l'on voit dans quelques tableaux de ce Peintre, & particulierement dans celuy qui est au cabinet du Roy où la Vierge est peinte tenant l'enfant Jesus, avec S. Jean, S. Joseph, & trois autres figures qui font un si beau groupe.

Cependant, dit Pymandre, il me semble qu'il faut bien plus de science pour traitter un grand ouvrage, pour le bien disposer, pour le remplir d'une infinité de differentes figures, d'habits, d'accommodemens, & pour y faire paroistre toutes ces parties dont vous m'avez parlé, que pour peindre seulement trois ou quatre figures ensemble.

Je vous avoüe, repartis-je, que pour bien representer un grand sujet, il faut beaucoup plus de science, plus de travail, & que c'est-là qu'un Peintre a toute l'estenduë necessaire pour donner des marques de son sçavoir. Mais il y en a qui vous diront que ce n'est pas dans ces rencontres que l'art peut faire paroistre davantage sa puissance & la force de ses charmes.

De sorte, dist Pymandre, que je puis sur cela vous faire une question, & vous demander ce que l'on doit le plus estimer dans un tableau ou le genie du Peintre, ou la force de l'Art.

Comme l'esprit du Peintre paroist dans toutce qu'il fait, repartis-je, vous pourriez pluftost demander lequel est le plus digne d'estime, ou celuy qui sçait tromper par la force de son Art, ou celuy qui montre beaucoup d'invention & de feu dans de grands ouvrages, mais qui ne trompent point comme les autres.

Pour moy, refpondit Pymandre, je ne voudrois pas donner mon jugement là deſſus; mais jay leu que Zuxis ayant peint une Centaure, ſe faſcha voyant que l'on en eſtimoit pluſtoſt la nouvelle invention, que l'art qu'il avoit employé à la bien repreſenter, eſtimant davantage cette derniere partie que la premiere. Et j'ay encore remarqué que les Anciens ont fait beaucoup de cas de pluſieurs tableaux qui n'eſtoient que de peu de figures.

C'eſtpourquoy, repris-je, ceux qui ont une inclination particuliere pour les Ouvrages du Titien, & des autres Peintres de Lombardie, diſent que ſi les Anciens ont receu beaucoup de loüanges pour des ſujets de peu de figures, l'on ne doit pas trouver à redire ſi le Titien pour les imiter a pluſtoſt taſché d'acquerir la partie de bien peindre, que celle qui regarde les grandes diſpoſitions, & la connoiſſance particuliere de l'Hiſtoire & des Couſtumes. Car c'eſt ainſi qu'ils jugent en deux manieres de l'obligation du Peintre; l'une qui eſt de ſçavoir comment les choſes doivent eſtre hiſtoriées; & l'autre de les ſçavoir bien peindre. Or comme la derniere eſt ſans doute tres-difficile, puis qu'en cet art, comme dans plufieurs autres, l'execution eſt au deſſus de la theorie, il eſt toujours plus avantageux de pouvoir faire que de ſçavoir ſimplement ce qu'il faut faire, ils trouvent qu'il eſt plus glorieux au Titien d'avoir executé ſes ouvrages dans la perfection des couleurs où elles ſe voyent, que s'il n'euſt ſceu, comme quantité d'autres Peintres, qu'inventer de grands ſujets qui n'euſſent pas eſté peints avec cette beauté que l'on admire dans ſes ouvrages.

Mais, dit Pymandre, ſi avec la beauté de ſes couleurs il euſt encore poſſedé les autres talens qu'avoit Raphaël, ſes tableaux n'euſſent-ils pas eſté plus accomplis.

Et ſi Raphaël, repliquay-je, euſt auſſi poſſedé le coloris du Titien, il euſt encore eſté plus parfait dans ſon art. Mais pourquoy, de grace, trouve-ton à redire que le Titien n'ait pas excellé dans toutes les parties d'un art ſi difficile : il en a eu ſa part, Raphaël la ſienne, & ainſi tous les autres Peintres. Le Titien n'a pas eu une des moindres, puiſque c'eſt la plus agreable, & qu'elle eſt ſi difficile à acquerir, qu'on ne voit point d'autres Peintres, qui ayent peu comme luy faire paroiſtre dans la Peinture ce charme que l'on admire dans ſes ouvrages. Car comme je vous ay dit

aſſez

assez de fois, bien que tous les autres Peintres ayent eu aussi-bien que luy la Nature devant les yeux pour la copier, il semble neanmoins avoir esté le seul qui ait eu l'esprit d'en prendre ce qu'il y a de plus agreable, mais de telle sorte, que dans le choix qu'il en a fait, on peut dire qu'il est comme le Maistre qui montre le chemin aux autres. Je sçay bien que ce sçavant homme n'est pas accomply dans toutes les parties, & que ceux qui l'ont imité en Lombardie & ailleurs n'ont pas possedé tout ce qui fait un grand Peintre. Toutefois ils n'ont pas laissé de faire des ouvrages tres-agreables & fort estimez, parce qu'on y trouve une beauté de couleurs qui plaist à la veuë. Aussi est-ce une étude tres-considerable; Et lorsque l'on comprend bien le secret dont le Titien s'est servy, l'on peut en ordonnant & en desseignant le sujet de son Tableau, suivre sa methode dans la conduite des couleurs & des lumieres.

Dites-moy donc, je vous prie, interrompit Pymandre, ce que vous avez observé de particulier dans sa maniere de peindre.

Il gardoit parfaitement, luy repondis-je, cette maxime, dont je croy avoir déja parlé sur le sujet de l'ordonnance, qui est de ne pas

N

remplir ses tableaux de quantité de petites choses, mais d'éviter le deffaut où tombent plusieurs Peintres, qui par la quantité excessive des parties dont ils composent leurs ouvrages les rendent, petits & plains de ce que les Italiens appellent *Triterie*. Ainsi il faisoit paroistre les siens admirables par une noblesse, & une grandeur qui s'y remarque. Par exemple lors que dans la representation de quelque histoire, il y a un paysage dans le fond de son tableau, ce paysage est grand, l'on n'y remarque point une infinité de petites choses ; les couleurs en sont esteintes quand elles doivent soustenir & servir de fond à ses figures, qui paroistroient beaucoup moins si les couleurs du paysage estoient trop vives. Les Ciels, les nuées, les arbres, toute l'estenduë de la campagne, & generalement tout ce qu'il represente, est grand ; les draperies des figures sont amples, évitant les vestemens pauvres, les plis trop petits, & mille autres choses que quelques Peintres affectent, qui cependant ne font que rendre leurs tableaux plus confus. Cette belle entente ne vient point, comme vous pouvez juger, de la perspective, mais du jugement de ce Peintre, de mesme que l'ordre qu'il a toujours gardé dans la distribution de ses couleurs. Car encore que la perspective de l'air, & l'affoiblissement des couleurs, par cette coupe dont je viens de parler, soit en effet dans les tableaux, ce qui fait fuir ou avancer les corps; le Peintre neanmoins qui doit toujours chercher à se prevaloir de toutes sortes des moyens & des secrets de son art quand il veut imiter la force de la Nature, est d'autant plus digne d'estime qu'il sçait découvrir des chemins comme inconnus, pour arriver à son but. C'est pourquoy le Titien sçavoit qu'outre l'affoiblissement que les couleurs reçoivent par les coupes de l'air, & par les differens éloignemens, il y a encore dans les mesmes couleurs, ou une force ou une foiblesse essentielle à leur nature laquelle rend à la veuë les unes plus sensibles que les autres, comme nous avons déja remarqué; il sçavoit, dis-je, tout cela, & c'est pourquoy il a toujours observé autant qu'il a pu de les ranger les unes auprés des autres, en sorte que les plus fortes fussent sur les plus foibles; ce qui est aisé de remarquer dans les vestemens de ses figures. Et lors que la necessité de son sujet l'obligeoit de mettre des couleurs plus foibles sur le devant, il les accompagnoit de quelque chose dont la couleur plus forte servoit à soustenir & à faire avancer les autres. J'ay veu remarquer à des Peintres, que dans le tableau où il a representé Bacchus & Ariadne, afin de faire approcher davantage une draperie qui est sur le devant, & qui de soy est d'une couleur foible & legere, il a trouvé l'invention de mettre un vase dessus, lequel estant d'une couleur brune & forte, tire le tout en avant.

Est-ce, dit alors Pymandre, que les choses les plus claires s'éloignent & que les plus brunes avancent davantage.

C'est ainsi, répondis-je, que les plus sçavans Peintres l'entendent. Ils vous feront remarquer que ce qui est noir a plus de force & s'approche bien plus que ce qui est blanc.

C'est, repliqua Pymandre, ce que je n'aurois pas cru, car il me semble que ce qui est noir perce & fait un trou, & que le blanc vient en avant. Ainsi, les couleurs qui sont plus claires avancent-elles pas davantage que celles qui le font moins, & dans un tableau, une draperie d'un bleu clair, ou d'un vert pasle, ne s'approchera-t'elle pas plus qu'un autre vestement qui sera rouge brun, ou d'un jaune orangé.

Le Titien, repris-je, s'en servoit tout autrement, il mettoit presque toujours les couleurs les plus brunes sur le devant & les claires derriere. Et lors, comme j'ay déja dit, qu'il estoit obligé d'en mettre de claires sur le devant, il les faisoit soustenir par quelque corps plus solide & plus fort. De mesme encore pour empescher qu'elles ne vinssent à s'attacher sur un fond approchant de leur couleur, il les retenoit par quelque chose de couleur differente comme dans le tableau dont je viens de parler, où Ariadne estant vestuë de bleu, il a trouvé moyen, pour empescher que cet habit ne s'attache au Ciel & à la mer qui luy servent de fond, de l'environner d'une écharpe rouge qui détache la figure & la fait demeurer sur le devant.

Ces exemples, repartit Pymandre, ne me convainquent pas, estant persuadé que dans les tableaux mesme du Titien, il s'y trouvera des choses qui seront contre ce que vous venez de dire, ne pouvant comprendre que ce qui est plus clair dans un tableau ne paroisse davantage que le reste.

Ne vous ay-je pas déja dit, repartis-je, que dans la Peinture le blanc n'a point tant de force que le noir, qui dans un tableau represente bien mieux l'obscurité que le blanc ne peut faire la lumiere, à cause que la sensation du blanc s'affoiblit dans l'œil par la disgregation, si vous me permettez d'user de ce mot, que les rayons de la veuë reçoivent d'une trop grande blancheur ; au lieu que le noir se rassemble. Cela se voit dans la Nature, car si vous regardez une muraille fort éclairée du Soleil, vous verrez qu'au lieu d'y découvrir toutes les choses qui peuvent y estre marquées, la grande clarté empeschera que vous ne puissiez parfaitement les discerner ; la trop grande lumiere dissipant, comme je vous ay dit, les rayons visuels, qui n'ont pas alors assez de force pour faire le discernement de tous les objets en particulier, ce qui n'arrivera pas quand cette mesme muraille ne sera pas éclairée d'un si grand jour. Mais aussi ne faut-il pas s'imaginer qu'un Peintre ne doive se servir que de couleurs fort brunes sur le devant d'un tableau pour en faire avancer tous les corps; ny qu'il tienne tous les derrieres fort clairs pour les faire fuir. La Nature a des clartez proches & des ombres éloignées. On voit des maisons éclairées du Soleil à deux cent pas ; & des parties ombrées dans la mesme distance. Vous concevrez facilement comment ces choses se doivent imiter, si vous vous souvenez bien de ce que nous venons de dire en parlant de la lumiere & des ombres, de la perspective de l'air, & du fort & du foible qui arrive à mesure que les objets sont plus proches ou plus éloignez. Ainsi vous jugerez que dans un tableau on fait paroistre le blanc & le noir plus proches ou plus éloignez en fortifiant ou affoiblissant la blancheur de l'un ou la noirceur de l'autre.

Je croy comprendre à present, dit Pymandre, ce que le Peintre peut observer dans la Nature à l'égard de la lumiere & des ombres. Mais dites-moy, je vous prie de quelle sorte il doit proceder dans son travail, pour rendre ses tableaux accomplis dans cette partie.

Pour bien imiter les lumieres & les ombres, repartis-je, il faut donc que je vous repete encore une fois qu'on doit d'abord considerer les superficies des corps, parce qu'on verra qu'elles changent de couleurs & de lumieres selon qu'elles sont plates, inégales, convexes ou concaves. Or ces changemens de couleurs selon les superficies causent beaucoup de difficultez aux Peintres paresseux, qui ne veulent pas prendre toute la peine necessaire pour les bien representer. Mais ceux qui sont plus laborieux, aprés s'estre donné le soin de marquer les places des lumieres & des ombres, trouvent bien-tost de la facilité à donner la couleur qui leur convient, alterant peu à peu les teintes & les couleurs, selon qu'ils le jugent à propos.

Et parce que le Peintre n'a point d'autre couleur que le blanc, avec lequel il puisse exprimer les derniers éclats de lumiere, il faut se souvenir d'éviter dans un tableau, de representer le corps du Soleil, la nege, & les brillants des corps luisans ; & lors qu'on ne peut les éviter, il faut esteindre autant qu'il se peut tous les blancs, & reserver le blanc pur pour imiter les éclats de lumieres que l'on voit sur le naturel. Et de mesme il doit penser aussi qu'il n'a que le noir pour representer ce qu'il y a de plus obscur. C'est pourquoy les Peintres manquent beaucoup lors qu'ils employent inconsiderément trop de blanc & trop de noir. Et c'est dequoy Zeuxis, qui estoit le Titien des anciens Peintres, reprenoit quelques uns de son temps, lesquels ignoroient combien cet excés estoit préjudiciable à leurs tableaux.

Je croy, interrompit Pymandre, que les
connois-

ET LES OUVRAGES DES PEINTRES. 105
connoiſſeurs pardonneroient pluſtoſt à ceux qui tombent dans l'excés du noir, qu'à ceux qui employent du blanc avec profuſion.

Je ne ſçay, repartis-je, lequel eſt le plus ſupportable ; car ſi d'un coſté le noir eſt deſagreable, d'un autre coſté le blanc n'a pas de force. Cependant parce que naturellement on aime plus la lumiere que l'obſcurité, il ne faut pas s'étonner s'il y a autant de Peintres qui pechent en faiſant des choſes trop claires, que d'autres en pratiquant le contraire. Mais ce qu'on peut dire c'eſt que les plus habiles ont évité ces deux extremitez. Le Titien a fait des corps qui n'ont point d'ombre ; Sa Danaé toute éclairée qu'elle eſt ne laiſſe pas d'avoir de la force & de la rondeur ; Il en a fait d'une autre maniere, & les uns & les autres ſont parfaitement beaux.

Quand un Peintre a fait une étude exacte de toutes les choſes que je viens de remarquer, c'eſt alors que la perſpective luy ſera tres-utile pour les mettre en pratique : Et pour ce qui eſt des couleurs & de la maniere de peindre, s'il poſſede parfaitement le deſſein, & qu'il travaille avec jugement, il luy eſt plus aiſé de couvrir les ſuperficies des corps de quelque couleur que ce ſoit, d'en augmenter ou dimi-

O

nuer les teintes avec plus ou moins de clair &
d'obscur, selon qu'il le juge necessaire, pour
donner plus ou moins de jour ou d'ombre, de
relief ou d'enfoncement à la chose qu'il voudra representer, & c'est ainsi qu'un tableau, reçoit plus ou moins de force & de beauté, selon
que le Peintre est sçavant dans toutes les parties de son art.

Et parce qu'il est aisé de se tromper soy-
mesme en regardant toujours d'une mesme
maniere ce que l'on veut imiter, & qu'en demeurant long-temps sur son ouvrage, l'on
n'en reconnoist plus les deffauts, il est bon de
consulter quelquefois le miroir comme Leonard de Vinci l'enseigne. Car en examinant
toutes les figures en particulier, on en découvre plus aisément les deffauts, le miroir
estant un amy fidele qui ne flatte point, & qui
a l'industrie de retourner l'ouvrage d'une autre
maniere, comme pour en supposer un autre
dont l'on peut juger sans prevention.

Or, comme nous avons déja dit, qu'il est
impossible de reduire en regles tout ce qui est
necessaire pour bien ordonner les figures qui
composent un tableau, parceque l'ordonnance est une partie qui dépend du genie & du jugement du Peintre. De mesme il est difficile

d'enseigner precisement de quelle sorte il faut disposer les couleurs, mais on peut dire qu'il se rencontrera une grande union & une agreable varieté dans leur arrangement, si celuy qui travaille est assez éclairé pour les sçavoir mettre chacune dans leur veritable place, & donner les jours bien à propos. Ce qui a fait que le Titien a eu l'avantage sur tous les autres Peintres pour ce qui regarde cette belle entente de couleurs, c'est que dans ses tableaux il a toujours observé d'y répandre de grands clairs & de grandes ombres, comme j'ay déja dit : & l'on peut remarquer qu'encore que les parties ombrées ne paroissent pas faites avec un grand travail, elles ne laissent pas neanmoins d'estre bien peintes : car comme nous avons remarqué, il y a de la difference entre l'ombre & l'obscurité. Dans l'obscurité on ne voit rien du tout, mais l'ombre n'est que comme un nuage qui couvre les corps, & leur oste seulement une lumiere particuliere, n'empeschant pas que par le secours d'une autre lumiere moins forte on n'apperçoive la forme & les couleurs. De sorte que si l'on voit que la lumiere est doucement & largement répanduë sur les parties éclairées de ses tableaux, on voit aussi que celles qui

O ij

sont ombrées paroissent seulement couvertes, comme j'ay dit, d'une espece de nuage. Il faudroit que nous eussions devant les yeux quelques ouvrages de ce Peintre pour bien observer ce que je dis. Je pourray vous faire voir dans le paysage que j'ay, comment les choses y sont par grands morceaux, & non par petites pieces ; que chaque corps tient de la couleur de celuy qui luy sert de fond, & s'y unit tendrement. Il y a parmy les arbres des chevres qui broutent & des moutons qui paissent qu'on a peine à connoistre, parce que ces animaux sont chargez de la couleur verte des fueilles qui les environnent ; Mais ce que je pourray vous faire voir encore, c'est le beau choix des arbres : de quelle sorte il a peint par grandes masses les jours & les ombres, & touché le feüilles par dessus, mais legerement & avec esprit. Vous verrez que les troncs des arbres ne prennent leur teinte naturelle qu'insensiblement à mesure qu'ils s'élevent, ne passant jamais tout d'un coup d'une couleur à une autre. Je veux dire que proche la racine ils tiennent encore de la couleur de la terre d'où ils sortent, & ne s'en détachent jamais par des couleurs qui tranchent. Vous y verrez de quelle maniere ce Peintre conserve les couleurs les plus fortes pour les choses les plus proches, & le blanc pour les jours, & pour la plus grande lumiere. Il ne se sert pas inconsiderement du blanc & du massicot, parce qu'il ne luy resteroit aucune couleur dont il peust faire les rehauts qui brillent en divers endroits de ce paysage.

Les beaux effets de lumiere, & un éclat de jour que l'on voit au haut d'une montagne qui semble veritablement éclairée du Soleil, ne paroistroient ny si vrais ny si agreables, s'il n'eust ménagé les couleurs les plus claires, ou s'il les eust répanduës également dans tout son tableau. Aussi ce sont ces coups de maistre qui font dans un ouvrage ce qu'on nomme le precieux; il ne doit y avoir guere de ces richesses, & mesme comme bien souvent, ce n'est pas une petite perfection à un Orateur de sçavoir supprimer beaucoup de choses. Ce n'est pas aussi un témoignage de peu de doctrine à un Peintre quand il retranche plusieurs parties quoy que belles, de crainte que cette beauté ne fasse tort à son principal sujet; comme lors qu'il affecte d'oster les couleurs vives dans les draperies, & toutes sortes de broderies dans les vestemens, de peur que ces petits avantages ne nuisent à ceux d'une

Plin. lib 7. epist. 6.

O iij

belle carnation; Ou bien encore lors qu'il ne veut pas donner de la gayeté à un paysage, afin que la veuë ne s'y arreste pas; mais qu'elle se porte aux figures qui sont faites pour estre le principal objet du tableau. Car il est vray qu'il y a des ouvrages, qui pour estre trop riches en sont moins beaux, comme il arriva à la statuë que Neron fit dorer, qui ne put augmenter de prix sans perdre beaucoup de sa grace. Ce Peintre pensoit avoir bien reüssi, qui montrant à Appelle un tableau où il avoit peint Helene richement vestuë, luy en demandoit son avis ou plustost son approbation. Mais Appelle luy répondit avec sa sincerité ordinaire qu'il avoit fait une figure fort riche, mais non pas belle. La beauté ne consiste point dans les parures, & dans les ornemens. Un Peintre ne doit pas s'arrester aux petits ajustemens, sur tout dans les sujets d'histoires, où il pretend representer quelque chose de grand & d'heroïque. Il y doit faire paroistre de la grandeur, de la force, & de la noblesse, mais rien de petit & de délicat, ny de trop recherché. Il en est des ouvrages de Peinture, comme de ceux de Poësie. Il ne faut pas qu'il paroisse que l'ouvrier ait pris plus de plaisir à se satisfaire luy-mesme, & à faire connoistre le jeu de son esprit & la deli-

Pretio periit gratia artis. Plin. l. 34. c. 8.

Clem. Alex.

catesse de son pinceau, qu'à considerer le merite de son sujet. Quintilien blame Ovide de cette trop grande delicatesse.

Si vous voulez, dit Pymandre, que les Peintres imitent les Poëtes, il faut pourtant, selon le sentiment des doctes qu'il y ait dans leurs tableaux quelque chose d'agreable & de touchant aussi-bien que de grand & de fort.

Il est vray, répondis-je, mais cet agreable doit naistre toujours du sujet que l'on traitte, non pas des choses étrangeres: Car l'on ne pretend pas retrancher les choses belles, quand elles sont propres aux lieux où on les met, mais l'on condamne ceux qui gastent un sujet qui de soy est noble & grand, parce qu'ils s'arrestent trop à la recherche des ornemens de certaines petites parties inutiles. Si je voulois nommer des Peintres que vous connoissez, je vous produirois des exemples de ces deffauts dans quelques-uns de leurs ouvrages, qui me viennent presentement dans l'esprit, mais j'aime mieux vous les faire voir quelque jour dans des tableaux anciens.

Alors nous estant levez pour nous approcher de la fenestre. Tout ce que vous venez de remarquer, dit Pymandre, fait connoistre la difficulté qu'il y a d'estre un grand Peintre. Car je voy qu'encore qu'un homme naisse avec les qualitez propres à la Peinture il y a une infinité de choses qu'il faut apprendre, & que la Nature ne donne point ; Et jamais on n'a assez de temps pour acquerir les connoissances necessaires à la perfection de cet art.

Pendant nostre entretien l'orage qui avoit continué avec beaucoup de violence, se dissipa bien-tost ; le Ciel estoit découvert en plusieurs endroits, & le tonnerre ne faisoit plus que gronder en s'éloignant de nous. Comme nous vismes que le temps devenoit serain & que le Soleil estoit encore assez haut sur l'horison, nous sortismes du chasteau, & rentrasmes dans le jardin pour y passer le reste du jour. Les arbres que la pluye avoit lavez en paroissoient d'un plus beau vert : la campagne mesme avoit quelque chose de guay, & sembloit plus riante qu'auparavant. Certains nuages tendrement répandus dans l'air, & differemment colorez des rayons du Soleil, faisoient mille beaux effets ; de sorte que le Ciel, & la Terre paroissoient alors avec des charmes tous nouveaux. Aprés avoir fait quelques tours d'allée du costé de la riviere, nous recommençasmes à parler des Peintres qui avoient vescu du temps du Titien, & qui

avoient

avoient suivy sa maniere. Comme il y en a eu plusieurs qui ont esté bien moins considerez que les autres, nous ne dismes que fort peu de choses sur leurs ouvrages: Mais Pymandre m'ayant fait souvenir d'un beau paysage qui est presentement dans le Cabinet du Roy, dans lequel est representé S. Jean qui baptise Nostre Seigneur, je luy appris qu'il estoit de LAMBERT ZUSTRUS Flamant, & l'un des Esleves du Titien.

LAMBERT ZUSTRUS.

Cependant, dis je à Pymandre, entre ceux qui ont suivy le Titien dans sa maniere de peindre ANDRE' SCHIAVON est asseurément un des plus considerables. Il estoit né de parens fort pauvres, qui avoient quitté l'Esclavonie pour s'établir à Venise. Dés sa jeunesse il s'appliqua à desseigner d'aprés les estampes du Parmesan; mais ensuite il étudia beaucoup les ouvrages du Georgeon & du Titien. S'estant formé une maniere particuliere, il commença à travailler avec tant de soin, & fit paroistre dans ses peintures une beauté de pinceau, & un goust de couleurs si exquis, qu'il se fit admirer de tout le monde. Il est vray que n'ayant pas esté secondé dans ses études pour pouvoir estre bien instruit dans le dessein; qui est la partie principale de la Peinture, il s'abandon-

ANDRE' SCHIAVON.

P

SCHIAVON. na trop tost à l'inclination qu'il avoit de peindre. Aussi n'ayant pas fait un assez grand fond de science ses ouvrages ne sont pas corrects; mais ce deffaut se trouve caché par la beauté des couleurs, qui imposent facilement à ceux qui n'ont qu'une connoissance mediocre. Cependant André rendoit ses tableaux si agreables aux yeux de tout le monde, que le Tintoret disoit souvent qu'il n'y avoit point de Peintre qui ne deust avoir au moins un tableau de Schiavon à cause de sa belle maniere de peindre; mais qui en mesme temps ne meritast d'estre chastié, s'il ne s'efforçoit de mieux desseigner.

Pour André il estoit digne d'excuse & de compassion, estant reduit dans une si grande necessité, que pour subsister, & pour faire vivre ses parens il estoit obligé de travailler avec promptitude, & d'entreprendre toutes sortes d'ouvrages, n'estant le plus souvent employé que par des maçons, qui le payoient comme un simple manœuvre. Il seroit demeuré long-temps dans cette misere, si le Titien ne l'en eust tiré pour le faire travailler avec d'autres Peintres dans la Bibliotheque de S. Marc, où il fit trois tableaux. Dans le premier il representa sous des figures emblematiques la

ET LES OUVRAGES DES PEINTRES. 115

Vertu militaire; Dans le second la Souve- SCHIAVON.
raineté; Et dans le troisiéme le Sacerdoce.
Ensuite il fit plusieurs autres ouvrages à Venise. Il travailla mesme en concurrence du
Tintoret pour les Peres que l'on nomme *Crociferi*, ausquels il fit un tableau où la Vierge est
representée comme elle visite sainte Elizabeth:
Mais cet ouvrage ne luy reüssit pas comme
plusieurs autres qu'il avoit faits; & le Tintoret qui representa la Purification de la Vierge, le surmonta non seulement dans le dessein, mais encore dans la vivacité du coloris: bien que cette derniere partie fust celle
où André estoit le plus fort. Quoy qu'il fist
depuis ce temps-là une tres-grande quantité de tableaux, sa fortune n'en devint pas
meilleure. Il vescut toujours dans la pauvreté, & y mourut âgé de soixante ans. Sa reputation, & le prix de ses peintures augmenterent lorsqu'il ne fut plus au monde; Ce qui
est arrivé souvent à plusieurs grands Peintres. Nous ne voyons pas icy beaucoup de tableaux de sa façon. M. Jabac en a un où est representé la Vierge & l'Enfant Jesus dans un
grand paysage.

Pendant que tous les Peintres dont je viens de
parler embellissoient par leurs ouvrages la ville

P ij

de Venise, il y en avoit plusieurs autres originaires de la ville de Bresse en Lombardie, qui travailloient aussi avec un favorable succés. Parmy ceux-là je puis vous nommer Alexandre BONVINCINO surnommé IL MORETTO, qui dés sa jeunesse estudia sous le Titien, & tascha aussi d'imiter la maniere de Raphaël. GIROLAMO ROMANINO, capricieux dans ses inventions, & qui peignit d'une maniere fiere & bizarre. CALISTO DE LODI, qui travailla beaucoup à fraisque & à detrempe. GIROLAMO SAVOLDI de noble famille. On voit à Fontainebleau un tableau de sa main, où il a peint Gaston de Foix comme à demy couché, & derriere luy des miroirs qui representent les parties du corps que l'on ne pouroit voir. Il demeura long-temps à Venise où il mourut. Madame la Presidente Ardier a deux tableaux de luy, dans l'un est representé la Magdeleine, & dans l'autre saint Jerosme au desert.

LE MUTIAN dont l'on voit des païsages si bien gravez par Corneille Cort estoit aussi de Bresse. Il étudia d'abord sous le Romanino, mais il s'attacha ensuite à la maniere du Titien. Estant allé à Rome il fit amitié avec Tadée Zuccaro, & travaillerent de com-

ET LES OUVRAGES DES PEINTRES. 117

pagnie à desseigner d'aprés les statuës antiques MUTIANO. & les tableaux des meilleurs maistres. Le Mutian employoit neanmoins une bonne partie du temps à faire des portraits & des païsages, pour lesquels il avoit un genie tout particulier. Il a peint en plusieurs endroits de Rome, & fit par l'ordre du Pape Gregoire XIII. un tableau dans l'Eglise de S. Pierre où il representa saint Paul premier Hermite, & saint Antoine. Jule Romain ayant commencé à desseigner les bas reliefs de la colonne Trajane, & estant mort sans les achever, le Mutian continua ce grand ouvrage, & c'est par son moyen que nous en avons les estampes dont Ciaconius a fait l'explication.

Sur la fin de ses jours ayant fait son testament il laissa à l'Academie de saint Luc de Rome deux maisons : & ordonna que si ses heritiers mouroient sans hoirs, tous ses biens retournassent à l'Academie, pour faire bastir un hospice où pourroient se retirer les jeunes gens qui viendroient à Rome apprendre à peindre, & qui n'auroient pas moyen de subsister. Ce fut aussi à sa consideration que le Pape Gregoire XIII. fonda la mesme Academie par un Bref que le Pape Sixte V. confirma depuis. Ce Peintre mourut âgé de soi-

P iij

L'an 1590. xante & deux ans, & fut enterré dans l'Eglise de Sainte Marie Majeur, où il avoit choisi le lieu de sa sepulture.

BONIFACE VENITIEN. Je ne vous dis rien de toutes les peintures que l'on voit à Venise & en plusieurs autres lieux d'un certain BONIFACE VENITIEN qui fut disciple du vieux Salme, & qui étudia si bien, que les plus habiles avoient quelquefois de la peine à reconnoistre les ouvrages du Disciple d'avec ceux du Maistre. Il étudia aussi d'aprés les tableaux du Titien, ce qui ne servit pas peu à perfectionner sa maniere. Il mourut âgé de soixante-deux ans.

VIGNOLLE. Mais avant que de vous parler des autres Peintres de Lombardie, qui ont excellé depuis ceux que je viens de nommer, je suis d'avis que nous retournions du costé de Rome & de Florence. Jacopo Barozi, dit VIGNOLE travailloit à Rome, mais beaucoup moins à la Peinture qu'à la Sculpture & à l'Architecture. Il mourut en 1573. âgé de soixante & six ans.

PYRRO LIGORIO. PIRRO LIGORIO Napolitain mourut aussi dans le mesme temps. Il s'appliqua particulierement à l'Architecture, & quoy qu'il ait fait beaucoup de tableaux, & des desseins pour des tapisseries, comme ceux que vous pouvez avoir veus entre les mains de M. de

ET LES OUVRAGES DES PEINTRES. 119

Chanteloup Maistre d'Hostel du Roy, qu'il avoit faits pour le Cardinal d'Este, & où il a representé l'histoire d'Hyppolite fils de Thesée, l'on peut dire, que la plus grande connoissance qu'il avoit acquise estoit celle des monumens antiques; ayant fait une étude & une recherche toute singuliere des statuës, des bas reliefs, des medailles, des peintures, des bastimens, & generalement de tout ce qui peut donner quelque instruction de l'antiquité. Il y a plusieurs volumes desseignez de sa main dans la Bibliotheque du Duc de Savoye, où les curieux pourroient apprendre beaucoup de choses que nous ne voyons plus aujourd'huy. Entre celles qu'il a recherchées avec soin on voit toutes les sortes de vaisseaux qui estoient anciennement en usage, assez differents de ceux d'aujourd'huy.

Cette étude que Pyrro Ligorio a faite est non seulement curieuse, mais tres-necessaire aux Peintres qui veulent observer la convenance dans les sujets d'histoires, comme ont fait Raphaël, Jule Romain & quelques autres. Car on peut remarquer parmy tous ces differens vaisseaux la forme de ces navires si grands & si magnifiques dont les anciens Autheurs nous ont laissé des descriptions.

<small>Pyrro Ligorio.</small>

<small>Plin. Athen. Plut.</small>

CLOVIO. Je ne sçay si vous vous souvenez d'un JU-LIO CLOVIO qui travailloit excellemment de miniature.

N'est-ce pas de luy, dit Pymandre, les figures de miniature qui sont dans un Office de la Vierge écrit à la main, qu'on nous monstra au Palais Farnese, un jour que nous estions allez voir la gallerie des Caraches, & le Cabinet des tableaux.

C'est ce Peintre-là mesme, repartis-je, qui fit cet ouvrage dans le temps qu'il demeuroit avec le Cardinal Farnese. Il estoit originaire de l'Esclavonie, & avoit appris à desseigner sous Jule Romain, c'est ce qui rendoit son travail si beau & d'une si grande maniere. Comme il a vescu quatre-vingt ans il a beaucoup peint pour divers Princes & Seigneurs. Il mourut à Rome l'an 1578. & fut enterré dans l'Eglise de S. Pierre aux Liens.

LE BRONZIN. Dans ce temps-là le BRONZIN disciple du Pontorme travailloit à Florence. Il a fait plusieurs portraits, & quantité d'autres tableaux où l'on peut voir, qu'il a esté un des meilleurs Peintres de l'Escole de Florence; il mourut âgé de soixante & neuf ans, & eut pour Esleve ALEXANDRE ALLORI son neveu; c'est de ce dernier un tableau qui est à l'Hostel de Condé

ALEXANDRE ALLORI.

ET LES OUVRAGES DES PEINTRES. 121

Condé où l'on voit une Venus couchée & un petit Amour. Il en avoit fait encore deux autres de la mesme grandeur pour *Louis Diacetto*, qui ont esté long-temps dans son Hostel à Paris.

Ce fut environ dans le mesme temps que mourut George VAZARI. Quoy qu'il ait beaucoup peint en plusieurs lieux d'Italie, son nom neanmoins n'auroit jamais esté si connu qu'il est aujourd'huy, s'il n'avoit fait que des tableaux, & qu'il n'eust point entrepris d'écrire les vies des Architectes, des Sculpteurs & des Peintres qui avoient excellé en ces sortes d'arts. Car on peut dire que ç'a esté en voulant eterniser leur memoire qu'il a conservé la sienne, & ce qu'il a écrit luy sert, aussi-bien qu'à la la plus grande partie de ceux dont il a parlé, d'un monument beaucoup plus durable & plus glorieux que les tableaux, les statuës, & les edifices qu'ils ont laissez, & ausquels ils ont travaillé. Je ne vous diray rien de ses peintures dont il a eu soin luy-mesme de parler assez souvent dans ses écrits ; Je vous feray seulement remarquer qu'il estoit d'Arezzo, & qu'il avoit appris les commencemens de la Peinture de ce Guillaume de Marseille, qui travailloit à Rome du temps du Pape Jule II.

[marginal note: VAZARI.]

Q

VAZARI. Qu'enſuite il alla à Florence, où il deſſeigna ſous Michel-Ange, & ſous André del Sarte. Qu'eſtant retourné en ſon pays le Cardinal Hyppolite de Medicis le mena à Rome. Qu'il peignoit avec beaucoup de promptitude; qu'il eſtoit abondant en inventions, & entendu dans l'Architecture: mais ſur tout qu'il aimoit beaucoup les belles lettres, & prenoit plaiſir à écrire. Cela ſe voit par ſes livres, où il paroiſt grand Ecrivain, & plus ſçavant dans ſa langue, que profond dans l'art de la Peinture, dont il n'établit aucunes regles. Il aimoit principalement à loüer les Peintres de ſa nation; Et s'eſtant appliqué à faire une ſoigneuſe recherche de tous leurs ouvrages, il en a fait des deſcriptions exactes; donnant à ſon diſcours les ornemens & les graces qu'il eſtoit capable de recevoir. Il eſt vray qu'eſtant amy d'Annibal Caro & de l'Adriani, on dit qu'ils ont eu part à ce travail, & qu'ils ont beaucoup contribué à le mettre en l'eſtat où nous le voyons; mais particulierement Vincenzo Borghini qui eſtoit un de ſes plus intimes amis, & frere de ce Raphaël Borghini, qui a auſſi écrit des Peintres & des Sculpteurs. Vaſari n'avoit que ſoixante & trois ans lorſqu'il mourut à Florence l'an 1574.

Je ne m'arresteray pas beaucoup à plusieurs autres Peintres qui travailloient encore à Florence & à Rome, comme un JACOBO SEMENTA, qui a fait quelques tableaux dans le Cloistre de la Trinité du Mont, où il a representé la vie de saint François de Paule. MARCELLO VENUSTO de Mantouë, disciple de Perin del Vague, qui peignit assez agreablement, & duquel je pense vous avoir déja parlé. C'est luy qui avoit fait les cartons des tapisseries de l'Hostel de Guise, où sont representez les differens âges, dont j'ay veu les desseins entre les mains de M. Jabac.

SEMENTA.

MARCELLO VENUSTO.

Je ne vous diray rien encore de particulier d'un MARCO DA FAENZA, dont il y a aussi quelques tableaux dans le Cloistre de la Trinité du Mont: d'un GIROLAMO DA SERMONETA, qui a peint au Vatican dans la Chapelle de Sixte, où il a representé comme Pepin Roy de France donne Ravenne à l'Eglise de Rome. Je ne vous parleray point de ce qu'a fait BARTHOLOMEE PASSEROTTI de Boulogne, qui apprit de Vignole le commencement du dessein; ny PROSPERO FONTANI, aussi de Boulogne, qui a beaucoup peint à Gennes avec Perin del Vague, & qui eut une fille nommée LAVINIA, qui peignit aussi fort

MARCO DA FAENZA.

SERMONETA.

PASSEROTTI.

FONTANI.

LAVINIA.

bien; ny BAPTISTE NALDINO, disciple du Bronzin, lequel a peint à Rome dans l'Eglise de Saint Louis des François, & dans l'Eglise de la Trinité du mont; ny mesme NICOLAO DALLE POMARANCIE, qui eut un fils nommé ANTONIO. Quoy que ces Peintres ayent fait quantité d'ouvrages, le merite de la pluspart n'est pas assez grand pour parler d'eux comme nous avons fait de plusieurs autres; il est plus juste que nous disions quelque chose de ceux qui travailloient en ce temps-là au deçà des monts.

En pouvez-vous remarquer, interrompit Pymandre, qui puissent tenir rang parmy ceux que vous estimez le plus.

Je ne voudrois pas m'arrester, repartis-je, à un grand nombre que l'on ne connoist pas assez, quoique parmy ce nombre il y en ait qui ne meritent pas moins d'estre considerez, que plusieurs dont le Vazari a fait mention: Car lorsque François I. commença à faire peindre à Fontainebleau, il y avoit un grand nombre de Peintres qui travailloient sous la conduite de Maistre Roux & du Primatice. Outre ceux que je vous ay autrefois nommez qui vinrent d'Italie, il y eut encore Barthelemy DEMINIATO & Laurens RENAUDIN, qui estoient

ET LES OUVRAGES DES PEINTRES. 125

de Florence, Francisque PELLEGRIN, VIRGIL- PELLEGRIN.
LE & Jean BURON, Claude BALDOUIN, qui a BURON.
fait les desseins de quelques vitres de la sainte CL. BAL-
Chapelle de Vincennes, & qui travailla beau- DOUIN.
coup aux cartons des tapisseries de Fontainebleau. Francisque CACHETEMIER, & Jean CACHETE-
Baptiste BAGNACAVALLO: Ce dernier a peint BAGNACA-
à Fontainebleau sur les volets des armoires du VALLO.
Cabinet du Roy; sur l'un il a representé Ulis-
se, & dans l'autre la Prudence sous la figure
d'une femme. Nicolas BELIN dit Modene, NIC. BELIN
Lucas ROMAIN, & quelques autres Italiens. NE.
Mais outre tous ceux-là il y avoit un grand LUCAS RO-
nombre de François qui travailloient avec MAIN.
eux tant aux ouvrages de Peinture qu'aux ornemens de stuc, entre lesquels je vous nommeray seulement comme les plus considerables,
Simon LE ROY, Charles & Thomas DORI- LE ROY.
GNI, Loüis, François, & Jean LERAMBERT, CH. ET T.
Charles CARMOY, qui a peint la voute de la L. FR. ET J.
sainte Chapelle de Vincennes, & qui a fait LAMBERT.
aussi les cartons des tapisseries de Fontaine- CARMOY.
bleau avec Claude Baldoüin. Jean & Guillaume RONDELET. Celuy-cy a orné la cheminée J. ET G.
de la grande Salle du bal par les ordres de Phil- RONDELET.
bert de Lorme, qui alors estoit Architecte &
Surintendant des bastimens du Roy, car le

Q iij

Primatice ne luy succeda en cette charge qu'en 1559.

GER. MUSNIER. GERMAIN MUSNIER travailla conjointement avec Barthelemy Deminiato à quatre tableaux pour l'ornement des armoires du Cabinet du Roy ; LOUIS DU BREUIL, & quantité d'autres peignoient dans les Galleries & & dans les chambres de Fontainebleau.

DU BREUIL.

Quand l'Empereur Charles V. passa en France le Roy fit faire quelques ornemens de peinture à Fontainebleau pour sa reception. On choisit pour cela Guillaume de HOEY, Eustache DU BOIS, & quelques autres.

DE HOEY.
DU BOIS.

FANTOSE. Antoine FANTOSE travailla beaucoup à des desseins de Grotesques pour la grande gallerie. Michel ROCHETET representa en douze tableaux les douze Apostres, chaque tableau avoit deux pieds & demy de haut avec une bordure d'ornemens aussi de peinture pour servir de modelles à un Esmailleur de Limoges, qui travailloit pour Sa Majesté. Il fit aussi deux tableaux pour les volets des armoires qui sont au Cabinet du Roy, où il representa dans l'un la figure de la Justice, & dans l'autre un Roy qui se fait arracher un œil. Jean SANSON, Girard MICHEL travaillerent aussi dans les chambres des estuves, & dans la grande gal-

ROCHETET.

SANSON.
MICHEL.

ET LES OUVRAGES DES PEINTRES. 127

lerie, dans le temps que Vignole & Francisque Libon fondeur, prenoient le soin de faire faire les moules de terre & de plâtre pour jetter en bronze les statuës que le Roy avoit fait venir de Rome.

Il y avoit encore alors JANET, qui faisoit fort bien des portraits; on voit à Fontainebleau ceux qu'il a faits de François I. & de François II. Et dans la bibliotheque de M. le President de Thou, il y en avoit plusieurs des principaux Seigneurs qui vivoient en ce temps-là. Il travailloit également bien en huile & en miniature; Ronsard a parlé avantageusement de luy dans ses poësies. JANET.

CORNEILLE natif de Lion a fait aussi quantité de portraits sous les regnes de François I. Henry II. François II. & Charles IX. Brantome dans ses memoires estime beaucoup un tableau où il avoit peint Catherine de Medicis avec ses deux filles; & dit que cette Reine prit grand plaisir à regarder cette peinture un jour qu'estant à Lyon elle alla voir chez Corneille les portraits de tous les grands Seigneurs & Dames de la Cour dont il avoit une chambre remplie. CORNEILLE.

Il y avoit Dumoutier qui en faisoit en crayon; il estoit pere de celuy que nous avons veu à Rome en 1648. & oncle de Daniel Dumoutier Peintre du Roy. Dumoutier le fils avant que d'aller à Rome avoit fait un voyage en Flandres, & avoit porté avec luy plusieurs portraits de la main de son pere, representans des Seigneurs & des Dames de la Cour de France, lesquels l'Archiduchesse Isabelle achepta.

Jean Cousin. Mais un des plus considerables de tous les Peintres François qui travailloient alors & dont sans doute la reputation n'est point encore si grande qu'elle le merite, a esté JEAN COUSIN. Il estoit de Soucy proche de Sens, s'estant appliqué dés sa jeunesse à l'estude des beaux arts, il devint excellent geometre & grand desseignateur. Comme en ce temps-là on peignoit beaucoup sur le verre, il s'adonna particulierement à cette sorte de travail, & vint s'establir à Paris. Aprés y avoir fait plusieurs ouvrages, & s'estre mis en reputation, il fit un voyage à Sens où il épousa la fille du sieur Rousseau qui en estoit Lieutenant General. L'ayant amenée à Paris, il continua les ouvrages qu'il avoit commencez & en fit quantité d'autres. Un des plus beaux que l'on voye de luy est un tableau du jugement universel qui est dans la sacristie des Minimes

ET LES OUVRAGES DES PEINTRES. 129
nimes du bois de Vincennes, & qui a esté gra- JEAN COU-
vé par Pierre de Jode Flamand excellent def- SIN.
seignateur. Par ce seul tableau on voit combien il estoit sçavant dans le dessein, & abondant en belles pensées & en nobles expressions ; aussi est-il mal-aisé de s'imaginer la grande quantité d'ouvrages qu'il a faits, principalement pour des vitres, comme l'on en voit à Paris dans plusieurs Eglises, lesquels sont de luy ou d'aprés ses desseins. Dans celle de S. Gervais il a peint sur les vitres du Chœur le Martyre de S. Laurens, la Samaritaine, & l'histoire du Paralitique.

Son bien estant scitué aux environs de Sens, il passoit dans cette ville-là une grande partie de l'année, & c'est pourquoy l'on y voit plusieurs peintures de sa façon. Il y a une vitre dans l'Eglise de saint Romain où il a representé le Jugement universel ; & dans l'Eglise des Cordeliers il a peint aussi sur une vitre Jesus-Christ en Croix, & l'histoire du Serpent d'airain : Et sur une autre un miracle arrivé par l'intercession de la Vierge.

Dans la Chapelle du Chasteau de Fleurigny qui n'est qu'à trois lieuës de Sens, il a representé la Sibylle qui montre à Auguste la Vierge qui tient entre ses bras son fils environné de

R

lumiere, & cet Empereur prosterné qui l'ado-re. On voit encore dans la ville de Sens plu-sieurs tableaux de sa main, & quantité de por-traits, entre autres celuy de Marie Cousin fille de cet excellent Peintre, & celuy d'un Chanoine nommé Jean Bouvier.

Il y a chez un *Conseiller du Presidial de Sens un tableau de ce Peintre, où est re-presenté une femme nuë & couchée de son long. Elle a un bras appuyé sur une te-ste de mort, & l'autre allongé sur un vase en-touré d'un serpent. Cette figure est dans une grotte percée en deux endroits differens. Par l'une des ouvertures on voit une mer, & par l'autre une forest; au dessus du tableau est écrit *Eva prima Pandora*. Tous ces differens ou-vrages sont assez considerables pour faire ju-ger que Jean Cousin estoit un des sçavans Peintres qui ayent esté. La Nature & l'étude avoient également contribué à le rendre habile: car on voit dans ce qu'il a fait une facilité, & une abondance que l'on ne peut acquerir par la seule étude, & on y remarque un correct dans le dessein, une exacte observa-tion de perspective & d'autres parties que la Nature ne donne point. Aussi a-t-il laissé des marques de son sçavoir dans les livres que nous

[marginal: Jean Cou-sin.]
[marginal: * M. le Fé-vre.]

avons de luy, où il donne des regles pour la Geometrie, pour la perspective, & pour ce qui regarde les racourcissemens des figures. Ce dernier a esté jugé si utile pour apprendre les principes de la Peinture, qu'il est dans les mains de tous ceux qui professent cet art; & la grande quantité d'impressions qu'on en voit, est un témoignage de sa bonté, & de l'estime qu'on en fait.

JEAN COUSIN.

Outre tous ces talens necessaires dans sa profession, il avoit encore celuy de plaire à la Cour où il estoit fort aimé, & où il passa une partie de ses jours auprés des Rois Henry II. François II. Charles IX. & Henry III. Comme il travailloit fort bien de Sculpture il fit le tombeau de l'Admiral Chabot, qui est aux Celestins de Paris dans la Chapelle d'Orleans. Il y en a qui ont voulu faire croire qu'il estoit de la Religion Pretenduë Reformée, à cause que dans la vitre où il a representé le jugement universel, dont j'ay parlé, il a peint la figure d'un Pape, qui paroist dans l'Enfer au milieu des demons; mais c'est un fondement bien foible pour avoir donné lieu à mal juger de la foy de ce Peintre, qui n'a pas esté le seul, comme nous l'avons remarqué ailleurs, qui ait peint de semblables choses,

R ij

JEAN COU-SIN pour apprendre à tout le monde qu'il n'y a point de condition qui puisse estre exempte des peines de l'autre vie, joint que tous ses autres ouvrages, où il a pris plaisir de representer des sujets de pieté; & particulierement la vie qu'il a toujours menée le justifient assez de ces soupçons si legers & si mal fondez. L'estime qu'on doit avoir pour un si grand homme m'a souvent fait informer de sa vie & de ses mœurs, mais je n'ay rien oüy dire de luy que de tres-avantageux: Il m'a esté impossible de sçavoir en quelle année il est mort, seulement qu'il vivoit en 1589. veritablement fort âgé.

Alors ayant cessé de parler, vous me venez d'apprendre, dist Pymandre, des choses que je ne sçavois pas, & qui pourtant meritent d'estre remarquées. J'avois assez souvent ouy parler de plusieurs vitres qui sont à Paris dont l'on fait beaucoup d'estat, mais n'en ayant rien conceu d'avantageux que pour ce qui regarde la beauté du verre & des couleurs, je ne m'estois pas fait une idée de la grandeur du dessein & de la science du Peintre telle que vous me la representez dans celles qui sont de Jean Cousin.

Ne vous souvenez-vous pas, luy repartis-je, de ce que nous avons dit autrefois en parlant de Lucas, d'Albert, & de quantité d'autres qui travailloient sur le verre, & que dans ce temps-là beaucoup de Peintres estoient icy Maistres Peintres & Vitriers. {JEAN COUSIN.}

Ce que vous m'en avez appris, répondit Pymandre, ne m'empeschoit pas que je considerasse ces travaux comme des ouvrages ordinaires, & semblables à ceux de ces premiers Peintres Flamands; Mais de la sorte que vous parlez de ceux de Jean Cousin, je voy bien que vous les avez dans une autre consideration.

Il est vray aussi, repliquay-je, que la maniere de travailler avoit déja bien changé en France, où depuis que le Primatice eut peint à Fontainebleau l'on suivoit le goust d'Italie, & l'on se perfectionnoit de jour en jour. Les vitres de la Chapelle de Gaillon peintes sous la fin du regne de Loüis XII. & plusieurs autres vitres que j'ay veuës à Roüen sont admirables par l'appreft des couleurs.

Vous pouvez avoir veu en plusieurs Eglises de Chartres des vitres peintes depuis l'an 1520. qui estoient d'un bon goust de dessein & d'un bel appreft. Plusieurs estoient peintes par un nommé Pinaigrier Vitrier, qui estoit excellent en cet art, & dont les enfans ont depuis ce temps-là travaillé à Tours avec estime.

Aprés la mort du Primatice, qui fut environ l'an 1570. le Roy commit en sa place pour Architecte de Fontainebleau Jean Bullant ; alors TOUSSAINT DU BREUIL Peintre du Roy travailloit à Fontainebleau, & avoit la conduite avec ROGER DE ROGERY, des autres Peintres qui peignoient dans le mesme lieu. Il y a quatorze tableaux à fraisque du dessein de du Breüil dans une des chambres que l'on appelle des poësles, dans lesquels il a representé l'histoire d'Hercules: Le tableau où ce heros est peint encore jeune, & s'exerçant à tirer de l'arc, est tout de sa main. Ce fut luy aussi qui rétablit dans la grande gallerie & dans la salle du bal plusieurs peintures à fraisque qui estoient gastées.

Il travailla conjointement avec Bunel à peindre la voute de la petite gallerie du Louvre, qui fut bruslée en 1660. Il avoit estudié les principes de la peinture sous le pere de Fremius, & mourut sous le regne de Henry IV.

Quant à Roger de Rogery il peignit à Fontainebleau proche la chambre où du Breüil avoit representé l'histoire d'Hercule, & fit treize tableaux dans lesquels estoit la suite de la mesme histoire. Il mourut environ l'an 1597.

ET LES OUVRAGES DES PEINTRES. 135

Eſtienne DU PERAC Pariſien travailloit aussi en ce temps-là. Eſtant à Rome en 1569. il deſſeigna l'Egliſe de ſaint Pierre & pluſieurs antiquitez que l'on voit gravées de luy. Il a peint à Fontainebleau la ſalle des bains, où ſont repreſentez dans cinq tableaux les Dieux des eaux, & les amours de Jupiter & de Caliſto. En 1597. il conduiſit pluſieurs ouvrages aux Tuilleries, & à ſaint Germain en Laye, eſtant alors Architecte du Roy. Il mourut vers l'an 1601. & laiſſa une fille nommée Arthemiſe du Perac, qui épouſa le ſieur Bourdin. DU PERAC.

JACOB BUNEL Peintre du Roy peignit avec du Breüil, comme je viens de dire dans la petite gallerie du Louvre; il naquit à Blois l'an 1558. & fut baptiſé dans l'Egliſe de S. Honoré. Son pere ſe nommoit François Bunel Peintre. C'eſt de Jacob un grand tableau de la deſcente du ſaint Eſprit qui eſt à Paris dans l'Egliſe des grands Auguſtins, & un autre tableau qui eſt aux Feüillans dans la ruë de ſaint Honoré, repreſentant l'Aſſomption de la Vierge. JACOB BUNEL.

Pendant qu'il peignoit à la petite gallerie du Louvre, David & Nicolas PONTHERON, Nicolas BOUVIER, Claude & Abraham HALLE travailloient aux ornemens, & aux D. ET N. PONTHERON. N. BOUVIER. CL ET AB. HALLE.

doreures des trumeaux de la mesme gallerie.

BAULLERY. Jerosme BAULLERY, estoit aussi un de ceux qui peignoient au Louvre.

H. LERAM-
BERT,
TESTELIN.
DE BRIE
HONNET.
DU BOIS.
DUME'E.
Henry LERAMBERT, Pasquier TESTELIN, Jean DE BRIE, Gabriel HONNET, Ambroise DU BOIS, Guillaume DUMEE travailloient, tantost au Louvre, tantost aux Thuilleries, tantost à S. Germain, & tantost à Fontainebleau. Honnet fit trois tableaux pour estre posez au Louvre dans le grand cabinet de la Reyne, où estoient representez trois sujets tirez de la Jerusalem du Tasse. Dans le premier il peignit le Magicien Ismene, qui persuade le Roy Aladin de prendre l'image de la Vierge qui estoit dans une Chapelle des Chrestiens, afin de s'en servir dans ses enchantemens. Dans le second on voit Aladin qui enleve cette image; Et dans le troisiéme Sophronie, qui pour sauver les Chrestiens que ce Roy vouloit faire mourir, s'accuse d'avoir osté l'image du lieu où Aladin l'avoit transportée.

Bunel, du Bois, & Dumée firent la suite du mesme sujet. Bunel representa dans un tableau le Magicien faisant ses enchantemens en presence d'Aladin, & dans un autre le Roy qui commande que l'on mette les Chrestiens

à

ET LES OUVRAGES DES PEINTRES. 137

à mort. Du Bois fit auſſi deux tableaux ; Dans l'un il peignit Olinde qui ſe preſente devant Aladin pour mourir au lieu de Sophronie ; & dans le ſecond, Sophronie qui ſouſtient au Roy que c'eſt elle qui a dérobé l'image.

Dumée en fit trois ; dans le premier paroiſſoit Clorinde à cheval & en habit de cavalier qui arrive dans Jeruſalem, où elle apperçoit Olinde & Sophronie attachez ſur un buſcher. Dans le ſecond Clorinde paroiſt, qui demande au Roy Aladin la grace d'Olinde & de Sophronie ; Et dans le troiſiéme on voit ces deux amans qu'on delivre du ſupplice. Dumée peignit encore ſur les lambris & ſur les guichets du meſme Cabinet, pluſieurs petites figures repreſentans des divinitez.

Pendant que tous ces Peintres que j'ay nommez, & qui travaillerent depuis le regne de François I. perfectionnoient en France l'art de la peinture, il y en avoit auſſi d'autres en Flandre, qui quittant la maniere des anciens Maiſtres de ce pays-là, en ſuivoient une beaucoup meilleure, parce que pluſieurs d'entre eux ayant étudié long-temps à Rome, en revenoient l'eſprit remply des belles choſes qu'on y faiſoit alors.

Michel COXIS de Malines fut un des pre- MICHEL COXIS.

138 ENTRETIENS SUR LES VIES

COXIS miers qui travailla d'un meilleur goust, il avoit esté disciple de Bernard-van-Orlay de Bruxelles, dont je vous ay parlé. Estant à Rome il peignit sous Raphaël dans l'Eglise de *l'Anima*. Il est vray que ce n'estoit pas un esprit fertile en inventions, mais ayant apporté en Flandre plusieurs desseins qu'il avoit faits d'aprés les ouvrages des meilleurs Peintres d'Italie, il en mettoit toujours quelque chose dans la composition de ses tableaux: ce qui les rendoit tres-agreables, & luy acqueroit beaucoup de reputation. Car d'abord l'on ne connoissoit pas que c'estoit des desseins de Raphaël & d'autres excellens Maistres dont il se servoit assez heureusement. Mais Jerosme COCK estant de retour de Rome, d'où il apporta l'Ecole d'Athenes & plusieurs autres ouvrages qu'il donna au public, découvrit par là les larcins de Coxis. Ce Peintre vécut jusques à l'âge de 95. ans, & ne mourut * que d'une chute qu'il fit de dessus un échaffaut sur lequel il estoit à travailler. Il laissa un fils, qui n'a pas esté si bon Peintre que luy, mais qui a aussi vescu fort long-temps.

* A Anvers l'an 1592.

JEAN BOL. JEAN BOL estoit de la mesme ville de Malines, & mourut un an aprés Coxis âgé de soixante ans. Il faisoit fort bien le paysage parti-

ET LES OUVRAGES DES PEINTRES. 139

culierement à détrempe & en miniature. Les JEAN BOL.
Tapifsiers de Bruxelles l'employoient ordinairement à faire des deſſeins de tapiſſeries.
L'on voit pluſieurs eſtampes gravées d'aprés
ſes ouvrages.

PIERRE PORBUS de Bruges mourut en 1583. PIERRE
Il laiſſa un fils nommé François auquel il avoit PORBUS.
donné les premieres leçons de la Peinture,
mais qui étudia depuis ſous Francflore. Ce
François eut auſſi un fils qui a beaucoup peint
en France, & duquel nous pourrons parler
une autre fois.

Mais entre les Peintres qui avoient alors plus
de credit dans les Pays-bas, Anthoine MORE ANTHOINE
Natif d'Utrec, eſt un des plus remarquables. MORE.
Il eſtoit diſciple de Jean Schoorel, comme je
croy vous l'avoir déja dit. Ce qui luy donna
le plus de credit fut la faveur qu'il eut auprés
de l'Empereur Charles-Quint & du Roy d'Eſ-
pagne Philippe II. par le moyen du Cardinal
de Granvelle qui fut ſon protecteur. Eſtant à
la Cour de Madrid dés l'an 1552. il y fit le portrait de Philippe. L'Empereur l'ayant envoyé
en Portugal, il peignit le Roy, la Reine, & la
Princeſſe leur fille. Il paſſa en Angleterre pour
faire le portrait de la Reine Marie ſeconde
femme de Philippes. Il fit encore ceux de plu-

S ij

sieurs Grands d'Espagne, & du Cardinal de Granvelle. Il peignit aussi dans les Pays-bas le Duc d'Albe, pour lequel il fit tous les portraits de ses maistresses. Dés sa jeunesse il avoit voyagé en Italie. On ne voit pas de grandes compositions d'ouvrages de sa façon. Je n'ay veu qu'un tableau de luy que l'on estimoit son chef-d'œuvre, & que l'on montroit à Paris il y a quelques années. Il estoit composé de cinq figures, la principale estoit un Christ ressuscité, à costé de luy S. Pierre & S. Paul, & deux Anges audessus. Vous voyez bien qu'il n'y a rien dans l'invention qui puisse faire juger avantageusement du genie de ce Peintre. L'ordonnance estoit de mesme; Quant au dessein il estoit assez correct, & les carnations assez bien peintes ; mais pourtant d'une maniere seiche & un peu tranchée. Il y a apparence que ce qui rend ses ouvrages aussi estimez qu'ils sont en Flandre, c'est qu'il s'en trouve peu. Il laissa en mourant un tableau imparfait, qu'il avoit commencé pour l'Eglise de Nostre-Dame d'Anvers, dans lequel il representoit la Circoncision de Nostre Seigneur. J'ay oüy dire que ce Peintre n'estoit pas moins bon courtisan qu'excellent ouvrier. Qu'il avoit beaucoup d'honnesteté, un main-

ET LES OUVRAGES DES PEINTRES. 141

tien grave, & parloit fort bien, ce qui le rendit sans doute considerable parmy les Peintres de ce temps-là.

GEORGE HOEFNAGHEL d'Anvers estoit son contemporain, & faisoit bien le paysage. Il a desseigné quantité de villes en divers endroits de l'Europe. Et dans le recueil qu'on a fait des villes du monde, la plus grande partie viennent d'aprés ses desseins, particulierement les villes d'Espagne, d'Allemagne & d'Italie. Il mourut en mille six cens.

JUDE INDOCUS van-VVinghen de Bruxelles vivoit encore dans le mesme temps. Il avoit étudié en Italie ; il ordonnoit assez bien ses tableaux, & les peignoit de bonnes couleurs. On voit à Bruxelles dans l'Eglise de Saint Gery un tableau de la Cene qu'il a peint. Il mourut en Allemagne l'an 1603.

Jean STRADA mourut l'année d'aprés âgé de 74. ans. Il estoit de Bruges, mais s'estant attaché au Duc de Florence, il demeura toujours à son service. Il a fait plusieurs tableaux concernant l'histoire de la Maison de Medicis. Ce qu'il faisoit le mieux estoit des chasses & des batailles qui ont esté gravées par Goltius, & par quelques autres graveurs. Il fut maistre de Tempeste Florentin, qui le surpassa de beaucoup.

S iij

142 ENTRETIENS SUR LES VIES

SPRAN-
GHER.

BARTHOLOME'E SPRANGHER nasquit à Anvers l'an 1546. il étudia en son pays. Aprés avoir demeuré quelque temps en France, il alla à Rome, où il fut bien receu du Pape Pie V. Il peignit à S. Loüis des François & en plusieurs autres lieux. Comme il s'en retournoit par l'Allemagne, l'Empereur le retint pour son Peintre ordinaire, & luy fit faire quantité de tableaux. Goltius & Muler ont gravé beaucoup de ses ouvrages.

MIER-
VERT.

MICHEL JEAN MIERVERT de Delft en Hollande faisoit alors des portraits fort beaux & de bonne maniere.

Je vous parle de gens qui ont eu de la vogue pendant leur vie, & mesme assez de reputation aprés leur mort. Cependant s'ils ont merité de tenir rang entre les bons Peintres; leurs ouvrages pourtant ne peuvent pas estre proposez comme des exemples fameux, où l'on voye toutes les parties de la peinture dans un haut degré de perfection. Car bien que les Flamans ayent possedé celle du coloris assez avantageusement, il y a une grande difference de leur maniere de peindre à celle de l'escole de Lombardie. La vivacité des couleurs, la beauté du pinceau, & le grand soin que les Peintres de Flandre apportoient à finir leurs ouvrages, n'a point ce grand air, cette beauté, ny ce vray, que nous voyons dans les tableaux des Peintres d'Italie dont nous avons parlé. Quoy qu'il ne paroisse pas que les Italiens prissent autant de peine à finir leurs ouvrages que les Flamans, il n'y a rien cependant qui ne soit entierement achevé. Il semble qu'ils ayent eu un talent particulier pour travailler avec plus de facilité, & pour representer en moins de temps des choses plus nobles, plus grandes & plus vrayes : Et c'est en cela mesme qu'ils sont plus estimables d'avoir si bien sceu cacher l'art & le travail, qu'il n'y en paroist point.

Y a-t-il rien de si agreable à voir que les peintures de PAUL CAILLIARI DE VERONE. Ce n'est point dans les limites étroites de quelques petits tableaux qu'il a renfermé son sçavoir ; c'est dans de grandes compositions d'histoires que l'on découvre la force de son pinceau. Ce Peintre a porté la beauté du coloris, & l'entente des lumieres aussi loin que pas un de ceux qui ayent paru jusqu'à present. Il nâquit à Verone l'an 1532. Son pere nommé Gabriel Cailliari qui estoit Sculpteur, luy apprit d'abord à desseigner, & à faire des modelles de terre : Mais voyant que son fils avoit plus

PAUL VERONESE.

PAUL VE-RONESE. d'inclination pour la Peinture que pour la Sculpture, il le mit chez un de ses beaufreres nommé Antoine Badille Peintre, qui estoit alors en reputation. Paul demeura quelque temps dans la maison de son oncle, où il ne mit guere à se perfectionner, ayant naturellement les qualitez propres pour devenir un grand Peintre. Il avoit beaucoup de facilité à comprendre tout ce qu'il vouloit sçavoir, retenoit parfaitement les choses qu'il avoit une fois apprises; il estoit laborieux & robuste de corps; il avoit l'esprit noble & grand; & ne se formoit point d'idées que de choses belles & gracieuses. Il commença de bonne heure à produire des ouvrages qui firent connoistre la beauté de son genie, & qui furent un presage de ceux qu'on en devoit attendre.

Aprés avoir fait quelques tableaux dans les Eglises de Verone, le Cardinal Hercule de Gonzague le mena à Mantoüe avec plusieurs autres Peintres. Il travailla dans la grande Eglise, où il representa saint Antoine tourmenté du demon. Cet ouvrage estant fait il retourna à Verone, & copia un tableau de Raphaël qui est dans la maison des Comtes de Canosse. Il alla à Tienne dans le Vincentin, où il travailla pour les Comtes Porti. De là il passa

Dominico Riccio detto il Brusa Sorci.
Battista del Moro, & Paolo Fariuato.

ET LES OUVRAGES DES PEINTRES. 145

passa à Fanzolo dans le Trevisan, où il peignit plusieurs tableaux à fraisque avec Baptiste del Moro. Ensuite estant allé à Venise il s'y établit, & y trouva de l'employ, bien qu'il y eust alors d'excellens hommes qui travailloient avec reputation. Je ne m'arresteray point à vous parler de ce qu'il fit dans l'Eglise de saint Sebastien, où il commença à peindre & se faire estimer, ny de quantité d'autres tableaux particuliers. Proche de Castel-franco il y a un lieu nommé la Sorenza, où il fit plusieurs ouvrages à fraisque. A Maziera dans le Trevisan, il embellit d'une infinité de peintures un Palais basti sur les desseins de Palladio appartenant au Seigneur Marc-Antoine frere de Daniel Barbaro Evesque d'Aquilée qui a si doctement écrit sur Vitruve. {PAUL VE-RONESE.}

Ensuite il retourna à Venise ; mais comme je n'aurois jamais fait, si je voulois m'arrester à tout ce qu'on y voit de luy, je remarqueray seulement qu'aprés avoir travaillé dans la Bibliotheque de saint Marc avec plusieurs Peintres que le Titien avoit choisis par l'ordre des Procurateurs, il remporta le prix qu'on avoit proposé pour celuy dont les ouvrages seroient les plus estimez. Le Titien & Sansovin devoient estre les Juges ; & le prix qui estoit {Gioseppe Salviati. Batista Franco. And. Sciavon. Il Zelotti. Il Frasina.}

T

une chaîne d'or, fut bien moins confiderable, que l'honneur que Paul Veronefe acquit dans cette rencontre, où fes competiteurs mefmes avoüerent de bonne foy que leurs tableaux eftoient bien inferieurs aux fiens.

Ne vous fouvenez-vous point, interrompit Pymandre, quels fujets il reprefenta, fi c'eftoit quelque grande compofition d'hiftoire?

Il peignit, repris-je, dans la voute trois differens tableaux. Dans le premier il y avoit plufieurs belles femmes, dont l'une chantoit dans un livre, & les autres joüoient du luth, & de quelques autres inftrumens. Au milieu de toutes eftoit l'Amour, comme inventeur de la Mufique, felon l'opinion de quelques-uns. Dans le fecond on voyoit deux femmes reprefentant la Geometrie & l'Aritmetique. Et dans le troifiéme il peignit fous la figure d'un jeune homme l'Honneur qui s'acquiert par l'étude des fciences. Il eftoit eflevé fur un piedeftal, & au devant eftoient des Philofophes, des Hiftoriens & des Poëtes, qui luy prefentoient des guirlandes de fleurs, de lierre, & de laurier.

Aprés qu'il eut finy ce travail, il fit un voyage à Verone pour voir fes parens. Ce fut dans ce temps-là qu'il peignit dans le Refe-

ET LES OUVRAGES DES PEINTRES. 147

&toire des Peres de *San Nazaro*, N. Seigneur chez Simon le Lepreux, & la Magdelaine à ses pieds.

PAUL VE-
RONESE.

Au retour de Verone il acheva des ouvrages qu'il avoit commencez à Venise & travailla à d'autres pour les PP. Jesuites. A mesure que le nombre de ses tableaux augmentoit, sa reputation devenoit plus grande, & son nom plus celebre. Girolamo Grimani Protecteur de saint Marc ayant esté nommé pour Ambassadeur à Rome, Paul qui estoit de ses amis, l'accompagna dans ce voyage, non pas pour voir la Cour du Pape, mais pour considerer la magnificence des bastimens, les peintures de Raphaël, les ouvrages de Michel-Ange, les statuës antiques, & tant d'autres restes precieux de l'ancienne grandeur Romaine. Car non seulement il regarda toutes ces choses avec plaisir, mais il en tira beaucoup d'utilité. Ce que l'on connut bien-tost lors qu'estant de retour à Venise, il travailla pour la Republique.

Entre les tableaux qui accrurent davantage sa reputation, il en peignit quatre sur de la toile en divers temps, où il representa des banquets d'une disposition magnifique & extraordinaire. Le premier qu'il acheva fut celuy du Refectoire de saint George. Dans une

T ij

148 ENTRETIENS SUR LES VIES

PAUL VE-RONESE. étenduë de plus de trente pieds de long, il representa les nopces de Cana, où l'on voit plus de six-vingts figures d'une beauté admirable.

Le second fut celuy qu'il fit à saint Sebastien, en 1570. Il peignit le banquet de Simon le Lepreux, où l'on voit la Magdelaine qui essuye de ses cheveux les pieds du Sauveur.

Le troisiéme qu'il fit à saint Jean en 1573. represente N. Seigneur à table avec ses Apostres dans la maison de Levy, & parmy les Publicains.

Le quatriéme qui est dans le Refectoire des Peres Servites est le mesme sujet du second tableau dont je viens de parler, c'est à dire Jesus-Christ à table chez Simon, & la Magdelaine à ses pieds dans un estat de penitente, mais dans une action differente de celle où il l'avoit peinte auparavant. Quant à l'ordonnance de cet ouvrage il est d'une grandeur & d'une magnificence extraordinaire. Il y a deux Anges qui paroissent en l'air. Ils tiennent un rouleau où est écrit : *Gaudium in cœlo super uno peccatore pœnitentiam agente ;* ce que le Peintre mit pour une plus grande intelligence du sujet.

Outre la belle disposition des figures, & la maniere admirable dont ces quatre tableaux

ET LES OUVRAGES DES PEINTRES. 149

font peints, on peut encore confiderer la beauté des habits, la richeffe des vafes, & les autres accompagnemens, qui reprefentent dans ces feftins une magnificence auffi grande que tout ce qu'on a écrit autrefois de ceux du Roy Affuerus, & de tant d'autres fi celebres dans l'hiftoire.

Je fçay bien, dit Pymandre, que les Anciens eftoient tres-fomptueux dans leurs banquets, que le luxe paroiffoit non feulement dans le fervice de leurs tables, & dans la diverfité des vafes dont leurs buffets eftoient parez, mais encore dans tous leurs autres meubles. Cependant comme vous avez parlé affez de fois de la convenance qu'un Peintre doit garder dans fes tableaux pour faire qu'on n'y voye rien qui ne foit conforme au fujet qu'il traitte. Je ne fçay fi dans ceux de Paul Veronefe on peut dire qu'il ait bien obfervé les chofes comme vraifemblablement elles doivent eftre ; parce qu'il me fouvient d'en avoir veu quelques copies, où la magnificence égaloit comme vous venez de dire celle des plus grands Princes : ce qui ne peut convenir à des particuliers tels qu'eftoient Simon & Levy, ny à ceux qui convierent à leurs nôces Jefus-Chrift & la Vierge. Je l'eftimerois s'il avoit repréſenté de ces banquets fameux, tels que celuy où Cleopatre traitta M. Antoine. Car en ce cas il auroit peu faire voir des ſalles remplies de toutes ſortes de riches meubles, & des tables ſervies avec une ſumptuoſité extraordinaire, parce que cela auroit eſté de la dignité de cette grande Reine, & conforme au luxe de ce temps-là. Il me ſemble auſſi que dans ces differens banquets que Paul Veroneſe a repreſentez, il n'a pas ſuivy la couſtume ancienne de ce pays-là, où ils avoient des lits ſur leſquels ils ſe couchoient, comme il eſt meſme marqué dans l'Ecriture ſainte ſur le ſujet des tableaux dont vous venez de parler.

Si c'eſt une faute, repartis-je, que Paul Veroneſe ait faite, ce n'a eſté qu'aprés Raphaël & Leonard de Vinci, qui ont repreſenté de la ſorte Jeſus-Chriſt faiſant la Cene avec ſes Apoſtres. Ce n'eſt pas que la mode de ſe coucher fuſt ſi univerſellement pratiquée, qu'on ne s'aſſiſt quelquefois ſur des ſieges. Je ne ſçay ſi vous avez remarqué dans Homere quand il parle d'un feſtin de courtiſans, qu'il dit qu'ils eſtoient aſſis ſur des eſcabeaux; Et dans le premier livre des Rois vous pouvez voir comme Saül eſtoit aſſis à table dans une chaiſe, ayant à coſté de luy Jonatas & Abner.

Je ne doute pas, repliqua Pymandre, que Paul Veronese.
parmy tous ces peuples il n'y ait eu des manieres differentes de se mettre à table; les lits
mesmes n'ont pas esté de tout temps en usage
chez les Romains. Pline nous apprend qu'au
commencement de la Republique ils ne couchoient que sur des paillasses; mais comme les
bornes de l'Empire vinrent à s'estendre, ces
peuples plus puissans & plus riches, cherche-
rent davantage à se mettre à leur aise : & le
luxe s'accreut de telle sorte, que leurs esclaves
estoient incessamment occupez à leur preparer de nouveaux plaisirs.

Marcellus ayant pris Syracuse en apporta la
molesse avec les tresors. Ce fut aussi en Asie
qu'ils trouverent l'invention de tant de meubles precieux. Ils y virent ces sortes de lits
garnis de bronze; ces belles tables; ces riches
buffets. Ils y apprirent la delicatesse & la som- *Pline l. 33.*
ptuosité des banquets, & à se servir de Mu- *chap. 11. & 34. ch. 3.*
siciens & de Baladins dans leurs repas : Et non
seulement ils s'efforcerent de les imiter, mais
dans la suite des temps ils les surpasserent encore dans toute sorte de luxe & de plaisirs. Car
apres avoir acheté les richesses du Roy*Attale, *Il mourut environ*
ils firent venir de toutes les parties de l'Orient *626. ans aprés la*
des tortües de mer, pour de leurs escailles en *fondation de Rome.*

252 ENTRETIENS SUR LES VIES

PAUL VE-RONESE. faire des meubles. Leurs vaisselles estoient d'or & d'argent jusqu'à la baterie de cuisine. C'est pourquoy les Peintres ne peuvent manquer quand ils representent une histoire qui s'est passée dans ces temps-là d'y faire paroistre beaucoup de magnificence & de richesse.

Il y a apprence, repartis-je que l'usage de se servir des triclines, car vous sçavez que c'est le nom qu'on donne quelquefois à ces sortes de lits dont nous parlons aussi bien qu'au lieu où ils estoient, qui estoit proprement une sale à manger : Il y a, dis-je, apparence que cet usage de se coucher sur des lits autour d'une table est venuë de la coustume qu'avoient les Anciens de se baigner avant leurs repas : car au sortir du bain ils se mettoient sur un lit proche de la table, comme il est aisé de remarquer par plusieurs bas reliefs antiques.

Ce fut en effet, dit Pymandre, ce qui fit venir la mode de ces lits disposez d'une maniere particuliere pour manger en compagnie. Lors qu'ils s'y mettoient au sortir du bain, ils estoient presque nuds, & enveloppez seulement de leurs lacernes, ou d'une robe faite exprés dont parle Petrone. Les lieux où ils mangeoient n'estoient pas éloignez de leurs bains & de leurs estuves : car soit qu'ils vinssent

ET LES OUVRAGES DES PEINTRES. 153

sent de vacquer à leurs affaires, soit qu'ils eus- PAUL VE-
sent passé le temps dans les exercices & dans RONESE.
les jeux, ils ne manquoient jamais d'entrer
dans le bain, au sortir duquel ils se mettoient
à table, choisissant l'heure du soir, afin d'avoir
la nuit pour leurs festins & pour leurs dé-
bauches. Ils se traittoient splendidement, &
estoient servis par un grand nombre d'officiers,
& avec beaucoup de ceremonies. Car bien
que dans un repas il y eust quelquefois plus
de vingt services, ils lavoient leurs mains
autant de fois. Il me souvient d'avoir leu
qu'Heliogabale en usoit de la sorte, & que
bien souvent pour se divertir il faisoit servir
à la seconde table où mangeoient les Parasites,
des viandes contrefaites, & qui n'estoient que
de bois, de cire, ou d'yvoire. Cependant ces
lasches escornifleurs beuvoient & lavoient
leurs mains à chaque service, comme s'ils y
eussent mangé en effet, pour faire les bons
compagnons, & pour divertir le Prince.

Comme les Romains estoient delicats dans
leur manger, ils estoient propres dans tous
les preparatifs du festin. Ils mettoient au dessus de leurs tables de grands voiles pour empescher les ordures d'y tomber, de mesme
que les dais qui sont suspendus dans les cham-

V

bres des Princes: Et s'ils ne mangeoient qu'une fois le jour, & faisoient un disner fort leger, c'estoit pour souper avec plus d'appetit & de volupté. Mais pour revenir à ce que nous disions de l'usage de se coucher à table ; il faut remarquer qu'il s'estoit rendu si commun dans l'Italie, que Columelle le condamne mesme dans les paysans, & les avertit de ne se coucher sur les lits, du moins qu'aux jours de feste.

Je croy que vous avez remarqué aussi bien que moy, que ces lits estoient rangez autour de la table ; & que dans les grands festins cette table estoit longue ; que c'estoit sur les lits qui estoient des deux costez & à l'un des bouts que les conviez se mettoient. Chez les Perses la place la plus honorable estoit celle du milieu. Chez les Grecs la premiere place du bout estoit celle d'honneur ; Et chez les Romains la derniere place du lit du milieu estoit la plus noble, & celle qu'ils nommoient Consulaire. Ce n'est pas qu'il n'y eust peut-estre des lieux particuliers où cela n'estoit pas de la sorte, comme dans la ville d'Heraclée, où la premiere place du lit du milieu estoit la plus considerable. Cependant il est vray que d'ordinaire le maistre du logis se mettoit sur le lit du milieu, parce que

ET LES OUVRAGES DES PEINTRES. 155

de là il voyoit tout l'ordre du service, & com- PAUL VE-
mandoit plus commodement à ses gens quand RONESE.
il falloit changer de table. Car dans les grands
festins ils ne levoient pas simplement les plats,
mais on apportoit d'autres tables chargées de
nouveaux mets. Comme les places qui estoient
au dessous de luy estoient destinées pour sa
femme & le reste de sa famille, celles d'audessus estoient reservées pour les conviez, avec
lesquels il pouvoit s'entretenir: Il y avoit mesme entre son lieu & celuy qui estoit à costé un
espace vuide, afin de pouvoir parler plus aisément aux personnes qui avoient affaire à luy.

Celuy des Peintres, dis-je alors, qui a fait
une étude plus exacte de ces accommodemens
antiques, a esté, comme vous sçavez, M. Poussin; Vous pouvez voir dans un des tableaux
de M. de Chanteloup de quelle sorte il a bien
observé cette maniere ancienne de se mettre à
table. Quant à Paul Veronese il ne faut pas
chercher dans ses ouvrages toutes ces diverses convenances. Aussi quand je parle des
choses qu'il a peintes d'une maniere si vraye &
si noble, je ne les considere que dans ce qui regarde la couleur & l'art de les bien representer; & non point par rapport à l'histoire & à
l'usage des temps. Car comme je vous ay dit

V ij

PAUL VE-
RONESE.
assez de fois Paul Veronese & tous les Peintres Lombards, ne se sont point attachez à cette partie ; mais seulement à ce qui regarde le travail du pinceau, ainsi qu'on peut voir dans tout ce que Paul a peint, soit à Padoüe, soit à Verone & en d'autres villes d'Italie, particulierement à Venise. On voit aussi à Paris des tableaux de sa main où vous pouvez faire ces remarques. Entre ceux que le Roy a eus de M. Jabac il y en a quatre qui estoient autrefois à Venise dans la maison des Bonaldi. Le premier represente Judie qui coupe la teste à Holoferne. Le second est l'histoire de Suzane. Dans le troisiéme, Rachel donne à boire aux chameaux du serviteur d'Isaac ; Et dans le quatriéme la Reine Ester paroist devant le Roy Assuerus.

Il y a un autre tableau de pareille grandeur dans le mesme cabinet de Sa Majesté où est peint David avec Bersabée. Celuy où Nostre Seigneur est representé avec les deux Disciples en Emaus est un ouvrage d'une composition admirable, mais dont je ne parleray point, puisque vous avez peu voir les remarques qu'on y a faites dans une des conferences de l'Académie Royale de Peinture. On peut encore regarder comme un des plus

considerables celuy que la Republique de Ve- *Paul Ve-*
nise donna au Roy en 1665. Il a plus de quinze *ronese.*
pieds de haut sur plus de trente pieds de long.
C'est un de ceux dont je vous ay parlé, où N.
Seigneur est representé à table chez Simon le
Lepreux, & qui estoit dans le Refectoire des
Peres Servites. S. M. en a encore plusieurs autres, dont je ne vous diray rien, non plus que
de ceux qui sont entre les mains des curieux.

Outre les tableaux que fit Paul Veronese,
il travailla à des desseins pour des tapisseries;
Et l'on peut dire, que de tous les Peintres il
n'y en a guere qui ayent tant fait d'ouvrages
que luy. Quelques-uns ont esté gravez par
Augustin Carache, & les autres par plusieurs
excellens Graveurs. Il estoit encore dans la
vigueur de son âge, lors qu'il fut attaqué d'une
fiévre aiguë dont il mourut la seconde feste *Agé de 58*
de Pasque de l'année 1588. Il fut regretté de tout *ans.*
le monde, parce que non seulement on avoit
beaucoup d'amour pour ses tableaux, mais encore une estime particuliere pour sa personne;
ayant toujours esté chery des Grands, & aimé
de tous ceux de sa profession qui avoient un
respect pour sa vertu & pour ses bonnes qualitez. Il laissa deux fils Charles & Gabriel,
& un frere nommé Benedetto. Ils travaille-

V iij

rent tous de peinture, & imiterent sa maniere. Ils ont fait quantité d'ouvrages à Venise & en divers autres lieux ; & mesme ils en acheverent quelques-uns que Paul avoit commencez avant sa mort. CHARLES mourut âgé seulement de 26. ans l'an 1596. Son Oncle BENEDETTO mourut deux ans aprés âgé de 60. ans.

CHARLES.

BENEDETTO.

Quant à GABRIEL il a vescu jusqu'en 1631. qu'il mourut âgé de soixante-trois ans. Comme ils suivirent tous les trois la maniere de Paul Veronese, il y a plusieurs tableaux qu'on croit de luy qui ne sont que de la main de son frere, ou de ses deux fils.

GABRIEL.

BAPTISTA ZELOTTI estoit aussi de Verone, il avoit étudié sous Badille, & travaillé avec Paul Veronese. La pluspart de ses ouvrages sont à fraisque, & l'on ne voit pas beaucoup de petits tableaux de luy.

ZELOTTI.

Mais entre les Peintres de Lombardie, il n'y en a guere eu dont l'on voye autant de tableaux que des BASSANS. Jacques qui est celuy qui a si bien fait les animaux, nasquit l'an 1510. Son pere *Francesco d'a Ponté* estoit Peintre, & né à *Vicensa* : mais charmé de la belle scituation de Bassane ; il quitta son pays pour y établir sa demeure. Il suivoit la maniere de Jean Bellin, comme on peut voir en plu-

JACQUES BASSAN.

ET LES OUVRAGES DES PEINTRES. 159

sieurs ouvrages qu'il a faits à Bassane. Ce fut JACQUES-BASSAN. luy qui commença à instruire son fils dans le dessein, aprés luy avoir fait apprendre les lettres humaines. Lors qu'il fut un peu avancé il l'envoya à Venise, où il travailla sous Boniface Venitien: mais ensuite il tascha d'imiter les ouvrages du Titien, & ceux du Parmesan.

Aprés avoir long-temps demeuré à Venise, son pere estant mort, il retourna dans son pays, où il resolut de vivre le reste de ses jours, dans une maison fort commode & bien scituée, proche de ce pont celebre, qui a esté basty sur les modelles de Palladio, & sous lequel passe la riviere de *Brenta*. C'est en ce lieu qu'il demeuroit actuellement, & qu'il prenoit plaisir à travailler. Et parce qu'il n'avoit pas fait une grande estude d'apres les antiques, ny veu les peintures de Rome, il se contentoit d'imiter la Nature; & sur les idées que son genie luy fournissoit, & ce que sa memoire luy representoit des plus beaux tableaux qu'il avoit veus à Venise, il se faisoit une maniere particuliere dans laquelle il taschoit, principalement par son coloris, de se rendre agreable. Ce qui luy reüssit si bien, qu'encore qu'on ne puisse pas trouver dans ses ouvrages, ny une belle ordonnance, ny une force de dessein, ny les autres parties qu'on voit dans les plus excellens tableaux, il ne laiſſa pas neanmoins d'en faire une tres-grande quantité pour des Egliſes, & pour divers particuliers. Il en fit douze pour l'Empereur Rodolphe II. dans leſquels il repreſenta tout ce qui ſe paſſe dans les douze mois de l'année. Il peignit pour d'autres perſonnes les quatre elemens & les quatre ſaiſons, dont la compoſition eſt dautant plus agreable qu'on y voit divers animaux & des payſages parfaitement beaux. Il travailloit auſſi à des tableaux d'hiſtoire. Il y en a pluſieurs dans le cabinet du Roy qui ſont des plus beaux qu'il ait faits. Il fit fort bien des portraits. Il peignit Sebaſtien Veniero Doge de Veniſe, l'Arioſte, le Taſſe & pluſieurs autres perſonnes ſçavantes. Il ſe peignit luy-meſme tenant une palette & des pinceaux à la main.

Bien qu'il allaſt quelquefois à Veniſe, neanmoins il ſe plaiſoit beaucoup plus à travailler chez luy; Et aux heures qu'il prenoit pour ſe delaſſer, il s'occupoit ou à la Muſique, ou à la lecture de quelques bons livres. Car exempt de toute ſorte d'ambition, il ne cherchoit qu'à vivre doucement, perſuadé que c'eſt par le merite ſeul qu'on doit acquerir de l'honneur, & non par les cabales & les intrigues
dont

ET LES OUVRAGES DES PEINTRES. 161

dont se servent les ambitieux & les ignorans. JACQUES BASSAN.
Enfin ce Peintre qui estoit en reputation
d'homme de bien, mourut le troisiéme Février
1592, âgé de quatre-vingt-deux ans. L'on voit
certaines Remarques qu'Annibal Carache a
faites sur les vies des Peintres du Vasari, & dans
l'endroit où il est parlé de Jacques Bassan, il
dit, Jacques Bassan a esté un Peintre excellent, ‹‹
& digne d'une plus belle loüange que celle ‹‹
que Vasari luy donne; parce qu'outre les beaux ‹‹
tableaux qu'on voit de luy, il a fait encore de ‹‹
ces miracles qu'on rapporte des anciens Grecs, ‹‹
trompant par son art non seulement les bestes, ‹‹
mais les hommes: ce que je puis témoigner, ‹‹
puisqu'estant un jour dans sa chambre je fus ‹‹
trompé moy-mesme, avançant la main pour ‹‹
prendre un livre que je croyois un vray livre, ‹‹
& qui ne l'estoit qu'en peinture. Cet eloge ‹‹
d'Annibal luy est assez glorieux.

Jacques Bassan eut quatre enfans ausquels il
enseigna la Peinture. FRANCOIS fut celuy FRANÇOIS BASSAN.
qui surpassa tous les autres. Ayant pris femme
à Venise, il s'y établit & fit quantité d'ouvrages pour la Republique, pour des Eglises, &
pour plusieurs habitans de la Ville; & mesme
il y avoit aussi des Marchands qui en portoient
dans les pays estrangers, & qui en faisant faire

X

des copies par ses Eleves, les vendoient pour des originaux. Ce Peintre estoit en grande reputation à Venise, & dans la vigueur de son âge, lors qu'une humeur melancholique causée par ses continuelles études, & par son grand travail, luy troubla l'esprit de telle sorte qu'il s'imaginoit toujours qu'il y avoit des Sbires qui le cherchoient pour le prendre. Un jour qu'on frappa fortement à sa porte, cette crainte fit un tel effet en luy qu'il se jetta par les fenestres, & s'estant dangereusement blessé à la teste, il mourut peu de jours aprés âgé de quarante-trois ans & cinq mois l'an 1594. Sa femme fit porter son corps à Bassane où il fut enterré dans l'Eglise des Freres Mineurs, proche le tombeau de son pere. Il y a un tableau de luy chez M. le President de Torigny representant le Ravissement des Sabines; cet Ouvrage est d'une grande beauté, il estoit parmy les meubles du Mareschal d'Ancre, qui furent pillez, aussi est-il déchiré, & n'est pas entier.

Comme François laissa plusieurs Ouvrages imparfaits, LEANDRE son frere les acheva: Des trois freres qui restoient c'estoit celuy qui peignoit le mieux, particulierement des Portraits. Il s'en voit quantité de personnes considerables qui vivoient en ce temps-là. * Pour

*Il mourut l'an 1623.

les deux autres dont l'un se nommoit JEAN BAPTISTE, & l'autre JEROSME, ils s'appliquerent à copier les tableaux de leur pere, à quoy ils reüssirent d'autant mieux qu'il les avoit instruits luy-mesme. Aussi se rendirent-ils sa maniere si aisée, & si naturelle, que leurs copies sont souvent prises pour des originaux. C'est ce qui fait qu'on voit tant de tableaux, que l'on dit estre de la main de Jacques Bassan. Jean Baptiste mourut âgé de soixante ans l'an 1613. Et Jerosme l'an 1622. âgé de soixante-deux ans.

Je ne vous parleray pas de quelqu'autres Peintres qui travailloient encore de ce temps-là aux environs de Venise, mais je vous diray qu'un de ceux qui a fait beaucoup d'ouvrages, & qui s'est acquis une grande reputation, a esté JACQUES ROBUSTI, surnommé LE TINTORET, il nasquit à Venise l'an 1512. Son pere appellé Baptiste Robusti, estoit Teinturier ; ce qui donna le surnom de Tintoret à son fils. Il n'estoit encore qu'un jeune enfant, qu'on le voyoit continuellement desseigner contre les murailles avec du charbon ou avec des teintures, ce qui fit resoudre ses parens de l'abandonner à son inclination. Pour cela ils le mirent sous le Titien. L'amour qu'il avoit pour

Le Tintoret.

X ij

LE TIN-TORET. la Peinture fit qu'il devança bien-toft tous les jeunes gens de fon âge, enforte qu'il n'y avoit pas long-temps qu'il demeuroit chez fon Maiftre, qu'il furprit tout le monde par fes ouvrages. On dit mefme que le Titien eftant un jour entré dans le lieu où fes Eleves travailloient, il vit contre terre certains cartons remplis de figures deffeignées, & ayant demandé qui les avoit faites; le Tintoret qui en eftoit l'Autheur croyant qu'il y avoit de grands deffauts, luy dit avec crainte, & en tremblant qu'elles eftoient de luy: Mais le Titien dés ce moment, prevoyant par cet effay que ce jeune homme pouvoit devenir un excellent Peintre, & nuire à fa reputation, donna charge à Gierolamo l'un de fes Eleves, que dés l'heure mefme il fift fortir le Tintoret de chez luy. Si le Tintoret fut furpris fe voyant chaffé par fon Maiftre fans en fçavoir la raifon, le déplaifir qu'il en receut releva davantage fon courage. Car fe fentant picqué par l'action du Titien qu'il confidera comme un affront, & un obftacle à fon avancement, il prit encore des refolutions plus fortes & plus genereufes pour s'inftruire dans fon Art. Quoy qu'il fuft encore fort jeune, il confidera de quelle maniere il fe conduiroit pour continuer l'étude qu'il avoit

ET LES OUVRAGES DES PEINTRES. 165

LE TIN-TORET.

commencée. Son reſſentiment contre le Titien ne l'empeſchoit pas de connoiſtre & d'eſtimer ſon merite: de ſorte qu'il reſolut d'étudier d'aprés ſes tableaux, & d'aprés les ſtatuës de Michel-Ange, que l'on eſtimoit alors le Pere du deſſein ; eſperant que par ce moyen il pourroit de luy-meſme ſe perfectionner dans la Peinture. Ayant donc choiſi les ouvrages de ces deux excellens hommes pour ſes guides, il pourſuivit ſon chemin, & l'on dit que pour ne s'en éloigner jamais il s'en fit comme une loy qu'il écrivit contre les murs de ſon cabinet, avec ces propres mots. *Il diſegno di Michel-Angelo, el colorito di Titiano.*

Il commença à faire proviſion de pluſieurs bas reliefs de plaſtre, pris ſur les marbres antiques. Il fit venir de Florence de petits modelles faits par Daniel de Volterre, d'aprés les Figures de Michel-Ange qui ſont à S. Laurens, & qui ornent les tombeaux des Medicis, & avec l'aide de toutes ces figures, il continua ſes études, travaillant ſouvent à la clarté de la lampe. Il avoit un Genie aiſé à produire ; une fecondité tres-grande, & beaucoup de facilité à exprimer ſes conceptions. Mais ſçachant que pour devenir bon Peintre, il ne ſuffit pas d'avoir une grande vivacité d'eſprit, & une

X iij

maniere aifée, qu'il faut encore fe former le jugement & la main fur ce qu'il y a de plus beau, & de plus correct, il travailloit fouvent d'aprés les plus belles chofes antiques, & s'éloignoit d'une imitation trop precife de beaucoup de chofes que l'on voit dans la Nature, parce que fes productions font tres-fouvent imparfaites, & que l'on ne rencontre gueres de corps dont toutes les parties répondent affez bien enfemble pour faire une beauté accomplie.

Cependant quoy qu'il s'appliquaft continuellement à deffeigner, il ne laiffoit pas auffi de peindre d'aprés les ouvrages du Titien, fur lefquels il tafchoit de former fon coloris, faifant fon poffible pour marcher toujours fur les pas, & fuivre les exemples des plus excellens Maiftres. Quand il deffeignoit d'aprés les corps naturels, il obfervoit exactement la diverfité des attitudes, & confideroit avec foin les differens mouvemens de tous les membres qu'il difpofoit agreablement. Il faifoit une étude particuliere d'aprés les corps morts, fur lefquels il apprenoit ce qui regardoit les mufcles & les nerfs.

Bien que tous les grands Peintres étudient ordinairement la difpofition de leurs tableaux,

ET LES OUVRAGES DES PEINTRES. 167

d'aprés des modelles qu'ils font eux-mesmes; LE TIN-TORET. neanmoins il estoit un de ceux qui observoit davantage cette pratique. Car il prenoit beaucoup de soin & de plaisir à faire des figures de cire ou de terre, qu'il habilloit avec de petits linges moüillez. Et mesme souvent il les mettoit dans des chambres de carte ou de bois, qu'il faisoit exprés, & dans lesquelles il accommodoit des lumieres qui éclairoient ces figures par des fenestres ou autrement : observant par ce moyen les divers effets des jours, & des ombres. Quelquefois il suspendoit des figures en l'air pour mieux juger des racourcissemens, & de ce qui paroist dans les corps qui sont veus de bas en haut.

Afin de se faire une pratique aisée dans le maniment des couleurs, il alloit voir tous les Peintres qui peignoient alors avec reputation, pour observer leurs differentes manieres de travailler. Et comme il desiroit passionnément de faire quelque chose d'une grande étenduë, il recherchoit volontiers jusqu'aux Maçons pour avoir de l'employ, s'offrant de peindre gratuitement les lieux qu'ils voudroient luy donner, & qu'il trouveroit propres à exercer son pinceau.

Ce fut sur ces principes, & par cette con-

LE TINTO-RET.
duite que le Tintoret devint sçavant dans la Peinture, & qu'il acquit une si grande facilité à executer ses desseins, que tous les Peintres de son temps en estoient surpris. Car il avoit plûtost fait un grand ouvrage qu'il n'avoit eu le temps d'en faire des esquisses. Cela parut assez, lors que ceux de la Confrairie de S. Roch, voulant faire peindre un Tableau dans leur Eglise, choisirent le Tintoret, Paul Veronese, André Schiavon, Joseph Salviati, & Frederic Zuccaro, pour en faire des desseins, afin de voir celuy qui leur agréeroit le plus. Chacun ayant apporté le sien, le Tintoret fit découvrir un grand tableau qu'il avoit finy dans le temps que les autres n'avoient fait que des esquisses, ce qui surprit extrémement tout le monde.

Ceux qui ont veu les tableaux de ce Peintre qui sont à Venise, ne peuvent assez admirer sa fecondité, & sa grande facilité à executer ce qu'il avoit imaginé. On met au rang de ses plus beaux tableaux, les deux qu'il a faits *à la Madona dell' horto* ; Celuy qu'ils nomment à Venise du Miracle *del Servo*, qui est dans le lieu de la Confrairie de S. Marc; Les deux de la Trinité. Celuy de l'Assomption qui est à *i Crociferi* ; Le Tableau où il a representé Nostre Seigneur

ET LES OUVRAGES DES PEINTRES. 169

Seigneur que l'on crucifie, & qui est gravé par Augustin Carache; & les autres peintures qu'il fit pour la Confrairie de S. Roch. Le siege de Zara par Marc Justinien, aprés que cette ville, s'estant souftraite de l'obeïssance des Venitiens, eut receu la garnison de Louis Roy de Hongrie. Le grand tableau qu'on nomme le Paradis, qui est dans le Palais Ducal.

On pourroit remarquer encore une infinité d'autres Ouvrages à fraisque, & plusieurs tableaux qui sont respandus en Italie, & en divers endroits de l'Europe; comme ceux qui sont à Paris dans le cabinet du Roy & ailleurs. Il est vray que parmy le grand nombre qu'on en voit, il y en a qui sont bien moindres en beauté les uns que les autres; Et mesme l'on peut dire que tous les ouvrages de ce Peintre ne sont pas également corrects; parce qu'encore qu'il fust assez amoureux de son art, & qu'il ne negligeast point d'estudier tous les sujets qu'il entreprenoit; toutefois il estoit souvent obligé de travailler avec plus de promptitude qu'il n'eust voulu, pour contenter tout le monde & ne renvoyer personne. C'est sans doute ce qui donna lieu à Annibal Carache estant à Venise, d'écrire à Louis Carache son cousin, qu'il avoit veu le Tin-

Y

LE TIN-TORET. toret tantoſt égal au Titien, & tantoſt beaucoup au deſſous du Tintoret : Voulant luy marquer par là que tous les ouvrages de ce Peintre ne luy paroiſſoient point d'une égale beauté. Cependant on ne laiſſe pas de voir dans tout ce qu'il a fait une grande facilité, & beaucoup d'expreſſion. Auſſi quoy qu'il euſt toujours en veuë, comme j'ay dit, le coloris du Titien, & le deſſein de Michel-Ange, il craignoit bien plus de manquer dans le deſſein que dans la couleur, diſant meſme
,, quelquefois, que ceux qui vouloient avoir de
,, belles couleurs pouvoient en trouver dans les
,, boutiques des marchands; Mais que pour le
,, deſſein il ne ſe trouvoit que dans l'eſprit des
,, excellens Peintres. Il adjouſtoit encore à cela
,, que le blanc & le noir eſtoient les couleurs les
,, plus precieuſes dont un Peintre pouvoit ſe
,, ſervir; parce qu'avec celles-là ſeules, on peut
,, donner du relief aux figures, & marquer les
,, jours & les ombres.

Sa facilité à compoſer de grands ſujets & à produire aiſément ſes penſées, l'empeſchoit de finir toutes les parties de ſes tableaux autant qu'on l'euſt ſouhaité ; mais il preferoit le feu de l'imagination, & l'abondance des expreſſions à ce qui regarde l'achevement d'un

ET LES OUVRAGES DES PEINTRES. 171
ouvrage. C'eſt pourquoy certains Peintres LE TIN-TORET.
Flamands qui venoient de Rome, luy ayant
montré quelques teſtes qu'ils avoient peintes
& finies avec beaucoup de ſoin & de temps,
il leur demanda combien ils avoient eſté à les
faire; Comme ils luy dirent qu'ils y avoient
travaillé durant pluſieurs ſemaines, il prit du
noir avec un pinceau, & en trois coups deſſeigna ſur une toile une figure qu'il rehauſſa avec
du blanc; puis, ſe tournant vers les Etrangers,
voyez, leur dit-il, comme nous autres pauvres Peintres Venitiens avons accouſtumé de
faire des tableaux.

On dit qu'un jeune Peintre de Boulogne
nommé *le Fialeti* l'eſtant allé voir, & luy de-
mandant des avis pour devenir bon Peintre,
il ne luy dit autre choſe, ſinon qu'il falloit
deſſeigner: Ce qu'il luy repeta tant de fois, qu'il
fit bien comprendre que le deſſein eſt la baſe
& le fondement de tout cet art. C'eſtoit ſon
ſentiment qu'il n'y avoit que ceux qui eſtoient
déja bien avancez dans le deſſein qui devoient travailler d'aprés Nature; parceque
la pluſpart des corps naturels manquoient
beaucoup de beauté & de grace: Eſtant d'a-
vis que les jeunes gens eſtudiaſſent d'abord
d'aprés les belles antiques pour ſe faire un bon

Y ij

gouft & une maniere correcte. Il difoit que cet art eft tel, que plus on y avance, & plus on y trouve de difficultez; Qu'il reffemble à une mer qui n'a point de bornes, & qui paroift toujours plus grande à mefure que l'on vogue deffus. Que les jeunes eftudians ne doivent jamais s'écarter du chemin qu'ont tenu les plus excellens Maiftres, s'ils veulent faire quelque progrez. Et comme la Nature qui a enfeigné ces fçavans hommes, eft toujours difpofée à fournir fes mefmes inftructions, ils ne doivent pas s'en éloigner pour fe faire une maniere capricieufe & à leur mode. Il difoit encore que pour bien juger d'un ouvrage de Peinture, on doit d'abord obferver fi l'œil eft fatisfait, & fi l'autheur y a gardé toutes les regles de l'art; que du refte il ne faut pas trop s'arrefter à de petits deffauts, parce qu'il n'y a perfonne qui ne foit capable d'en commettre.

Bien qu'il travaillaft continuellement, & qu'il ait fait un grand nombre de tableaux, neanmoins il n'amaffa gueres de bien. Ce n'eftoit pas auffi les richeffes qu'il regardoit comme la recompenfe de fon travail. Il n'ambitionnoit que la gloire, & ne penfoit qu'à s'ouvrir le chemin à l'immortalité; n'eftimant aucun plaifir que celuy qu'on reçoit à fe perfectionner dans les choses qu'on entreprend. Il faisoit tant de cas des dons qu'il avoit receus du Ciel, qu'il se plaignoit souvent de ce qu'estant quelquefois accablé d'affaires & obligé de finir promptement ses tableaux pour subvenir aux besoins de sa famille, il n'avoit pas le temps de les achever entierement ; Estant certain que s'il eust eu le loisir de les mettre tous en l'estat qu'il eust bien voulu, il n'en seroit sorti de sa main que de tres-achevez. Il vescut toujours dans Venise avec beaucoup d'estime, & eut pour amis toutes les personnes sçavantes & vertueuses qui vivoient alors; comme Daniel Barbaro, Mafeo & Dominico Veniero, Ludovico Dolcé, l'Aretin, & plusieurs autres, dont il fit des portraits.

L'Aretin estoit aussi intime amy du Titien, & l'on conte mesme une histoire assez plaisante d'un tour que le Tintoret luy fit, parce qu'il avoit mal parlé de luy. On dit que l'ayant rencontré un jour il l'invita d'aller chez luy afin qu'il fist son portrait. L'Aretin ne manqua pas de s'y rendre ; & comme il fut assis, le Tintoret tira avec beaucoup de promptitude un pistolet de dessous sa robe, ce qui épouventa tellement l'Aretin, que croyant que le Tintoret se vouloit vanger de luy, il

LE TINTO-RET.

s'écria de toute sa force, & luy demanda ce qu'il pensoit faire: A quoy le Tintoret luy repartit froidement, ne bougez je veux prendre vostre mesure; & commençant depuis la teste jusques aux pieds, vous avez, luy dit-il, deux longueurs & demie de mon pistolet. L'Aretin ayant un peu repris ses esprits, vous estes, luy dit-il, un grand fol, & vous faites toujours quelque piece; Cependant cela fut cause qu'il ne parla plus mal du Tintoret, & que depuis ce temps-là ils vécurent fort bien ensemble.

Outre les portraits de ces amis, il fit ceux de plusieurs Princes & Seigneurs, & mesme celuy de Henry III. Roy de France, lors qu'il passa à Venise à son retour de Pologne. Enfin estant parvenu à l'âge de quatre vingt deux ans il mourut l'an 1594. & fut inhumé avec beaucoup d'honneur dans l'Eglise de sainte Marie *dell Horto*.

MARIETTA TINTORETTA.

Il avoit une fille nommée MARIETTA TINTORETTA qui peignit parfaitement bien, particulierement des portraits. L'Empereur Maximilian, Philippe II. Roy d'Espagne, & l'Achiduc Ferdinand, tascherent de l'avoir auprés d'eux, parce qu'elle avoit beaucoup de bonnes qualitez. Mais son pere

ET LES OUVRAGES DES PEINTRES. 175

qui l'aimoit passionnement, ne voulut jamais consentir qu'elle s'éloignast de luy ; aimant mieux la marier à Venise à un Joüaillier nommé Mario Augusta, que de la voir dans une meilleure fortune qui l'auroit privé de sa presence. Elle mourut dans la fleur de son âge l'an 1590. au grand deplaisir de son Pere qui en souffrit une douleur extréme. *MARIETTA TINTORETTA.* *Agé ede 30. ans.*

Il seroit difficile de nommer tous ceux qui ont estudié sous le Tintoret, & qui ont voulu imiter sa maniere. Car non seulement les Italiens, mais aussi plusieurs Etrangers, ont tasché de le suivre. Entre les derniers il y eut PAUL FRANCESCHI Flamand, & MARTIN DE VOS qui travailloient sous luy à faire des païsages. Paul mourut âgé de cinquante-six ans l'an 1596. Quant à Martin de Vos, il estoit encore fort jeune lors qu'il alla à Venise, & qu'il entra chez le Tintoret. Il y estudia long-temps, & y prit une maniere particuliere que l'on reconnoist assez dans la composition des choses qu'il a inventées ; Il n'a pas fait beaucoup de tableaux, mais Jean & Raphaël Sadeler ont gravé plusieurs estampes d'après ses desseins. Il mourut en Allemagne où il s'estoit retiré après avoir veu toute l'Italie. *PAUL FRANCESCHI. MARTIN DE VOS* *L'an 1604.*

JEAN ROTHAMER de Munick deſſeigna auſſi d'aprés le Tintoret, & a beaucoup peint de ſon invention.

Jean Rothamer.

Je paſſeray ſous ſilence beaucoup d'autres Peintres Lombards qui ont taſché d'imiter la maniere des plus excellens Peintres dont nous venons de parler, comme DARIO VAROTARI de Veronne, qui aprés avoir pris l'habit de Carme, mourut âgé de cinquante-ſept ans l'an 1596. JEAN CONTARINO qui mourut en 1605. LEONARD CORONA, DOMINIQUE RICCIO, BAPTISTA DEL MORO, PAULO FARINATO qui mourut âgé de quatre-vingt quatre ans l'an 1606. MARC VECELLIO, neveu & diſciple du Titien, & pluſieurs autres qui n'ont pas fait des ouvrages aſſez conſiderables pour eſtre remarquez.

Varotari. Contarino. Leon. Corona. Domin. Riccio. Bapt. del Moro. Paulo Farinato. Marc Vecellio.

Il faut bien, dit alors Pymandre, que ces derniers ne ſoient pas celebres, ny leurs tableaux trop recherchez; puiſque juſques à preſent il n'y en a pas un dont j'aye entendu parler. Je voy bien auſſi que vous ne les nommez qu'en paſſant, & meſme avec precipitation.

C'eſt, repartis-je, que je pouvois bien me diſpenſer d'en rien dire; & puis le ſoleil commençant à baiſſer, je croy que nous pouvons

ET LES OUVRAGES DES PEINTRES. 177
vons en demeurer là pour aujourd'huy, &
penser à nostre retour.

En sortant du Palais de S. Cloud, nous fismes
rencontre d'un Peintre de nostre connoissance,
& que nous avions veu autrefois à Rome. A-
prés qu'il nous eut abordez, & nous eut appris
qu'il venoit de Versailles, & qu'il s'en alloit seul
à Paris, Pymandre le convia de vouloir entrer
dans son carrosse, estant bien aise que nous
nous en retournassions de compagnie.

Comme la soirée estoit fort belle on ordonna
au cocher d'aller doucement, afin d'avoir le
plaisir de la promenade, & de nous entretenir
avec plus de loisir. Nous nous mismes encore
à parler de tableaux ; & Pymandre dit en peu
de mots à ce Peintre, que je nommeray icy Valere, une partie des choses que nous avions remarquées touchant les Peintres de Lombardie.

Valere qui avoit une particuliere inclination pour ceux de cette Ecole, écoutoit
avec peine qu'on luy parlast des deffauts qui
se rencontrent dans leurs ouvrages; & ne pouvoit presque souffrir qu'on les reprist de n'a-
voir jamais gardé aucune convenance dans la
plufpart des sujets qu'ils ont representez.

Je ne m'estonne point, luy dis-je, de vous
voir deffendre avec tant de zele des choses que

Z

tout le monde condamne, parce que vous ne les voyez pas comme le reste des hommes. La beauté du coloris vous charme si fort les yeux, que vous ne regardez pas les autres parties d'un tableau. Mais ceux qui sont moins préoccupez que vous, en estimant ce qu'il y a de bon, croyent avoir la liberté de reprendre les deffauts qu'ils y trouvent. Approuvez-vous une infinité de tableaux qui representent des histoires de l'ancien & du nouveau Testament, ou des histoires Grecques & Romaines, dans lesquels on voit des figures vestuës à nostre mode, ou de la sorte que l'on s'habilloit en Italie & en Allemagne lorsqu'elles ont esté peintes.

Je ne pretens pas, dit Valere, approuver ces sortes d'habits; mais je ne voudrois pas aussi que l'on méprisast si fort les tableaux où cela se trouve, & qui cependant sont tres-excellents d'ailleurs. Bien loin d'aimer ces habits gotiques que l'on voit dans les ouvrages d'Albert, & ceux que vous blasmez dans des Peintres Venitiens; Je voy avec peine une infinité de tableaux où l'on represente les personnes vestuës comme elles sont aujourd'huy, puisqu'il est certain que les habits antiques ont bien plus de grace & de beauté que ceux d'apresent, où tous les jours on apperçoit du changement.

Tout beau, luy dis-je, vous allez plus loin qu'on ne veut. Car si les accommodemens que nous condamnons estoient conformes aux sujets, nous n'y trouverions rien à redire; puisque quelques beaux que soient les habits des anciens Romains, nous ne les approuverions pas si l'on s'en servoit dans une histoire de ces derniers temps, & où il fallust representer ce qui se passe aujourd'huy en France. Je sçay bien que nos habits ordinaires ne sont pas toujours avantageux; que nos modes qui changent si souvent, les font paroistre ridicules & extravagans à mesure que nous les quittons. Cependant vous m'avoüerez que quand il est question de peindre une histoire, la maniere de vestir les figures n'est pas moins necessaire pour l'intelligence du sujet, que toutes les autres circonstances qui doivent l'accompagner, & dont l'on veut instruire la posterité. Les habits distinguant particulierement chaque nation, font aussi connoistre la qualité des personnes, & marquent les âges & les temps.

Pour traiter les choses dans la verité, il est important de ne s'éloigner jamais de tout ce qui convient essentiellement à l'action qu'on veut representer. Quand un Peintre est sçavant dans son art, il sçait donner de la beauté à ses figures de quelque maniere qu'il les accommode, puisque vous-mesme vous trouvez beaux les accommodemens que nous condamnons dans les Peintres Lombards, à cause de leur belle entente, & de la beauté des couleurs. Un excellent homme choisit dans la mode du temps ce qu'il y a de moins extravagant. Il sçait cacher par l'arrangement & la disposition des habits, ce qu'il y a de plus desagreable. Il s'en rencontre mesme parmy nous qui ne changent point de mode, & qui ont beaucoup de grace. Les Peintres qui aiment si fort à imiter les choses antiques, peuvent apprendre des anciens à observer ce que je viens de dire. Quand les Romains ont representé des Grecs & d'autres peuples barbares, ils les ont figurez vestus à la mode de leur pays, comme nous le voyons par les statuës & par les bas reliefs. Et non seulement les Romains, mais tous les autres peuples estoient si exacts à representer les choses comme elles s'estoient passées, & les personnes mesmes telles qu'elles estoient, que ceux de Babylone ayant élevé une statuë à Semiramis, ils representerent cette Reine à

Val. Max. 9. 3.

demy décoiffée parce qu'elle estoit en cet estat lors qu'elle alla secourir leur ville.

Raphaël qu'il suffit de nommer comme le maistre de tous les Peintres modernes, n'enseigne-t-il pas assez par ses ouvrages comment on doit en user? Il ne faut que considerer de quelle maniere il a representé differentes sortes d'habits, selon les divers sujets qu'il a traitez. Quand il a peint dans le Vatican le Pape & toute sa Cour, ou d'autres Nations étrangeres, il ne les a pas vestuës selon l'ancienne maniere des Romains, mais à la mode de leur temps. Cependant ces ouvrages n'ont pas moins de beauté, que les autres où il a fait des habits antiques. Et vous m'avoüerez que l'art & la conduite dont il s'est servy est ce qui rend tous ses ouvrages également beaux. C'est un effet de la prudence & du jugement du Peintre de connoistre ce que la bien-seance demande, & c'est un effet de son genie & de l'art de le bien faire aprés l'avoir connu.

Je sçay bien que vous me direz avec plusieurs autres Peintres, que les habits modernes ne sont pas si avantageux pour bien vestir des figures, que les habits antiques, sous lesquels la taille & toutes les parties du corps paroissent marquez avec beaucoup de grace & de majesté, & qu'ainsi l'estude que vous faites seroit inutile, & paroistroit peu, s'il falloit toujours couvrir vos figures d'habits tels que nous les portons, & ne prendre aucune licence pour faire paroistre le nud. Je répondray à cela que vous avez toujours la liberté de choisir des sujets ausquels les anciens vestemens seront convenables. Car l'on ne pretend point toucher à ce qui regarde la fable, l'allegorie & beaucoup d'histoires Grecques & Romaines, qu'il est mesme necessaire d'accommoder selon l'usage de leur temps, & de la sorte que les anciens nous ont marqué eux-mesmes qu'ils s'habilloient. Mais pensez-vous que ce fust une belle chose de voir aujourd'huy nos batailles & nos combats figurez de la mesme maniere que ceux d'Alexandre ou de Cesar, & que l'on puisse vray-semblablement representer le Roy & ses Generaux vestus & armez à la Grecque ou à la Romaine.

Il seroit asseurement, interrompit Pymandre, aussi difficile de les reconnoistre, qu'il seroit mal-aisé de remarquer Cesar & Alexandre si on les avoit peints dans un tableau vestus à la Françoise ou à l'Espagnole. Aussi me souvient-il que nous trouvions un jour fort à redire en voyant le tableau d'un Peintre, qui avoit representé la Reyne de Saba vestuë d'un corps vert avec des basques tout autour, une juppe violette gallonnée d'un velouté brun, qui ne luy alloit qu'à my-jambe, & laquelle en cet estat estoit conduite par deux Escuyers vestus de gregues à la Suisse pour aller saluër Salomon.

Et bien, repris-je, il ne seroit pas moins ridicule de peindre les François vestus comme estoient les anciens Romains, qu'il est extravagant à un Peintre de traitter de la sorte de semblables sujets; Parceque si nous sommes bien aises de voir les personnes representées de la maniere qu'elles estoient anciennement, & que cela contribuë à les faire connoistre, nous devons penser que ceux qui viendront aprés nous auront le mesme plaisir de voir les habits que nous portons, qui serviront à marquer les temps, & à nous distinguer des autres nations.

Il ne faut pas s'arrester à ce qu'on peut dire du changement & de la bisarrerie de nos modes. Si les habits qu'il n'y a gueres qu'on a quittez paroissent ridicules; Ceux qu'il y a plus long-temps qu'on a laissez deviennent en quelque sorte venerables. On en portoit en France sous François I. & Henry II. de plus estranges qu'on ne faisoit il y a trente ans.

Cependant les Peintures que nous voyons du temps de ces deux Rois, ne nous font pas infupportables.

Si on reprefente une action pour eftre connuë de la pofterité, on ne peut eftre trop exact à figurer tout ce qui en dépend. Quand on lit que Theodelinde Reyne des Lombards, aprés avoir fait baftir fon Palais de Modoëce, aujourd'huy Monza à douze milles de Milan, le fit orner de tableaux, où l'hiftoire de ce temps-là eftoit peinte. N'eft-on pas bien aife d'apprendre de quelle maniere ces peuples eftoient reprefentez. Et fi ces ouvrages eftoient encore en eftat, ne prendroit-on pas plaifir de voir comment ils eftoient veftus, & quelles eftoient leurs armes. Bien qu'ils fuffent armez & veftus bizarrement, on feroit bien aife de remarquer ces particularitez, & mefme on obferveroit avec quelque forte de fatisfaction, qu'à la difference des autres nations, ils fe rafoient le derriere de la tefte, & avoient au deffus du front de grands cheveux, qui en fe feparant des deux coftez leur tomboient fur la bouche, & cachoient une partie de leur vifage, quoy que peut-eftre cela ne reprefentaft pas de trop beaux perfonnages. Mais dans les anciennes peintures on cherche premierement à s'inftruire

Vers l'an 600.

Paul. Diaco. de legibus Longob. l. 4. c. 23.

ſtruire ſur ce qui regarde l'hiſtoire & les couſtumes : & puis on y conſidere la ſcience de l'ouvrier, & l'art dont il s'eſt ſervy pour bien exprimer ſon ſujet. Et lors qu'il renferme quelque choſe de beau & d'agreable, ſoit dans la forme des corps, ſoit dans la couleur, les yeux prennent part au plaiſir qui ſe rencontre à voir ces ſortes d'ouvrages. J'ay quelquefois penſé à l'embarras où ſe pourroient trouver un jour les antiquaires en voyant le Roy Henry IV. & le Roy Loüis XIII. qui ſont ſur le Pont-neuf & dans la Place Royale, veſtus ſi differemment; & s'ils n'auroient pas ſujet de croire que le Roy Loüis XIII. eſt un des anciens Empereurs Romains, s'ils n'en eſtoient inſtruits par d'autres marques que par les habits dont il eſt veſtu.

Pour ce qui eſt des Peintres, repartit Valere, il y en a peu de ceux que l'on conſidere, qui repreſentaſſent des hiſtoires auſſi mal exprimées que celle de la Reine de Saba, dont vous venez de parler.

Au contraire, luy dis-je, il y en a beaucoup. Paul Veroneſe n'eſt pas un Peintre ſans nom; & vous n'ignorez pas qu'il y a des compoſitions de luy où la convenance n'eſt pas mieux obſervée.

Mais voudriez-vous, repliqua Valere, qu'un

Aa

Peintre fuſt ſi contraint qu'il n'oſaſt jamais ſe ſervir que d'habits qui convinſſent entierement à ſon ſujet; c'eſt à dire, qui fuſſent ſelon l'uſage des temps, des lieux, & des perſonnes que l'on voudroit repreſenter. Car en ce cas, il faudroit qu'il fiſt une étrange recherche des modes de tous les pays.

  C'eſt aſſeurement, luy repartis-je, dequoy il doit s'inſtruire; & avoir au moins la diſcretion de ne rien repreſenter de contraire à la verité de ſon hiſtoire. Croyez vous que ce Peintre que vous connoiſſez ait donné une belle marque de ſon jugement & de ſon ſçavoir, quand il a repreſenté des Religieuſes couchées ſur des lits autour d'une table. Il avoit veu eſtimer quelques ouvrages, où ces ſortes de lits eſtoient bien-ſeants; & ſur cela ſans faire attention à la qualité de l'hiſtoire qu'il traite, il repreſente la Reine Cunegonde femme de l'Empereur Henry II qui s'eſtant retirée dans un Monaſtere aprés la mort de ſon mary, ſert à table les Religieuſes que l'on voit couchées de leur long ſur des lits, & dans des attitudes fort peu convenables à l'auſterité de la vie monaſtique, & à l'uſage de ces derniers temps. Quelle impreſſion, je vous prie, un tableau traité de cette ſorte peut-il faire dans l'eſprit de ceux qui le voyent. Il faut qu'il y ait de belles parties de deſſein, & des couleurs bien entenduës pour meriter leur eſtime, & faire excuſer les deffauts qu'on y voit. Quand on veut ordonner quelque ſujet, y a-t-il rien de plus aiſé que de s'inſtruire de ce qui eſt propre aux temps, aux lieux, & aux perſonnes que l'on repreſente?

Comme nous ne pouvons avoir connoiſſance des veſtemens antiques, dit Valere, que par les ſtatuës & par les bas reliefs; & qu'il ne s'en trouve pas beaucoup, parce qu'il n'y a gueres eu que les Grecs & les Romains qui nous ayent laiſſé ces monumens, nous ignorons la plus grande partie des choſes qui regardent les autres Nations. Outre cela ſi nous avons quelques images de la forme des habits, nous n'en ſçavons ny la matiere, ny la couleur.

La lecture des Poëtes & des Hiſtoriens, dit Pymandre, peut-elle pas vous ſervir?

Il eſt certain, repartis-je, que ceux qui voudront les lire avec ſoin en tireront un grand ſecours.

Il ſeroit bon, dit Valere, que nous viſſions ſouvent des perſonnes intelligentes dans ces ſortes de choſes, avec leſquelles nous puſſions en conferer. Comme la pluſpart des Peintres paſſent leur vie à eſtudier la pratique de leur art, il y en a peu qui s'arreſtent à la lecture des Auteurs; ils perdroient meſme bien du temps, s'il falloit qu'ils fiſſent dans tous les ſujets qu'ils traitent une recherche auſſi exacte que vous le ſouhaitez. Outre qu'il s'en rencontre pluſieurs qui ne pourroient de quelle maniere s'y prendre, ny où trouver ce qu'ils auroient beſoin.

Si ceux là, repartis-je, ſuivoient l'exemple de Raphaël, & qu'ils enviſageaſſent tout ce qui dépend de leur profeſſion, comme a fait M. Pouſſin. Ils verroient que quand ils traitent des ſujets d'hiſtoire, leurs ſoins doivent s'eſtendre auſſi-bien à ces ſortes d'obſervations, qu'à beaucoup d'autres choſes auſquelles ils s'appliquent.

Il eſt vray, dit alors Pymandre, que cette exactitude que vous demandez dans les Peintres, n'eſt pas ſi petite, que beaucoup ne ſe trouvaſſent fort occupez, s'il falloit qu'avec l'eſtude qu'ils font des autres parties dont vous avez parlé, ils employaſſent encore leur temps dans une occupation & une recherche qui demande quaſi la vie d'un homme, principalement ceux qui ne connoiſſent ny les livres, ny les Auteurs qui les peuvent ſervir dans ces occafions. Mais dites-nous, je vous prie, ce que vous avez remarqué sur les differens habits, vous qui avez tant medité sur toutes les choses neceſſaires à la peinture, & que l'on pouroit regarder comme un homme qui a fait dans ſon eſprit beaucoup de tableaux, & dans leſquels vous n'auriez ſans doute rien obmis de tout ce qui peut contribuer à la perfection d'un ouvrage.

Je vous avouë, repartis-je, que ſi l'on pouvoit voir les ouvrages que j'ay quelquefois imaginez, le nombre n'en ſeroit pas petit, mais il m'eſt bien avantageux que cela n'ait eſté qu'en idée, ne doutant pas que dans l'execution il n'y euſt beaucop de deffauts. Car outre qu'il eſt preſqu'impoſſible de rien faire de parfait, c'eſt qu'il eſt naturel à tous les hommes de ſe laiſſer ſurprendre par l'amour qu'ils ont de leurs propres penſées. Cependant pour ce qui regarde les veſtemens, quelque recherche que j'en aye faite, je n'ay pas aſſez de preſomption pour croire de vous en pouvoir bien inſtruire; C'eſt une matiere plus vaſte & d'une eſtenduë encore plus grande que peut-eſtre vous ne vous l'imaginez. Car comme cela comprend une eſtude particuliere des differens habits de pluſieurs nations, & des changemens qui sont arrivez dans la suite des temps, vous jugez bien que quand j'en serois bien instruit, il faudroit y avoir pensé auparavant afin d'en parler avec ordre, & ne laisser rien à dire sur cette matiere; Et outre cela il faudroit encore avoir plus de temps qu'il ne nous en reste pour continuer nostre entretien. Mais je pourray un jour vous communiquer ce que j'ay recueilly de quantité d'habits tant anciens que modernes, & peut-estre qu'alors j'auray aussi mis en estat quelques observations que j'ay commencées pour en donner la connoissance, en traitant du veritable usage qu'on en doit faire dans la Peinture; Ce qui pourra davantage vous satisfaire, que le peu de chose que nous en pourions dire à present, puisque nous voyla bien-tost au bout de nostre carriere, & à la fin de nostre voyage.

Comme je disois cela nous nous trouvasmes assez proches de la porte de la Conference; Et parce qu'il faisoit encore jour & que nous vismes beaucoup de monde qui entroit dans les Tuilleries, nous y allasmes aussi faire un tour d'allée, aprés quoy nous nous separasmes.

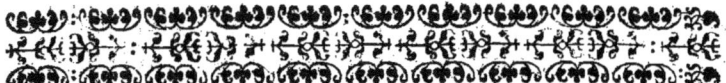

ENTRETIENS
SUR LES VIES
ET
SUR LES OUVRAGES
DES PLUS EXCELLENS PEINTRES
ANCIENS ET MODERNES.
TROISIE'ME PARTIE.

SIXIE'ME ENTRETIEN.

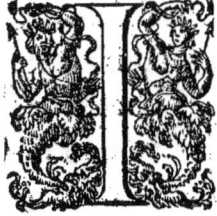J'ESTOIS en chemin pour aller voir Pymandre, lors que je le rencontray seul qui venoit me trouver. J'allois, luy dis-je, chez vous pour sçavoir si vous avez esté satisfait de la promenade que nous fismes hier ; & si vous ne vous repentistes point de m'avoir tant fait parler pendant que nous fusmes à saint Cloud, & durant nostre retour.

Tant s'en faut, me répondit Pymandre, je

fus ravy de ce que la rencontre de Valere fit durer noſtre converſation encore plus longtemps qu'elle n'auroit fait ; & de ce qu'il fut cauſe qu'on dit des choſes, auſquelles ſans luy on n'auroit peut-eſtre pas penſé. C'eſt auſſi, je vous l'avoüe, ce qui m'a fait ſortir ſi-toſt pour ne vous pas manquer, afin que ſi d'autres affaires ne vous empeſchent point, nous puiſſions dés aujourd'huy voir le Cabinet des tableaux du Roy, & conſiderer les ouvrages de ces grands Maiſtres dont vous nous parlaſtes.

Si vous eſtes dans ce deſſein, luy répondis-je, il vaut mieux que nous allions aux Tuilleries. Nous y trouverons les appartemens richement meublez, & la Gallerie parée des plus beaux tableaux de Sa Majeſté.

Pymandre fut ravy de cette propoſition, & auſſi-toſt nous nous rendiſmes aux Tuilleries. Aprés avoir traverſé les ſales & les chambres ornées de ſuperbes tapiſſeries. Nous entraſmes dans le grand Cabinet, où ſur la cheminée eſtoit le tableau de la famille de Darius aux pieds d'Alexandre, peint par M. le Brun, & à l'oppoſite celuy où Paul Veroneſe a repreſenté Noſtre Seigneur avec les deux Pelerins en Emaüs. Nous les conſideraſmes quelque temps, & Pymandre aprés avoir regardé avec plaiſir

celuy

ET LES OUVRAGES DES PEINTRES. 193
celuy de M. le Brun dont il avoit leu la description qu'on a imprimée il y a quelques années, se tourna vers celuy de Paul Veronese, & admirant cette verité & cet art incomparable qu'on y voit. Ce n'est pas sans raison, me dit-il, que ces ouvrages ont acquis de la reputation. Entrons, luy répondis-je, dans la gallerie, & vous y verrez les chefs-d'œuvres des plus grands maistres. C'est là que chacun d'eux tient sa partie, & que tous ensemble, ils forment un concert merveilleux. Leurs differentes beautez font voir la grandeur & l'excellence de la peinture. Ce qui se trouve de particulier dans l'un, & qui n'est pas dans les autres, est un témoignage de la vaste étenduë de cet art, qu'un homme seul ne peut posseder dans toutes ses parties, ainsi que je vous l'ay dit assez souvent.

Comme nous fûmes dans la Gallerie, nous la vismes ornée de part & d'autre de grands & magnifiques cabinets; de tables de pierres precieuses; de placques; de gueridons; de cassolettes; & d'une infinité d'autres vases d'argent d'un travail admirable. Plusieurs de ces vases estoient remplis d'orangers chargez de fruits; & dans quelques autres il y avoit des jasmins couverts de fleurs. Au bout de la Gallerie sur

B b

une estrade élevée de plusieurs marches estoit le trosne, au dessus duquel, & sous un riche dais on avoit placé ce beau tableau de Raphaël, où l'on voit saint Michel qui terrasse le demon. Tout le reste de la Gallerie estoit tapissé de damas vert enrichy d'une grande crespine d'or. Cette tapisserie servoit de fond à une infinité de tableaux ornez de bordures dorées. Ils estoient attachez avec des cordons & des rubans d'or & de soye ; mais si industrieusement disposez, d'espace en espace selon leur grandeur, que cette symetrie & cet arrengement augmentoient de beaucoup la beauté de la decoration.

Aprés que nous eusmes fait un tour dans la Gallerie, & que nous eusmes consideré tout ensemble ce grand amas de richesses. Je vous avoüe, dit Pymandre, en regardant les Tableaux qui estoient devant nous, que c'est icy où je me trouve embarrassé. Je comprends bien la verité de ce qu'on a dit autrefois, qu'encore qu'il n'y ait qu'un art de peindre, où Zeuxis, Aglaophon & Appelle sembloient avoir atteint la perfection ; neanmoins la maniere de l'un n'estoit point celle de l'autre. Car quoy que toutes ces peintures me semblent parfaitement belles, je voy pourtant qu'elles sont bien

Cicer. liv. 3. de Orat.

differentes les unes des autres: je n'ay pas assez
de connoissance, ny assez de lumiere pour discerner ce qu'il y a de plus excellent; ny pour découvrir les deffauts qui s'y peuvent rencontrer. Je ne connois point ces qualitez extraordinaires qui mettent tant de difference entre les Peintres; ny ces divers gousts, qui font que les ouvrages des uns sont beaucoup plus estimez que ceux des autres. Chaque tableau me semble accomply; & sans sçavoir de quelle main il est, je n'y trouve rien qui ne me plaise. Ce n'est pas que s'il m'en falloit choisir quelques-uns parmy ce grand nombre, il n'y en ait qui me paroistroient plus agreables que les autres; & peut-estre aussi pourrois-je me tromper dans le choix que j'en ferois.

Quand vous ne prendriez pas, luy répondis-je, ceux des Maistres les plus fameux, & où il y a plus d'art & de science, vous n'en pourriez choisir qui ne fussent de bonne main. Car ce ne seroit rien dire en vous asseurant qu'ils sont tous originaux; mais c'est quelque chose de considerable de vous faire connoistre qu'ils sont des plus celebres Peintres qui ayent esté, & les plus beaux qu'ils ayent faits. Que peut-on souhaiter davantage que de voir dans un mesme lieu des tableaux de Raphaël, de Jule Romain, de Perin del Vague, de Leonard, du Georgeon, du Corege, du Titien, de Paul Veronese, du Tintoret, des Caraches, du Caravage, & de leurs Eleves, puisque tous ces grands hommes ont formé les principales Escoles dont nous avons parlé; vous pouvez juger des differentes manieres de tous ces Maistres. Car ils ne se sont pas tous assujettis à imiter ceux qui leur ont mis le pinceau à la main. Aprés s'estre instruits dans leurs écoles, & y avoir appris les principes de l'art, ils se sont élevez d'eux-mesmes dans les connoissances qu'ils ont acquises. Ils se sont rangez sous la maistresse commune de tous, qui est la Nature; & ont appris d'elle ce que l'on voit dans leurs ouvrages de plus beau & de plus parfait. Il est vray qu'ils n'ont pas également profité de ses enseignemens. Il y en a qui ont pris d'elle tout ce qu'ils y ont veu; D'autres ont sceu choisir ce qu'elle a de plus precieux & de plus beau. Quelques-uns ne se sont pas donné la peine de regarder seulement la Nature; ils se sont contentez de suivre ceux qui l'avoient examinée avant eux. D'autres encore par un goust tout particulier ont suivi leur caprice, & n'ont pris pour modelles que leurs imaginations. C'est ce qui fait cette diversité de manière, & cette grande difference que l'on peut voir icy dans les tableaux de tous ces maiſtres. Vous pouvez remarquer dans ceux de Raphaël & des Peintres de ſon Eſcole, le beau choix qu'ils ont fait de toutes les parties qui compoſent un excellent ouvrage. Vous le voyez encore dans ces grands Peintres Lombards, qui veritablement ſe ſont plus attachez à ce qui regarde la couleur, qu'à ce qui eſt du deſſein, & à ce qu'on appellé le *coſtume*.

Quant à ceux qui ſe ſont arreſtez à copier la Nature telle qu'ils l'ont trouvée, vous pouvez obſerver dans les peintures de Michel-Ange de Caravage de quelle ſorte il l'a repreſentée. Vous verrez encore la difference qu'il y a entre ceux qui l'ont imité, & les autres Peintres qui ſe ſont laiſſé emporter à leur propre Genie.

Comme mon intention a toujours eſté de vous parler des plus excellens Peintres preferablement aux autres, je ne me ſuis point attaché à vous nommer exactement tous ceux qui ont travaillé en Italie, & ailleurs, bien que le grand nombre de tableaux qu'ils ont faits rende le nom de quelques-uns aſſez connu. Ce n'eſt pas que je ne l'aye fait quelquefois, com-

198　Entretiens sur les Vies

me vous sçavez, mais ç'a esté sans aucune recherche particuliere; taschant plustost d'abreger mon discours, en ne parlant que des plus habiles hommes, & des choses necessaires à sçavoir dans cet art, qu'à m'arrester à quantité d'ouvriers qui ne meritent pas de tenir rang entre les plus considerables. C'est pourquoy si j'en nomme encore quelques-uns, c'est seulement pour vous marquer en passant quelle a a esté leur maniere, & vous faire connoistre que ce sont bien souvent les tableaux de ces hommes moins celebres, que quelques particuliers baptisent des noms les plus fameux, & font passer pour les originaux des plus grands maistres, selon qu'ils approchent de la maniere de quelqu'un d'eux. Il y a mesme de ces Peintres ordinaires qui ont eu le bon-heur d'estre employez à faire de grands tableaux.

Lorenzino. LORENZINO DE BOLOGNE peignit sous le Pontificat de Gregoire XIII. deux histoires à fraisque dans la Chapelle Pauline au Vatican en concurrence de Frederic Zucchero.

Livio Agresti. Marc de Sienne. Entres les Eleves de Perrin del Vague, LIVIO AGRESTI de Forli, se rendit assez remarquable. MARC DE SIENNE acheva de se former sous Daniel de Volterre. Il travailla beaucoup à Rome & à Naples, où il leva plusieurs

ET LES OUVRAGES DES PEINTRES. 199

plans de baſtimens, & compoſa un livre d'Architecture.

PELLEGRIN DE BOLOGNE peignit auſſi fous Daniel de Volterre. Il s'appliqua particulierement à l'Architecture; Et comme il alla à Milan, & qu'il ſe fut attaché au ſervice du Cardinal Boromée, il baſtit le Palais de la Sapience; & en ſuite il fut choiſi pour eſtre l'Architecte de l'Egliſe Cathedrale. *Pellegrin de Bologne.*

Daniel de Volterre eut encore pour Eleve GIACOMO ROCCA Romain; Il taſchoit d'imiter la maniere de ſon maiſtre, mais il ſe ſervoit de ſes deſſeins autant qu'il pouvoit. *Giacomo Rocca.*

Si vous me demandez maintenant quel rang doivent tenir ces derniers Peintres que je viens de nommer; je vous répondray ingenument que je les mets avec quantité d'autres qui n'ont rien fait d'extraordinaire, & dont j'ay eu ſi peu de curioſité de voir les tableaux, que je ne puis pas vous dire en quoy ils ont excellé. En effet ſoit que l'on veuille faire une étude particuliere de la Peinture, ſoit que l'on ſe contente de connoiſtre ſeulement ce qu'il y a de plus beau & de plus parfait dans cet art, il ſuffit de voir ce que les plus grands hommes ont fait, ſans s'arreſter aux ouvrages de quantité d'autres qui ont travaillé ſous eux. Je me suis quelquefois rencontré parmy des personnes qui vouloient faire admirer des tableaux qui portoient le nom de quelques disciples des plus fameux Peintres. Cependant il falloit souvent que ces Curieux employassent toute leur Rethorique pour faire entendre ce que le Peintre avoit voulu representer; Parce qu'on ne voyoit rien que d'embroüillé dans l'ordonnance; qu'il n'y avoit pas une figure qui parust en sa place; que toutes les parties estoient en desordre; & que les couleurs qui doivent aider à détacher les corps, & à les démesler les uns des autres, ne servoient qu'à les confondre & à les embarasser.

Cependant voila quels sont plusieurs ouvrages que l'on expose dans les Cabinets, & ausquels on donne un nom illustre sous pretexte qu'ils sont peints sur un fond de bois bien ancien, ou sur une toile extremement vieille. Il n'est pas besoin de vous en dire davantage, dis-je à Pymandre en avançant quelques pas dans la Gallerie; Peut-estre mesme que ces reflexions vous deviendroient ennuyeuses. C'est pourquoy nous pouvons en faire d'autres, qui, sans doute, vous seront plus agreables, puisque les tableaux que voicy nous en peuvent fournir de sujet.

Bien

Bien loin, repartit Pymandre, d'eſtre importuné de ce que vous remarquez de ces Peintres peu connus, & des ouvrages ſi pleins de deffauts qui ont cours parmy le monde, l'on prend plaiſir de voir cette oppoſition que vous faites entre les bons & les mauvais tableaux; parce qu'il me ſemble que l'on ne doit rien ſouhaitter davantage que de bien comprendre les differences qui ſe trouvent entre tant d'ouvriers.

Elles ſont infinies, luy repartis-je, car il y en a, non ſeulement entre les ſçavans Peintres & les Peintres mediocres, mais meſme entre les plus celebres. Quoy qu'ils approchent le plus d'un meſme but, qui eſt la perfection, ils ne laiſſent pas d'eſtre fort differens les uns des autres, ainſi que je vous l'ay dit déja peut-eſtre trop de fois.

Mais comme la Nature eſt variée en cent façons; que chacun la regarde encore en cent differentes manieres; qu'il n'y a point d'ouvrier qui n'ait ſon gouſt particulier, & de plus que tous les copiſtes ne ſont pas d'une égale force, il ne faut pas s'étonner ſi toutes leurs productions ſont ſi differentes. Nous parlaſmes hier des couleurs, des jours & des ombres. Conſiderez, je vous prie, de quelle ſorte ces

C c

parties sont traitées differemment dans les tableaux du Titien, & dans ceux de Michel-Ange de Caravage. Voila devant nous ceux du Titien dont je vous parlois, & que l'on estime des plus beaux qu'il ait faits; Et voila un peu plus bas un des plus achevez qui soit sorty des mains du Caravage dans lequel il a representé le trespas de la Vierge.

On ne peut pas dire que ce tableau ne soit peint avec une admirable conduite d'ombres & de lumieres; qu'il n'y ait une rondeur & une force merveilleuse dans toutes les parties qui le composent. Cependant je vous laisse à juger des tableaux de ces deux Maistres.

Je voy bien, dit Pymandre, qu'il y a quelque chose de plus agreable dans ceux du Titien que dans celuy du Caravage, où je ne trouve ny beauté, ny grace dans les figures.

Il n'y a rien, repartis-je, qu'un Peintre doive tant rechercher, que de rendre ses ouvrages agreables. Mais c'est ce que le Caravage n'a jamais fait. Considerez, s'il vous plaist, quel a esté son talent. Il a peint avec une entente de couleurs & de lumieres aussi sçavante qu'aucun Peintre. Vous pouvez remarquer une verité dans les figures & les autres choses qui les accompagnent; & l'on peut dire que la Nature ne peut mieux estre copiée que dans tout ce qu'il a peint. Mais il ne s'est jamais formé aucunes idées de luy-mesme; il s'est rendu esclave de cette Nature, & non pas imitateur des belles choses. Il n'a representé que ce qui luy a paru devant les yeux, & s'est conduit avec si peu de jugement, qu'il n'a ny choisi le beau, ny fuy ce qu'il a veu de laid. Il a peint également l'un & l'autre. Et comme on rencontre rarement de beaux objets, & qu'on en rencontre souvent de difformes, il a aussi presque toujours representé ce qui est de plus laid & de moins agreable. Ce tableau vous peut faire juger de ce que je dis. Il l'avoit fait pour mettre dans l'Eglise de *la Madona della Scala in Transtevere*. Mais quelque estime qu'on eust pour les ouvrages de ce Peintre, on ne peut l'y souffrir. Le corps de la Vierge disposé avec si peu de bien-seance, & qui paroist celuy d'une femme noyée, ne sembla pas assez noble pour representer celuy de la Mere de Dieu. On l'osta de la place où il estoit, & le Duc de Mantouë l'ayant acheté, il a depuis passé en Angleterre, d'où il a esté apporté icy.

Ce n'est pas seulement dans ce sujet, mais encore dans toutes les autres histoires qu'il a traitées, qu'il n'a pensé ny à la noblesse, ny à la grandeur dont il devoit les accompagner. Il s'eſt contenté de mettre enſemble des figures Et quelque grande & noble que fuſt l'action qu'il vouloit peindre, il ne ſe ſervoit, pour figurer des Heros ou de grands Perſonnages que de faquins & de miſerables mal faits, tels qu'il les rencontroit, ſans pouvoir ſe détacher de la Nature pour la corriger; ſoit qu'il ne peuſt, ou ne ſe ſouciaſt pas de faire ny de beaux airs de teſte, ny de belles expreſſions, ny de riches draperies, ny des accommodemens neceſſaires à ce qu'il vouloit repreſenter. Il ne regardoit pas à la beauté des jours qui devoient répandre une lumiere agreable dans tout ſon ouvrage. Mais il choiſiſſoit des lieux enfermez pour avoir des lumieres fortes, qui puſſent ſervir à donner plus facilement du relief aux corps qui en ſeroient éclairez. Cependant admirez, s'il vous plaiſt le caprice de la Fortune. Le Caravage a eu ſes ſectateurs. Manfrede & le Valentin, de qui vous pouvez auſſi voir icy des tableaux, ont ſuivy ſa maniere. Je ne ſçay s'il vous ſouvient d'un Amour que nous avons veu au Palais Juſtinian qu'on regardoit comme un chefd'œuvre du Caravage, & qu'on eſtimoit à des ſommes immenſes.

Il m'en ſouvient à preſent, dit Pymandre,

& que mesme M. Poussin nous en parloit un jour avec grand mépris.

M. Poussin, luy repartis-je, ne pouvoit rien souffrir du Caravage, & disoit qu'il estoit venu au monde pour destruire la Peinture. Mais il ne faut pas s'estonner de l'aversion qu'il avoit pour luy. Car si le Poussin cherchoit la noblesse dans ses sujets, le Caravage se laissoit emporter à la verité du naturel tel qu'il le voyoit. Ainsi ils estoient bien opposez l'un à l'autre. Cependant si l'on considere en particulier ce qui dépend de l'art de peindre, & ce qui regarde le jugement & l'esprit du Peintre, on verra que pour ce qui est de l'art, Michel-Ange de Caravage l'avoit tout entier; j'entens l'art d'imiter ce qu'il avoit devant les yeux. En voyant le portrait qu'il a fait du Grand-Maistre de Malthe qui est dans le Cabinet du Roy, vous avoüerez qu'on ne peut jamais rien faire de plus beau, parce que comme il n'avoit à faire qu'un portrait, il a imité si parfaitement la Nature, qu'il n'a rien laissé à y desirer.

Mais cette partie de bien peindre les corps tels qu'on les voit, n'est pas ce qui fait entierement les grands Peintres: Il y en a encore d'autres qui la doivent accompagner, & que l'on admire bien davantage. Venez, je vous prie, considerer les tableaux du Guide. Ce Peintre comme vous sçavez estoit Eleve des Caraches; n'ayant pû les égaler en beaucoup de choses, il y en a dans lesquelles il les a surpassez, ayant possedé des talens, qui l'ont rendu tres-recommendable. Il n'a pas donné à ses figures cette verité, cette force, & cette rondeur qui paroist dans celles du Caravage. Mais cette noblesse, ces airs de teste si beaux, & ces accommodemens de femmes si gracieux, qu'on voit dans ses ouvrages, luy ont donné un rang bien au dessus du Caravage; & tel que l'ont eu le Dominiquin, l'Albane, & plusieurs autres Eleves des Caraches, dont vous pouvez considerer icy les plus beaux tableaux.

Alors je cessay de parler, & aprés avoir esté quelque temps attaché à regarder les tableaux de ces differens maistres, je dis à Pymandre: Vous pouvez observer icy ce que nous avons dit jusqu'à present des principales parties de la Peinture, tant pour ce qui regarde la grandeur des ordonnances, la force du dessein, la beauté du coloris, & la noblesse des expressions, que pour les autres choses dont nous nous sommes déja entretenus. Ne nous contentons pas d'admirer dans Raphaël l'expres-

ET LES OUVRAGES DES PEINTRES. 207

sion de ses belles idées. Voyons encore dans les autres Peintres qui sont venus depuis luy, de quelle sorte ils ont mis leurs pensées au jour. Bien que les tableaux qui ornent la voute de cette Gallerie ne soient que les copies de ceux qui sont à Rome au Palais Farnese, ils ne laisseront pas de nous servir d'exemple. Car les originaux estant à fraisque, & ne pouvant estre transportez, on doit en estimer beaucoup les copies, lors qu'elles sont aussi belles que celles-cy.

Quand vous parlez d'expressions, interrompit Pymandre, n'entendez-vous pas les passions de l'ame qui paroissent sur le visage, & que le Peintre represente selon la nature du sujet qu'il traite.

Le mot d'expression en general, repartis-je, se doit prendre dans la Peinture, aussi bien qu'en toute autre chose pour la veritable & naturelle representation de ce que l'on veut faire voir & donner à connoistre. Ainsi l'expression s'estend à traiter une histoire dans toutes les circonstances qu'elle demande pour instruire ; à representer un corps avec toutes ses parties dans l'action qui luy est convenable ; à faire voir sur le visage les passions necessaires aux figures que l'on peint. Et comme c'est sur le visage que l'on connoist mieux les affections de l'ame, on se sert ordinairement du mot d'expression pour signifier les passions que l'on veut exprimer.

Ce sont, dit Pymandre, ces differentes images de nos passions qui sont difficiles à bien representer, & en quoy tous les Peintres n'ont pas également reüssi.

Raphaël, répondis-je, a esté sans doute un des plus sçavans dans cette partie. Car la pluspart des Peintres qui l'ont suivy, n'ont fait que le copier, & ne sont pas entrez comme luy dans la connoissance qu'ils devroient avoir de la nature des passions & de leurs effets. Pour les bien peindre, il faut qu'un Peintre non seulement ait exactement observé les marques qu'elles impriment au dehors, mais qu'il sçache ce qui les fait naistre dans le cœur de l'homme, & de quelle sorte ceux qui se rencontrent à quelque spectacle sont differemment touchez de ce qu'ils voyent. Tout le monde ne ressent pas en mesme temps de semblables passions. Un mesme sujet en cause, qui sont bien differentes entre elles; puisque nous voyons que si un homme de bien est recompensé de ses belles actions, les honnestes gens en reçoivent du plaisir, & les méchans en ont

ET LES OUVRAGES DES PEINTRES. 209
de la jalousie. Ainsi l'on peut observer en mesme temps sur le visage des uns & des autres des changemens tout à fait contraires & opposez.

Afin donc que le Peintre sçache exprimer dans ses ouvrages ces diverses passions, il faut qu'il les connoisse dans leur source pour en mieux connoistre encore les differens effets.

DES PASSIONS.

Le premier effet de l'Amour, dit alors Pymandre, qui est une des principales passions de l'ame, estant un desir de posseder la chose que l'on aime, je m'imagine que ce sentiment qui se fait seulement dans l'esprit, est assez difficile à bien representer dans un tableau.

DE L'AMOUR.

Je ne vous parleray pas, repris-je, de l'art & de l'industrie dont un excellent Peintre se sert pour former des traits, & coucher des couleurs qui expriment parfaitement les passions de l'ame, c'est un secret que ceux mesme qui le possedent auroient bien de la peine à apprendre aux autres. Et quoy que Raphaël ne cachast rien à ses disciples de tout ce qu'il sçavoit, on ne voit pas qu'ils ayent comme luy donné à leurs figures les belles expressions qui rendent les siennes si considerables. Parce que cela dépend de la force de l'imagination de celuy qui peint, & que ce qu'on en pouvoit communiquer dé-

D d

pend encore tellement de la pratique, qu'il faut estre un tres-sçavant Peintre pour en faire des demonstrations avec le crayon ou avec le pinceau ; & aussi estre bon desseignateur pour profiter des leçons qu'on auroit receuës. Ainsi nous ne devons pas entrer dans une connoissance reservée aux maistres de l'art, & qui ne s'apprend point par le seul discours. Mais nous pouvons bien dire sur le sujet des Passions, ce qui regarde la Theorie, j'entens de quelle maniere elles naissent dans l'ame ; leurs differens effets ; ce que tous les Peintres y doivent remarquer : Et en les développant, les exposer tellement en veuë, qu'on les puisse bien considerer, & en faire des peintures qui leur ressemblent.

Me renfermant donc dans la seule connoissance qu'on peut donner de la nature des Passions, je vous diray pour répondre à ce que vous demandez que ce desir qui nous travaille dans l'ame pour nous joindre à ce que nous aimons, ou nous en rendre possesseurs, est comme vous dites, assez mal-aisé à bien representer. Il faut pour cela qu'un Peintre observe l'estat où une personne se trouve quand elle est possedée de cette passion.

Comme l'esprit qui est fortement occupé dans la recherche de ce qu'il aime, ou à la contemplation de l'objet qui le charme, n'a point d'autre pensée qui l'attache, il arrive que l'ame estant plus unie avec ce qu'elle aime qu'avec son propre corps, elle se fait aussi paroistre plus presente dans l'objet qu'elle cherit s'il est proche d'elle, ou bien il semble qu'elle soit absente & hors de son propre corps, lors qu'elle se trouve éloignée de ce qu'elle aime. De sorte que c'est le devoir d'un Peintre de faire connoistre ces deux differens estats par des expressions differentes. S'il vouloit par exemple figurer ce dernier estat d'un amant, & faire paroistre un corps comme abandonné de son ame, il representeroit une personne dans un extase & dans un abbatement qui le rendroit comme immobile & sans vie.

Pour le premier estat dont nous avons parlé, il se peut exprimer par des langueurs & par des ravissemens que l'on voit dans ceux qui aiment fortement lors qu'ils joüissent de la presence de la chose qu'ils aiment, ce que le Carache a bien imité dans cette Gallerie.

Ayant dit cela, je fis considerer à Pymandre un tableau, où Jupiter est representé avec Junon, dans lequel soit que l'on regarde l'action & la contenance de ce Dieu, soit que l'on considere l'emotion de son visage & de ses yeux languissans, l'on voit les marques d'une passion tres-violente.

On pourroit bien encore, luy dis-je, faire la mesme observation dans un tableau où le Titien a peint Venus & Adonis. Mais je vous diray que ce qui demande une estude tres-exacte est la connoissance des divers mouvemens dont l'esprit d'un Amant est agité pendant que sa passion dure. Car elle imprime sur son corps des marques differentes, selon les differents transports où il se trouve. Tantost la joye éclate sur son visage, & tantost ce mesme visage paroist pasle & mourant quand la joye fait place à la tristesse. Souvent on voit des larmes qui coulent des yeux des Amans infortunez. Quelquefois ces mesmes Amans paroissent tout de feu, & d'autres fois ils sont tout de glace. Tantost ils font des plaintes, & incontinent aprés ils sont muets & insensibles.

Ces differens changemens, interrompit Pymandre, arrivent selon que l'ame se trouve agitée entre la crainte & l'esperance, & c'est ce qui fait qu'elle donne des marques de joye ou de douleur. Lorsque le Tasse dépeint Tancrede amoureux de cette belle inconnuë qu'il avoit rencontrée auprés d'une fontaine, il fait assez bien voir de quelle sorte paroist un hom-

Jerusalem liber. c. 1. stanz. 49.

me nouvellement enflamé.

Ceux qui connoiſtront bien les effets de l'a- LA HAINE. mour, repris-je, ne pouront pas long-temps ignorer quels ſont les effets de la haine.

Pour les bien comprendre, repliqua Pymandre, il n'y a qu'à chercher les cauſes de l'une & de l'autre, & conſiderer, que comme l'amour vient du ſentiment du bien qu'il a pour l'objet qu'il deſire & qu'il cherche, auſſi la haine naiſt du ſentiment du mal qu'elle regarde & qu'elle fuit.

Il eſt vray, repartis-je, mais il y a des haines bien plus fortes les unes que les autres. Il s'en trouve qui ne ſont que des anthipaties naturelles, & des averſions que l'on a pour certaines choſes ; mais il y en a qui ſont furieuſes, & enragées, & qui durent juſqu'aprés la mort.

Comme ces fortes haines, dit Pymandre, ne s'enracinent d'ordinaire que dans des corps dominez par une abondance de bile, il eſt aiſé, ce me ſemble, à un Peintre qui veut repreſenter quelqu'un poſſedé de cette malheureuſe paſſion, de luy donner les marques qu'elle porte avec elle. Les perſonnes genereuſes & hardies, ne ſont pas ſujettes à ce tourment comme les poltronnes & les lâches, qui craignant toutes choſes conçoivent aiſément de la haine

D d iij

contre ceux qu'elles pensent leur pouvoir nuire, mais ceux qui sont sujets à ces fortes haines ont d'ordinaire quelque marque de cruauté sur le visage.

Comme les objets de l'amour & de la haine, interrompis-je, peuvent estre representez à l'ame en deux manieres, ou par les sens exterieurs, ou par les sens interieurs ; & que ceux dont jugent les sens interieurs, sont nommez bons ou mauvais ; & ceux dont la connoissance dépend des exterieurs sont appellez beaux ou laids, il y en a qui ont creu que l'on pouvoit considerer deux sortes d'amour & deux sortes de haines. L'une qui a pour objet le beau & le laid, l'autre qui regarde le bien & le mal. Et afin de ne les confondre pas ils ont donné à la premiere sorte d'amour & de haine qui a pour objet le beau & le laid le nom d'Agrément & d'Horreur, pour marquer par ces deux noms differens l'estime que l'on fait des beaux objets, & l'aversion que l'on a pour les choses laides. Et comme ces deux sortes de passions regardent les sens exterieurs, plus que ne font les deux autres, elles impriment aussi des marques plus sensibles sur le visage des personnes qui en sont touchées, principalement lors qu'elles sont surprises par la rencontre d'un objet ou agreable, ou fascheux.

De l'Agrément, et de l'Horreur.

Je ne crois pas qu'on puiſſe mieux repreſenter l'eſtat auquel on ſe trouve dans cette occaſion, que M. Pouſſin l'a fait dans un païſage qu'il peignit autrefois pour le ſieur Pointel ſon amy. On y voit un homme, qui voulant s'approcher d'une fontaine, demeure tout effrayé en appercevant un corps mort environné d'un ſerpent : Et plus loin une femme aſſiſe & toute épouventée, voyant avec quelle frayeur cet homme s'enfuit. On découvre dans la contenance de l'homme, & ſur les traits de ſon viſage non ſeulement l'horreur qu'il a de voir ce corps mort eſtendu ſur le bord de la fontaine, mais auſſi la crainte qui l'a ſaiſi à la rencontre de cet affreux ſerpent dont il apprehende un ſemblable traitement. Or quand la crainte du mal ſe joint à l'averſion qu'on a pour un objet deſagreable, il eſt certain que l'expreſſion en eſt bien plus forte. Car les ſourcils s'élevent, les yeux & la bouche s'ouvrent plus grands, comme pour chercher un aſile, & demander du ſecours. Les cheveux ſe dreſſent à la teſte, le ſang ſe retire du viſage, le laiſſe paſle & deffait, & tous les membres deviennent ſi impuiſſans qu'on a peine à parler & à courir : Ce que l'on voit parfaitement bien repreſenté dans ce tableau.

L'ADMI-BATION.

Il y a une autre sorte de passion qui n'est point cet agrément que l'on trouve dans les belles choses, ny l'aversion que l'on a pour les laides. C'est l'Admiration, qui semble estre une haute estime que l'on conçoit tant pour les bonnes choses que pour les belles. Elle regarde aussi les prodiges, les miracles, & les grandes actions. Ainsi nous admirons la bonté d'une personne, sa beauté, sa generosité & sa valeur. Le Tasse & l'Arioste voulant representer un homme dans l'admiration, le font paroistre comme immobile, haussant le front & le sourcil, sans serrer les levres ny fermer les yeux.

Je ne sçay s'il vous souvient du tableau que M. Poussin a fait icy au Noviciat des Jesuites. On ne peut rien voir de plus beau que les expressions de joye & d'admiration qui s'y rencontrent. Le sujet de cet ouvrage est une femme que saint François Xavier ressuscite dans le Japon. Il y a des hommes & des femmes, qui voyant ce corps ranimé par les prieres du Saint, passent tout d'un coup de la tristesse à la joye, & du desespoir à l'admiration. Outre qu'on voit dans cet ovurage les passions admirablement peintes, on y remarque encore des airs de teste tout à fait differens & extraordinaires.
Mais,

ET LES OUVRAGES DES PEINTRES. 217

Mais, dis-je à Pymandre, en luy faisant regarder ce beau Tableau, où Raphaël à representé toute la famille du petit Jesus, peut on trouver un sujet, où ces diverses expressions d'amour, de joye, d'agrement, & d'admiration soient plus sçavamment exprimées, que dans cét ouvrage incomparable? Considerez bien ces differents visages, & vous y remarquerez tous ces mouvements de l'ame, parfaitement bien representez.

Aprés avoir esté quelque-temps à examiner toutes les parties de ce Tableau, je repris ainsi mon discours. Je vous diray que le Desir & la Fuite, sont deux passions, dont les effets sont presque semblables à ceux que l'amour & la haine produisent, si ce n'est que ceux du desir & de la fuite, sont moins violens que ceux de la haine & de l'amour. Neanmoins comme les uns & les autres ont pour objet le bien & le mal, il est aisé pour peu qu'on y prenne garde de connoistre les differences que l'on y doit observer.

Du desir et de la fuite.

Alors estant demeuré quelque-temps sans parler, Pymandre qui crût que je ne voulois pas m'étendre davantage sur cette matiere, me dit aussi-tost, puisque nous sommes tombez sur le discours des passions, ne vous lassez point

E e

je vous prie, de raporter tout ce que vous y avez remarqué.

C'eſt en effet, luy repartis-je, une partie ſi neceſſaire, & ſi conſiderable dans la Peinture, que je ne croy pas qu'on puiſſe rien dire de plus important, & qui vous donne plus de plaiſir, lors que vous verrez quelques Tableaux, où les paſſions ſeront bien repreſentées.

<small>Du plaisir et de la joye.</small> Le plaiſir même que j'en reçois déja, dit Pymandre, n'eſt il pas une paſſion dont il faut que vous parliez. Oüy ſans doute, luy repliquay-je, s'il eſt vray que le plaiſir ſe forme dans l'ame par la preſence des objets, qui nous donnent de la joye. C'eſt de cette joye qui fait eſpanoüir le cœur, comme une fleur qui eſcloſt, que ſe forme le ris, qui n'eſt que l'effet & une aparence exterieure de la paſſion interieure.

Mais, interrompit Pymandre, le ris vient auſſi quelquefois d'une émotion corporelle, & non pas de la joye; comme celuy qui procede du chatoüillement des aiſſelles, dont l'on a veu autrefois des Gladiateurs mourir en riant, à cauſe qu'ils avoient eſté bleſſez ſous le bras.

Je penſe, répartis-je, que cette ſorte de ris n'eſt pas fort agreable; & comme il eſt ſeulement cauſé par quelque nerf, ou par quelque muſcle offenſé, je ne crois pas qu'il faſſe ſur le visage un effet semblable à celuy qui vient de la joye. Toutefois comme je n'ay jamais fait cette observation, je ne vous en diray rien: Je me contenteray de remarquer que quand le ris est un effet du plaisir que nostre cœur ressent, il vient d'une soudaine émotion de nostre ame, qui voulant exprimer sa joye excite une grande abondance de sang chaud, & multiplie les esprits qui agitent les muscles qui sont à l'entour du cœur, lesquels se communiquant à ceux qui sont attachez aux deux costez de la bouche, les font soulever, & contraignent en même-temps les levres de s'ouvrir avec un changement de toute la forme du visage. De sorte que vous pouvez juger qu'un Peintre excellent doit bien connoistre ces diverses causes pour les mieux observer sur le naturel, & pour en faire voir tous les effets dans les Figures qu'il represente. Car par ce moyen il mettra de la difference, non seulement entre le pleurer & le rire, que les ignorans ne sçavent pas trop bien distinguer, mais encore entre les fortes joyes & les moindres.

Ce n'est pas encore assez d'exprimer le ris sur le visage quand le sujet le demande, il faut sçavoir donner les mouvemens de la joye selon l'action que l'on represente, conformement à l'âge & à la condition des personnes que l'on peint. Comme ce sont les choses nouvelles qui excitent la joye dans le cœur, les personnes âgées qui se trouveront à un spectacle en seront beaucoup moins touchées que les jeunes gens, dont la complexion est plus susceptible de cette passion, n'estant pas accoustumez à toutes sortes de nouveautez.

Il y a encore une chose à remarquer, c'est qu'à la veuë des spectacles, les hommes graves & de qualité s'empéchent mieux de rire que le vulgaire, parce que les hommes sages & un peu âgez, sont d'ordinaire attachez à de profondes meditations. Ainsi à cause de leurs pensées plus serieuses, & aussi à cause de leur temperament qui est souvent melancolique, ils ne s'arrestent pas à des choses legeres comme fait le peuple & les enfans. De sorte que dans l'ordonnance d'un Tableau, le Peintre doit distribuer les mouvemens de ses figures avec bienseance ; Faisant voir quel est le vray caractere de la passion qu'il represente, & jusqu'où chacun la doit posseder, en donnant comme nous avons dit des marques conformes au naturel, à l'âge & à la condition de ceux qu'on veut representer.

Ainsi, interrompit Pymandre en souriant, il y a donc des ris de condition.

ET LES OUVRAGES DES PEINTRES. 221

Aſſeurément, repartis-je, & ſi vous avez jamais conſideré de quelle maniere un Païſan exprime ſa joye, je m'aſſure que ſa façon de le faire a eſté capable de vous faire rire vous même, mais d'une maniere differente. Et c'eſt auſſi une marque du jugement du Peintre, & un effet de l'Art, de ne repreſenter pas ſeulement le ris, mais de faire encore que ceux que l'on peint riants, faſſent ſi bien connoiſtre le ſujet de leur joye, qu'ils obligent ceux qui les regardent de faire la même choſe. Voyez, je vous prie, dans ce grand Tableau du Triomphe de Bachus, comme le Carache a donné differens caracteres de joye à toutes ces figures, mais cependant tous conformes à ſon ſujet. Le Dominiquin n'eſt pas loüé d'avoir repreſenté dans une hiſtoire auſſi ſerieuſe, qu'eſt celle du martyre de S. André; un incident qui luy donne occaſion de peindre des boureaux, qui rient & qui font des actions indignes de l'action qu'il a figurée. Les expreſſions de raillerie, ne conviennent pas à des ſujets qui doivent exciter une grande horreur, ou une extreme pitié.

Comme je ceſſois de parler, nous nous rencontraſmes à l'endroit de la Gallerie, où eſt un Tableau du Carache, dans lequel on voit Andromede attachée à un rocher.

E e iij

Pymandre ayant jetté les yeux deſſus, & me faiſant remarquer les expreſſions de douleur & de triſteſſe qu'on y voit: Que vous ſemble, me dit-il, de la douleur, trouvez vous qu'elle ſoit plus difficile à bien repreſenter que l'amour & la joye?

Afin de bien exprimer la douleur, repartis-je, il faut la bien connoître. Pour cela il me ſemble, que puis qu'elle eſt un tourment de l'eſprit & du corps, on doit la ſeparer en deux branches, & luy donner deux noms differents. Car lors que cette paſſion afflige le corps, on peut proprement l'appeller Douleur; Et lors qu'elle tourmente l'eſprit, ſon vray nom eſt Triſteſſe. Ces deux qualitez ſont differentes l'une de l'autre, en ce que la douleur corporelle paroiſt, avec une alteration plus viſible, & des actions plus fortes dans les perſonnes qui ſouffrent. C'eſt ce que l'on peut remarquer dans les criminels qu'on châtie, où dans des gens bleſſez; au lieu que la douleur de l'eſprit n'eſt pas toujours accompagnée des agitations & des mouvemens du corps.

De la douleur, et de la tristesse.

Je ne ſçay ſi vous vous ſouvenez d'un Tableau dont l'antiquité a fait tant d'eſtat pour les belles expreſſions que l'on y voyoit. Ariſtide Peintre celebre, & dont nous avons autrefois parlé, avoit peint la prife d'une Ville, où entr'autres Figures, il fit paroiftre une femme mourante des bleffures dont elle eftoit couverte. Elle tenoit entre fes bras un petit enfant, qui voulant teter s'attachoit des mains à une playe qu'elle avoit à la mamelle; Ce qui fembloit eftre caufe que cette femme expirante en reffentoit un furcroift de douleur, & témoignoit encore dans le miferable eftat où elle eftoit, la peur qu'elle avoit que fon enfant ne trouvant plus de lait dans fon fein, n'en tiraft du fang au lieu de nourriture.

Vous parlez, dit Pymandre, d'un Tableau qui fut en fi grande reputation, qu'Alexandre le fit porter à Pelas lieu de fa naiffance.

Je vous parle, repartis-je, d'un ouvrage qui me femble affez propre à noftre fujet. Car les expreffions m'en paroiffent fi belles & fi bien dépeintes par ceux qui en ont écrit, que j'ay creu mettre une belle image dans voftre efprit, en vous faifant fouvenir de cette Peinture.

Les anciens, repliqua Pymandre, n'ont ils pas auffi fait grande eftime d'un Tableau où Thimanthe reprefenta l'eftat d'un Pere affligé.

Le Tableau dont vous parlez, répondis-je, eftoit different de l'autre, en ce que celuy d'Ariftide faifoit voir beaucoup de cette paffion que nous appelons douleur, & celuy de Thimanthe exprimoit cette autre paſſion que nous nommons triſteſſe.

Or comme la triſteſſe, qui eſt donc la douleur de l'eſprit, peut naiſtre des objets paſſez, des preſens & de ceux que l'on croit devoir arriver, il faut que le Peintre prenne garde à repreſenter dans ſon ouvrage les choſes qui doivent marquer ces trois temps. Cela ſe peut faire en faiſant ſeulement voir la triſteſſe ſur le viſage des perſonnes qui en doivent eſtre touchées. Par exemple ſi on repreſente Ariadne ſur le bord de la mer, lors que Bachus la trouve triſte & abatuë, à cauſe de l'infidelité de celuy qui l'a laiſſée, il n'y aura que cette Princeſſe qui paroîtra affligée, parce que le ſujet de ſon déplaiſir n'eſt pas preſent ny connu, & qu'il n'y a qu'elle qui le ſçache. Car pourquoy Bachus & ceux de ſa ſuite qui la rencontrent, reſſentiroient ils quelque douleur, puis qu'ils ne connoiſſent point encore cette femme affligée, & ne voyent point quelle eſt la cauſe de ſon déplaiſir.

Celuy qui repreſenta Melagre que l'on portoit au Tombeau, mit fort à propos la triſteſſe ſur le viſage de ceux qui rendoient à ce mort les derniers devoirs, parce que le ſujet eſtoit preſent. Que ſi un Peintre veut faire paroître roistre dans ses figures une tristesse causée par l'attente de quelque chose de facheux : alors il faut qu'il considere quels personnages en doivent estre les plus touchés. Car si c'est un malheur connu de tout le monde, comme celuy qui menace Andromede attachée à un rocher, la douleur doit paroistre non seulement sur le visage de cette infortunée Princesse, mais encore sur celuy de son pere, de sa mere, & de tous ceux qui sont presens, & qui voyent le danger où elle est exposée, comme le Carache a fait dans ce Tableau.

Mais si on representoit une personne dans l'attente d'une mauvaise nouvelle, ou de quelque accident funeste; sans doute la tristesse ne devroit paroistre que dans cette seule personne: Parce que tous ceux qui sont auprés d'elle ne peuvent pas sçavoir ses aprehensions, & quand ils les sçauroient, ils n'en doivent pas paroistre si fort affligez, à cause que d'ordinaire nous ne sommes touchez de compassion, que quand nous voyons une personne estre effectivement dans la peine & dans le malheur. Mais nous n'allons pas toujours avec elle au devant du mal, nous attendons qu'il soit arrivé pour prendre part à son affliction. Et je m'imagine que quand la femme de Cesar troublée par le

F f

songe qui luy pronostiqua la mort de son mary, fit ses efforts pour l'empécher d'aller au Senat, elle estoit seule alors en qui l'on vist des marques de tristesse & de crainte.

Or comme la tristesse cause de facheux effets, il faut considerer de quelle sorte elle agit sur l'esprit, pour mieux connoistre les impressions qu'elle fait sur le corps. Premierement si cette douleur est excessive, elle abat l'esprit & semble l'interdire de ses fonctions ordinaires: ensorte que si vous representez une personne dans une profonde tristesse; il faut qu'elle paroisse accablée, & comme incapable de faire aucune action.

Mais, interrompit Pymandre, il arrive souvent que quand il nous reste quelque esperance de pouvoir surmonter les causes de nostre déplaisir, alors cette esperance peut servir à fortifier nostre esprit & enflâmer nostre courage.

En ce cas, repris-je, le Peintre doit donner quelque vigueur à ses figures; mais il faut aussi que l'esperance ou le desespoir ayent lieu de se rencontrer avec la douleur, & alors elles servent à faire agir, & à reveiller la tristesse, qui de son naturel est lente & assoupie.

Ainsi quand Raphaël a representé le martyre des Innocens il a fait voir des femmes dans ces

ET LES OUVRAGES DES PEINTRES. 227
eſtats d'une douleur & d'une triſteſſe extreme. Celles qui tiennent leurs enfans encore vivans, tachent de fuir, & de ſe ſauver : Et celles qui les voyent maſſacrez, s'abandonnent à la douleur, ou n'ont de force que pour montrer des effets de leur deſeſpoir, en s'arrachant les cheveux, & ſe jettant ſur les corps de ces pauvres innocens.

Mais lors que nous ſommes éloignez de l'objet qui cauſe noſtre affliction, & qu'il ne nous reſte nulle ſorte d'eſperance, nous demeurons comme ſtupides, & nous nous donnons en proye à nos maux.

Il n'eſt pas beſoin de remarquer icy tous les tourmens que cette paſſion cauſe à l'eſprit, & toutes les gênes qu'elle luy fait ſouffrir ; Nous devons ſeulement conſiderer les effets qu'elle produit ſur le corps. Une des plus ordinaires marques de la Triſteſſe, eſt un abatement, & une pâleur ſur le viſage, & dans tous les membres, d'autant que c'eſt une paſſion maligne, froide & ſeche, qui eſpuiſe l'humeur radicale, & qui en eſteignant peu à peu la chaleur naturelle, pouſſe ſon venin juſques au cœur qu'elle fleſtrit, & dont elle conſomme les forces par ſa mauvaiſe influence. Il me ſouvient que l'Arioſte repreſente aſſez bien les changemens que cette paſ- *Cant. 28.*

F f ij

sion fait sur le visage, quand il parle de Joconde, & qu'aprés avoir dit les tourmens de son ame, il fait ainsi l'image de cet infortuné mary.

E la faccia, che dianzi era sì bella,
Si cangia sì, che più non sembra quella.
Par che gl'occhi si ascondan ne la testa,
Cresciuto il naso par nel viso scarno;
De la beltà si poca li ne resta,
Che ne potrà far paragone indarno.

Je ne crois pas, dit Pymandre, qu'un Peintre fist une belle Personne, s'il la peignoit telle que l'Arioste figure Joconde.

Cette Personne seroit belle, repartis-je, estant representée dans le temps de son affliction : De même que dans un sujet bien different, la vray-semblance ne se trouveroit pas, si on representoit la Magdelaine dans une fraicheur & dans un embonpoint, lors qu'elle est dans le desert à faire penitence. Et puis une personne peut encore estre belle, quoy qu'elle soit affligée ; Car il faut que la douleur ne soit mise sur son visage, que comme un voile au travers duquel on aperçoive sa beauté, lors principalement que la douleur est toute recente, & qu'elle n'a pas encore eu le temps de faire impression sur le corps, comme dans les premiers momens que la

Magdelaine se convertit. Outre cela c'est que la tristesse ne reduit pas toujours les personnes dans un estat qui defigure les traits de leur visage, & les rende méconnoissables. Quand elle est un peu moins forte nous versons des larmes, nous jettons au dehors, pour ainsi dire, une partie de nostre affliction: Et en épuisant par ce moyen l'humeur qui nous oppresse, nous nous deschargeons peu à peu du fardeau que nous avions au dedans. C'est pourquoy dans un Tableau, il faut quelquefois que ceux qui ne pleurent pas, soient plus abbatus & paroissent comme accablez de douleur. Mais pour ceux qui sont peints repandans des larmes, on peut leur donner plus d'action, parce que l'ame qui s'aide elle même, soulage le corps par ce petit secours qu'il reçoit. Ainsi dans cette Peinture que vous avez veuë à Rome dans l'Eglise de la Trinité du Mont, Daniel de Volterre a representé la Vierge au pied de la Croix accablée de tristesse, & le cœur persé d'une extreme douleur. Les autres femmes qui sont dans les pleurs, s'emploient à la secourir, parce que trouvant quelque soulagement dans leurs larmes, il leur reste assez de force pour assister la Mere du Fils de Dieu.

Or ce n'est pas assez de representer la douleur

& la tristesse dans les personnes qui ont sujet d'en estre touchées. Il faut encore imprimer sur le visage de ceux qui les voyent des marques de compassion & de misericorde. Pour cela il faut connoistre quels sont les sujets qui veulent que nous exprimions la pitié sur le visage d'une figure.

Lors qu'un Peintre represente le martyre de quelque saint, ou bien quelque accident fâcheux; il faut qu'il y ait toujours quelques-uns de ceux qui sont presens qui soient touchez de compassion, parce qu'on a pitié des personnes qui souffrent, principalement si ce sont des gens de bien qui soient injustement affligez. Comme cette passion est une douleur que nous ressentons des miseres de ceux que nous jugeons dignes d'une meilleure fortune, les marques qu'elle laisse sur le visage, approchent beaucoup de celles de la tristesse. Car la pitié est une espece de tristesse meslée d'amour, ou de bonne volonté que nous avons pour ceux qui souffrent. Et quand il arrive que nous voyons une personne dans les suplices & dans les tourmens, alors l'horreur se joint avec la pitié qui donne un ressentiment plus vif à l'ame, & la remplissant d'une certaine aprehension, retire auprés du cœur le sang & les esprits, qui semblent attirer aussi avec eux les muscles, & les tendons où ils resident ; Ce qui fait que dans une grande frayeur, le visage devient pasle, se defigure, & fait quelquefois des mouvemens horribles.

Que si l'action qui nous espouvente nous a surpris à l'impourveu, alors les yeux & la bouche sont les principales parties qui marquent de l'estonnement & de la surprise. Et comme souvent les yeux ne peuvent suporter la veuë d'un objet fâcheux, ils se detournent & regardent ailleurs. C'est ainsi qu'en peignant le jugement de Salomon, on peut representer des femmes qui tournent le visage d'un autre costé, & des enfans qui se cachent, & qui semblent crier voyant un Soldat qui se prepare pour executer l'Arrest de ce Prince. Parce qu'il est bien vray-semblable que chacun fut surpris d'un jugement si estrange, & qu'il n'y eut personne qui ne fust touché de pitié & d'horreur, de voir un enfant qu'on vouloit separer en deux. Ce que M. Poussin a exprimé avec beaucoup d'art & de science dans un Tableau qu'il a fait.

Si donc nous sommes touchez des spectacles douloureux, des suplices & des naufrages ; si nous avons pitié de la misere d'un pauvre, & des soufrances d'un malade ; nous sommes encore plus senfiblement efmus, lorfque nos proches & nos amis fe trouvent dans ces fortes de calamitez. Et c'eft en quoy il faut mettre de la difference dans les actions des figures felon les divers fujets, & faire que les enfans d'un malade & fes amis foient plus affligez que les eftrangers. Cela fe trouve obfervé dans le Tableau de Germanicus, dont vous fiftes faire une copie eftant à Rome : On y voit ces differens degrez de douleur parfaitement exprimez. La trifteffe ne paroift pas fi forte dans les jeunes enfans de ce Prince que dans fa femme. Il y a feulement fur leurs vifages des marques de cette tendreffe, dont leurs jeunes cœurs pouvoient eftre capables. Les Capitaines qui font prefens, font paroiftre leur douleur par leurs actions, & font voir à Germanicus le defir qu'ils ont de venger fa mort. Il y a d'autres Officiers & quelques Soldats qui verfent des larmes, & qui par leur contenance témoignent le defplaifir qu'ils foufrent de perdre ce Prince dans la fleur de fon âge.

Et parce, dit Pymandre, qu'on ne connoift pas toujours aifement quelle eft la douleur des femmes à la mort de leurs maris. Le Pouffin a laiffé à deviner dans fon Tableau celle d'Agripine, qui fe cache le vifage avec un mouchoir.

C'eft

C'est l'adreſſe de cet excellent Peintre, repartis-je, qui n'a pas creu pouvoir mieux exprimer une douleur exceſſive, qu'en couvrant le viſage de cette Princeſſe, à l'imitation de cet ancien Peintre que nous venons de nommer.

Il y a des infortunes, repliqua Pymandre, dont une ame eſt ſenſiblement touchée, & qui cependant ne font pas de ſi fortes impreſſions ſur le corps, que d'autres ſujets qui cauſent moins de peine. Ainſi Pſammetite Roy d'Egypte parut les larmes aux yeux, en voyant un de ſes amis dans une extreme miſere, quoy qu'avant cela il euſt veu avec une conſtance admirable conduire ſon propre fils au ſuplice. C'eſt pourquoy ne penſez vous pas qu'il eſt bien difficile qu'un Peintre imprime toujours ſur le viſage de ſes figures les veritables marques de cette pitié, puiſque la nature eſt elle même inegale dans ces rencontres.

Herod. in Thal.

La difficulté de l'expreſſion, repartis-je, ne vient pas de l'inegalité de la nature, & des divers effets qu'elle produit; Mais il eſt certain que le Peintre doit l'imiter & la ſuivre pas à pas dans ce qu'elle fait. Deſorte que dans cette rencontre que vous venez de citer, qui a eſté ſi extraordinaire, qu'elle s'eſt fait remarquer de l'antiquité. Un Peintre qui voudroit en faire

Gg

un Tableau ne devroit pas representer ce Roy les larmes aux yeux en voyant son fils, puis qu'il feroit une faute contre l'Histoire, mais il pourroit toujours imprimer sur son visage quelque signe, qui marquast l'estat de son ame affligée. Car si un spectacle si funeste & si cruel osta l'usage des pleurs à ce Pere desolé, son ame pour cela n'estoit pas sans souffrir des emotions tres picquantes, qui paroissent toujours assez par quelques marques exterieures.

Aprés avoir esté quelque-temps sans parler, j'ay continué de dire, l'Indignation est une sorte de douleur toute contraire à la compassion & à la misericorde. Car l'indignation se forme en nous quand nous voyons les méchans triompher, & obtenir des récompenses qu'ils n'ont pas meritées, ou qu'ils n'ont acquises que par des crimes. Cette passion est differente de l'Envie, en ce que l'Indignation est un juste ressentiment des gens de bien contre les méchans, & l'Envie est un mouvement qui se forme dans l'ame des hommes ambitieux & des jaloux, à cause des prosperitez qu'ils voyent arriver à leurs égaux, ou à leurs semblables. Comme cette derniere passion est une humeur chagrine, qui vient d'une melancholie noire, ses effets ressemblent beaucoup à ceux de la

[marginalia: L'INDIGNATION. L'ENVIE.]

ET LES OUVRAGES DES PEINTRES. 235

haine : Car elle rend le visage pasle, & paroist principalement dans les yeux qui s'attachent, ou à regarder avec aversion ceux qui sont dans la bonne fortune, ou à les fuir avec chagrin. Raphaël a merveilleusement bien peint cette maudite passion, quand il a representé le petit Joseph qui raconte à ses freres le songe qui luy promet tant de prosperité. On les voit tous qui le regardent avec des yeux enfoncez, le sourcil abbatu, & un certain dedain qui paroist au coin de la bouche de quelques-uns. Mais ce qu'il a particulierement observé, c'est que les plus jeunes des freres paroissent moins touchez de cette forte passion que les autres, parce qu'il est certain que les jeunes gens en sont moins susceptibles.

Il y a une autre Passion qui est differente de l'Envie, bien qu'elle rende aussi les hommes jaloux des prosperitez de leurs semblables. C'est l'Emulation ; mais comme elle ne vient d'aucune mauvaise affection, ses effets n'ont rien de ce qui paroist sur le visage des envieux. Elle se trouve d'ordinaire dans les belles ames, où elle sert comme d'éguillon à la vertu. L'EMULATION.

Alors regardant Pymandre, je crains à la fin luy dis-je, de vous ennuyer sur cette matiere des Passions, dont il me semble qu'il y a déja

Gg ij

long-temps que nous parlons, mais vous me donnez une attention si favorable que je m'y arrefte quafi autant que je trouve de remarques à y faire.

Vous auriez tort, repartit Pymandre, de laiffer quelque chofe à dire fur ce fujet. Car outre que vous me faites voir que cette partie eft comme l'ame de la Peinture, & la plus noble de toutes celles qui s'y rencontrent; C'eft qu'il me femble que cette connoiffance eft la plus convenable aux perfonnes qui ne peuvent aprendre que la Theorie de l'Art.

Je continueray donc à vous dire, repris-je, que comme il y a des paffions dont les mouvements font lents, & dont les marques qu'elles impriment fur le corps font affez difficiles à reprefenter, à caufe qu'elles paroiffent fort peu dans les traits du vifage, & bien fouvent point du tout dans les autres parties du corps. Il y en a auffi qui non feulement font agir l'efprit avec force, mais encore qui mettent tout le corps dans un eftat qui fait affez connoiftre leur nature. La Hardieffe qui eft une refolution de courage, par laquelle l'homme méprife les dangers, & entreprend des actions extraordinaires, eft d'une nature affez facile à connoiftre. Car comme celuy qui eft hardy & courageux, ne

LA HAR-
DIESSE.

s'effraye point des maux qu'il prevoit, aussi ne s'estonne t-il pas quand ils arrivent. Au contraire il va au devant pour les combattre, ou bien il les attend de pied ferme pour s'en deffendre.

Mais il faut remarquer qu'outre le courage qui rend les hommes hardis, il y a encore l'authorité, la force, & la bonne constitution du corps, la bonne conscience, & le bon droit. L'authorité donne de l'asseurance, parce qu'on se croit au dessus des autres. La bonne constitution du corps, rend les hommes hardis & vaillans: Et bien qu'une partie du sang se retire auprés du cœur, lors qu'ils sont parmy les hazards, neanmoins le reste du corps ne s'en trouve pas despourveu ; ce qui fait qu'ils ne palissent & ne tremblent point comme ceux qui sont saisis de crainte. On voit des exemples de toutes ces expressions dans la bataille de Constantin faite par Raphaël, & dans plusieurs autres de ses ouvrages. Mais parce que la hardiesse ne paroist seulement pas dans les combats & dans les batailles, & qu'elle se trouve souvent dans l'ame des vaincus, aussi bien que dans celle des victorieux, comme on devroit le faire voir à l'endroit de Porus & d'Alexandre, si on vouloit les representer aprés la bataille où Alexandre remporta la victoire; il faudroit que le Peintre confideraſt bien de quelle forte il pouroit exprimer un femblable fujet.

Je vous ay dit que la bonne confcience, & le bon droit rendent l'homme hardy. C'eſt pourquoy les Martirs que l'on mene au fuplice, doivent eſtre peints avec beaucoup de fermeté & de courage. Comme ils connoiſſent la juſtice de leur cauſe, & qu'ils font dans l'eſperance de joüir des felicitez éternelles, ils ne font jamais eſpouventez par les fuplices qu'on leur prepare. On voit des expreſſions admirables de cette hardieſſe, & de cette conſtance dans le Tableau de Saint Laurent du Titien, dans le Saint Eraſme du Pouſſin, & dans un Tableau de Saint Eſtienne du Carache. Il eſt vray que la nature n'avoit nulle part dans la conſtance des Saints, que ce n'eſtoit ny une forte complexion, ny la vigueur du fang qui les rendoit intrepides. C'eſtoit la grace de Jeſus-Chriſt toute feule qui les fortifioit, puiſque les perſonnes les plus delicates, ont fouffert des maux, dont la menace même en d'autres rencontres auroit produit des effets eſtranges dans les corps les plus robuſtes, & fur l'eſ-

DE LA PEUR OU DE LA CRAINTE. prit des plus courageux. Car outre les impreſſions que la Peur ou la Crainte font d'ordinaire

sur l'esprit de l'homme, elles en laissent encore sur toutes les parties du corps qui leur font faire mille actions differentes.

Premierement la Crainte serre le cœur & l'affoiblit par la vive aprehension qu'elle luy donne du mal qui le menace. Ce qui fait que toute la chaleur qui est au visage estant contrainte d'accourir à avec celle des autres parties au secours du cœur. Le sang qui donne la chaleur & la couleur la chair se retire, & le teint devient pasle. Vous avez peu voir les marques de la Peur, bien exprimées dans les Tableaux de Raphaël qui sont au Vatican, particulierement dans celuy où il a representé Attila surpris de la vision des Apostres, Saint Pierre & Saint Paul, & encore dans celuy qui est aux Loges, ou l'on voit des gens qui tachent à se sauver des eaux du deluge.

Outre la pasleur qui paroist sur le visage des personnes effrayées, on remarque encore qu'elles sont souvent saisies d'un continuel tremblement ; qu'elles ne peuvent parler, ou ne font que begayer ; que leurs cheveux se dressent d'horreur, comme nous avons remarqué ; & que bien souvent elles sont remplies d'un tel estonnement, qu'il ne leur reste ny jugement ny raison.

Un excellent Peintre qui veut repreſenter tous ces effets doit connoiſtre & conſiderer ce qui donne de la crainte à l'homme, & ſelon que la cauſe en eſt grande, en imprimer des marques plus fortes. Ainſi dans le Jugement de Salomon que le meſme Raphaël a Peint, on voit que la veritable Mere pour empeſcher l'execution d'un Arreſt qui doit oſter la vie à ſon enfant, ſe jette vers celuy qui ſe prepare à le couper en deux, & monſtre qu'elle ayme mieux l'abandonner à celle qui n'eſt point ſa mere, que de ſouffrir qu'on en faſſe un partage ſi cruel.

Il y a une autre ſorte de crainte qui n'eſt point cette perturbation de l'ame dont nous venons de parler : mais qui eſt ce reſpect, & cette reverence qui fait la plus grande partie de l'Adoration. Car dans l'Ecriture Sainte ſoubs cette expreſſion de crainte de Dieu, eſt compris tout le culte que nous luy rendons. Cette crainte qui reſide dans la plus haute partie de l'ame, n'a pas comme la crainte ſervile une liaiſon ſi eſtroite avec le corps, pour y marquer ſes effets. L'eſprit fait ſouvent luy ſeul tous les divers mouvemens que la charité y fait naiſtre, ſans que le corps y ait part, ny qu'on s'en aperçoive. Et s'il arrive quelquefois

L'Adoration.

que

ET LES OUVRAGES DES PEINTRES. 241

que le corps participe aux sentimens de l'ame, c'est sans trouble & sans émotion. Raphaël a fort bien exprimé cela, lors qu'il a representé Abraham qui adore Dieu sous la forme de trois jeunes hommes qui s'aparurent à luy; & encore dans le Tableau ou Noé sacrifie au sortir de l'Arche. Ce grand Peintre peut fournir luy seul des exemples pour aprendre à bien peindre toutes les passions.

Lors qu'il a representé Joseph qui s'enfuit d'auprés la femme de Putiphar, on voit comment il a sceu unir ensemble sur le visage de ce jeune homme la crainte avec la honte, ou plutost la pudeur; & sur celuy de cette femme l'amour & l'impudence.

Il sera aisé à un Peintre de concevoir de quelle maniere il doit exprimer l'Impudence; quand il sçaura de quelle sorte naist la Pudeur, qui est une honte sage & honneste; puisque l'Impudence est un mespris des maux que la honte aprehende, & un deffaut de sentiment pour les choses qui peuvent aporter quelque infamie. L'IMPUDENCE.

Dans ce genre de maux qui nous causent de la honte, sont compris les affronts receus, ceux que l'on ressent sur l'heure, & les sujets qui nous en peuvent donner à l'avenir. Ainsi

H h

la honte paroiſtra ſur le viſage d'une Suzane ou d'une Lucrece, à cauſe de l'injure qu'elles auront receuë. Raphaël a repreſenté Joſeph dans le temps que l'Impudence de ſa maiſtreſſe luy cauſe de la honte & de la crainte tout enſemble. Ce qui ſe voit aiſement par ſa bouche ouverte, & le trouble qui paroiſt ſur tout ſon viſage ; par l'action qu'il fait des bras & des mains, & par l'effort qu'il fait pour s'enfuir & pour ſe ſauver.

Je demanderois volontiers, dit Pymandre, pourquoy la honte fait monter le ſang au viſage, & que la crainte au contraire le retire auprés du cœur ; puiſque la honte eſt une crainte qui naiſt de ce que l'homme aprehende quelque blaſme, ou quelque infamie qui le deshonnore luy ou ſes amis.

On vous répondra, repartis-je, que les hommes peuvent eſtre menacez de deux ſortes de maux, dont les uns ſont ſeulement contraires aux deſirs des ſens, comme ſeroit un refus, un reproche, ou des choſes ſemblables. Mais que les autres paſſent plus outre, & vont juſques à la ruine de la nature, comme ſont les dangers extreſmes, & les perils de la mort. Or quand l'homme enviſage les maux qui vont à la deſtruction de ſon eſtre, alors la Nature espouvantée du danger où elle se trouve, cherche du secours par tout. Et pour fortifier le cœur qui est le principe de la vie, elle amasse autour de luy, ce qu'il y a de sang & de chaleur respandu par tout le corps; ce qui fait que le visage pâlit dans les grandes frayeurs. Mais quand l'homme n'aprehende que les moindres maux, je veux dire, ceux qui ne le menacent pas d'un peril extréme, mais seulement qui peuvent diminuer sa gloire, & l'estime dans laquelle il est; alors la nature n'est point esmuë si puissament. Il n'y a qu'une certaine douleur qui agit sur les sens, laquelle n'estant pas assez forte pour envoyer toute la chaleur & le sang au dedans du corps, le laisse monter au visage qui demeure couvert d'une rougeur, comme si c'estoit un voile que la Nature mesme y mist pour cacher sa honte, & prevenir le secours que les mains donnent souvent au visage dans de semblables rencontres. Ce que Raphaël a bien sceu exprimer dans le Tableau, ou Adam & Eve sont chassez du Paradis Terestre. Car il a representé Adam qui sort le corps tout courbé, & se cachant les yeux avec les mains.

Ce sont aussi les yeux, repartit Pymandre, qui sont à mon avis les parties les plus affligées de la honte, à cause qu'elles sont les plus nobles.

LA HONTE. La Honte, repris-je, peut estre representée sur le visage en deux manieres, à sçavoir lors qu'elle y paroist avec une couleur rouge, & lors qu'elle y paroist pasle. Ce qui me fait penser que la mesme raison qui fait retirer le sang auprés du cœur, le fait de mesme monter au visage, & que les yeux particulierement sont ceux qui l'attirent lors qu'ils se sentent offencez par quelque chose qui leur fait de la peine. Comme si l'on vouloit representer une femme honteuse d'estre veuë toute nuë, alors une rougeur respanduë sur son visage, exprimera fort bien les sentimens de Honte qui doivent y paroistre. Et c'est peut estre dans cette veuë, que dans le mesme Tableau ou Raphaël a peint l'Ange qui chasse du Paradis Adam & Eve, on voit qu'Eve se cache des mains les parties du corps qui luy donnent plus de honte. Elle paroist le visage couvert d'un rouge, qui luy sert comme d'un voile dans cette occasion. Mais si au déplaisir qu'une femme auroit d'estre toute nuë, elle se trouvoit encore dans quelque danger de la vie, ou menacée de quelque grand malheur, alors le rouge feroit place à la pasleur. Parce que le cœur se trouvant attaqué aussi bien que les yeux par la penſée du peril où elle ſeroit, il feroit deſcendre & atireroit à luy tout le ſang qui eſtoit monté au viſage. C'eſt ainſi que l'on pouroit repreſenter la femme Adultere, ayant tout enſemble la crainte du ſuplice dans le cœur, & la honte ſur le front.

Il y a une Honte qui eſt moindre que ces deux premieres, parce qu'elle n'eſt point accompagnée de la crainte des dangers, ny d'aucune infamie. C'eſt la Pudeur qui eſt ſi bienſeante aux jeunes gens, & dont le rouge qu'elle reſpand ſur le viſage a eſté appellé le Vermillon de la vertu. Vous ſçavez de quelle ſorte Virgile dépeint celle de Lavinie. Et il me ſouvient d'avoir leu que comme l'on demandoit un jour à la fille d'Ariſtote nommée Pythias, quelle couleur luy plaiſoit davantage; elle fit reſponſe que c'eſtoit celle qui naiſſoit de la Pudeur ſur le viſage des hommes ſimples & ſans malice.

En effet, dit Pymandre, quelque beau que ſoit un viſage, la pudeur eſt capable d'y adjoûter un grand eſclat, & meſme de faire naiſtre du reſpect dans l'ame de tout le monde. Alexandre eſtant un jour dans la debauche, on luy amena les Captives qu'il avoit à ſa ſuite pour chanter & pour le divertir. Il en vit dans la

LA PUDEUR.

Æn. 12.

Stobœus. ſerm. de Verecund.

troupe une plus triste que les autres, qui d'une façon toute honteuse se deffendoit de celuy qui la vouloit produire. Elle estoit fort belle, & sa Pudeur adjoûtoit encore beaucoup à sa beauté. Car elle tenoit les yeux baissez & faisoit tout ce qu'elle pouvoit pour se couvrir le visage. Le Roy se doutant bien qu'elle estoit de trop bon lieu, pour estre de celles qu'on prostituoit aux festins, luy demanda qui elle estoit; & ayant sceu qu'elle estoit petite fille d'Ocus naguere Roy de Perse & femme d'Hitaspe, fit chercher son mary parmy les prisonniers, & leur donna à tous deux la liberté.

Quint. Cur. l. 6. ch. 2.

Vous avez peu remarquer, repris-je, dans un des Tableaux, qui est chez M. de Chantelou, le Sacrement de Confirmation. C'est un ouvrage où les expressions necessaires pour representer une jeune pudeur, sont divinement marquées selon la nature du sujet.

Cependant, dit Pymandre, l'Impudence aussi bien que la Pudeur, fait naistre souvent le rouge sur le visage, comme on a remarqué en la personne de Domitien.

Plin. In panegy. Domi.

Ne vous ay-je pas fait voir autrefois, repartis-je, un Tableau du Cavalier Baglion, où il a representé la femme de Putiphar, qui veut retenir Joseph. Il a exprimé l'impudence de

ET LES OUVRAGES DES PEINTRES. 247

cette femme par un rouge repandu fur tout son visage, & un certain feu dans ses yeux qui marque la violence de sa passion. Mais il y a encore une autre sorte de rougeur, qui venant d'une honte niaise & rustique, est tout à fait desagreable. Ciceron l'appelle *Subrusticus pudor*. Et Ovide en loüant Cydippe marque la difference de ces sortes de rouges qui paroissent sur le visage.

Là je demeuré quelque-temps sans parler, comme pour reprendre haleine, puis-je continué ainsi mon discours.

Je voudrois bien vous dire quelque chose de l'esperance & du desespoir, dont les effets ont beaucoup de raport à ceux que produisent la joye & la tristesse. Mais comme je ne suis pas de ceux qui sçavent l'art de les peindre, peut estre aussi ne seray-je pas assez ingenieux à vous les bien descrire. Je vous diray neanmoins de quelle sorte je les ay toujours conceuës; & si je me suis trompé en quelque chose, vous me le ferez connoistre.

Comme il y a peu de personnes sans Esperance, aussi ne represente-t-on gueres d'actions où cette passion ne puisse avoir place. Je m'imagine que l'Esperance n'estant qu'une pensée flateuse & pleine de douceur, que nous nous formons nous mesme d'un bien auquel nous

Epist. fam.
5. 12.
Et decor est
vultus sine
rusticitate
pudentes
Epist. 19.

L'ESPERANCE.

aspirons, elle peut avoir deux effets. Le premier, c'est qu'elle nous cause un singulier plaisir qui rend nos poursuites agreables. Et le second, c'est que touchez, & esmeus de cette douceur & de ce plaisir, nous en sommes plus actifs & plus prompts à poursuivre ce que nous desirons. De sorte que comme la joye qui naist de l'esperance remplit l'ame, & se respand dans le cœur ; De mesme tous les membres du corps agissent ensuite avec plus de gayeté. Ce qui paroist particulierement dans les yeux, & sur le visage de ceux qui sont pleins d'esperance. Ainsi les Peintres representeront sur le visage des Martirs l'esperance qu'ils ont de jouyr bien-tost d'une felicité eternelle.

Le Desespoir.
Quant au Desespoir, il porte avec luy des marques semblables à celles qu'imprime la Crainte, excepté qu'elles ne sont pas si fortes, parce qu'il n'envisage pas des maux si grands & si proches, si ce n'est toutefois lors qu'il est accompagné de colere & de rage, tel que Virgile le descrit en la personne de Didon, & en celle de la Reyne Amate femme du Roy Latin.

La Colere.
Pour en mieux connoistre la nature & les effets, je passeray à la Colere, & je puis bien dire que de toutes les passions, c'est elle qui fait paroistre plus de violence, plus de brutalité,

lité, & dont les effets sont les plus tragiques. Elle n'est que douleur & qu'amertume, & n'a point de plus doux objets que les suplices, les vengeances, & le carnage. Si l'on veut representer les changemens estranges qu'elle fait sur le corps de l'homme, il faut premierement peindre un visage extremement rouge, & les yeux estincellans : faire paroistre un mouvement extraordinaire dans les levres, dans les mains, & dans les pieds, & enfin representer la constitution du corps tellement alterée, & le regard si furieux, qu'il n'y ait rien que d'espouventable & de terrible.

Il y a des personnes, reprit Pymandre, qui sont pasles, lors qu'elles sont en colere.

Cela arive, repliquay-je, à cause du sang qui s'amasse au tour du cœur : & ils ne deviennent ainsi pasles, que parce qu'ils ne peuvent à l'heure mesme satisfaire leur vengeance, en estans empeschez, ou par la crainte, ou par quelques considerations qui les obligent à dissimuler.

Quoique cette passion soit toute de fiel, parce qu'elle vient d'une bile extraordinairement esmeüe, il s'y rencontre neanmoins quelque douceur qui naist du plaisir qu'on a de se venger. C'est pourquoy Homere fait dire à

Achilles que la colere se forme & se respand dans les courages des hommes genereux, avec une douceur qui surpasse celle du miel. Cependant, quoique le propre de la colere soit de chercher à se satisfaire par la vengeance, il ne faut pourtant pas donner des marques d'une grande colere à tous ceux qui sont dans les batailles & dans le carnage. Si l'on peint des Soldats qui combatent & qui sont déja couverts de blessures, il est bon de les representer fortement animez de cette passion. Mais un Prince, ou un General d'armée, qui victorieux ira poursuivant son ennemy, & terassant ceux qui se rencontrent devant luy, ne doit pas ce me semble, paroistre avec un visage, où soient imprimées les dernieres & les plus fortes marques de la colere. On le doit peindre hardy & courageux, & non pas furieux & enragé. Il faut menager cette passion dans un grand Capitaine qui doit se conduire toujours avec jugement & avec prudence. Ainsi sur le visage de Constantin, qui est dans cette grande bataille peinte par Jule Romain, on n'y voit point cette fureur qui paroist dans les Soldats. Il est vray qu'il peut y avoir tels sujets & telles rencontres, où cette forte expression ne doit pas estre rejettée. Raphaël s'en est servy quand il a représenté l'Ange deffenseur du Temple de Dieu dans l'Histoire d'Eliodore qu'il a peinte au Vatican. Enfin j'estime qu'elle se doit representer par des actions & par des marques convenables au sujet qui la fait naistre.

Encore que toutes les passions de l'ame s'expriment par les differens mouvemens du visage, il semble neanmoins qu'il n'y en ait aucune qui ne se declare par quelque action des yeux. C'est pourquoy le Peintre doit bien observer leurs differens mouvemens, qui sont quelquefois fort faciles à remarquer, & qui paroissent aussi quelquefois bien peu. Il n'en est pas de mesme des autres parties du visage, qui ne changent pas en tant de façons, ny si promptement : Mais dont l'estat est plus stable, & se fait voir plus long-temps. Comme dans la colere les rides du front & le sourcil baissé; Et dans l'indignation, & dans la mocquerie, certains mouvemens du nez & des levres.

Il faut encore remarquer que les mouvemens du visage peuvent estre quelquefois cachez & dissimulez par la volonté de la personne passionnée. Mais que la couleur que cette passion imprime sur le visage, est si naturelle & si attachée aux émotions interieures de nostre ame, qu'il est tres difficile de ne pas rougir ou paſlir, à cauſe que ces changemens ne deſpendent pas des nerfs ou des muſcles, mais qu'ils viennent immediatement du cœur. C'eſt pourquoy ceux qui ſont accuſez de quelque crime ne peuvent s'empeſcher de paſlir; & Judas qui aſſeure avec les autres Apoſtres qu'il n'eſt point celuy qui vendra le fils de Dieu, peut eſtre peint dans un Tableau de la Cene, faiſant les meſmes actions que les autres Diſciples, mais pourtant ce crime ſecret dont il ſe ſent coupable, doit ſe faire voir ſur ſon viſage par une paſleur qu'il ne peut empeſcher.

Outre les changemens que cauſent ces paſſions. Il y a une infinité de mouvemens qu'elles font faire au corps, ou à quelques membres particuliers, dont je ne vous parleray point, parce qu'il me ſemble que vous vous ſouvenez aſſez des deſcriptions que les Poëtes en ont faites, quand ils ont traité de ſemblables ſujets. Vous avez remarqué de quelle ſorte Virgile repreſente Turnus ſaiſi de crainte; & de quelle maniere le meſme Poëte deſpeint Didon en colere, lors qu'Ænée luy parle de la quitter. Quand le Taſſe repreſente une perſonne en colere, il dit qu'elle ſe mord les levres.

ET LES OUVRAGES DES PEINTRES. 253

*Lelabra el crudo per furor si morse
Eruppe l'asta bestemiando al piano.*

*Tasso can. 7.
della Gier.*

L'Arioste dit la mesme chose

*E che Ravenna saccheggiata resta,
Si morde'l Papa per dolor le labra.*

Si l'on pouvoit disposer les mouvemens de l'ame, comme l'on fait les membres du corps; Et si lors qu'un Peintre a un homme devant luy auquel il fait faire telle action qu'il luy plaist, il pouvoit en mesme temps faire naistre dans cet homme qui luy sert de modele, la passion qu'il veut representer. Il ne seroit pas necessaire de rechercher si exactement l'origine des passions par des raisonnemens de Philosophie, parce que la Nature en les representant quand on en auroit besoin, fourniroit suffisamment des moyens pour les imiter. Mais parce que la volonté seule ne peut faire naistre quand il luy plaist, ce qui arrive quand l'on est émeu de quelque passion, ny en imprimer des marques exterieures. Il faut avoir recours à la connoissance que l'on en a, & aux regles de l'art, pour donner à chaque passion le caractere qui luy convient naturellement ; & pour des-

Ii iij

mefler toutes les differentes affections du cœur, qui d elles mefmes ne font pas toujours fi fenfibles qu'on ne puiffe s'y tromper.

Cependant on peut remarquer que chaque paffion a un exterieur particulier, & fes divers changemens fe decouvrent felon qu'ils font produits par les mouvemens de l'ame, comme les cordes d'un inftrument rendent divers fons à mefure qu'elles font touchées par celuy qui en joüe. Par le moyen de cette connoiffance & de ces remarques, on peut fe faire des maximes generales. Comme de reprefenter toujours la colere animée & fâcheufe. La douleur qui veut faire pitié, doit paroiftre abatuë & languiffante. Celle qui ne cherche pas à fe faire plaindre, doit fe monftrer avec plus de refolution & de force. Il faut que la Joye ait toujours quelque chofe de doux, de tendre & de gracieux; Sur tout que les actions qui accompagneront ces paffions ne s'expriment pas par des mouvemens trop violens & des contorfions de membres bizarres & extravagantes. Mais comme toutes les actions viennent de l'ame, & que les yeux en font les interpretes, c'eft en s'eflevant, en s'abaiffant, en s'apliquant fixement, & enfin par leurs differents regards qu'ils exprimeront les differentes paf-

Cic. de Orat. L. 3.

sions qui sont dans le cœur de l'homme, & qu'ils feront connoistre les divers sentimens dont il est capale. Ce sont ces actions bien exprimées dans un Tableau, qui frapent les yeux de ceux qui les voyent, parce que la Nature en a mis les principes dans l'ame de tout le monde, & quand on en voit des marques bien peintes, on connoît aussi-tost, si ce qu'on a quelquefois ressenty en soy-mesme, est bien ou mal representé.

Il est vray que ce sont ces marques qu'un Peintre doit bien exprimer sur le visage de ses figures. Car inutilement sçaura-t-il la Nature des passions & leurs differents effets, s'il n'est assez habile pour bien desseigner & bien peindre les figures & les traits essentiels de chaque passion. Il faut qu'il considere qu'entre les mouvemens que l'ame fait faire à toutes les parties du visage, il y en a deux principaux, l'un qui les esleve, & l'autre qui les abaisse selon l'esperance ou la crainte qui se rencontrent dans chaque passion ; Parce qu'une personne qui dans une grande affliction espere quelque assistance du Ciel, aura les yeux ouverts & eslevez ; Et une autre qui accablé de tristesse, n'attendra aucun secours du Ciel ny des hommes, aura les yeux baissez & à demy fermez, & toutes les parties du visage abatuës.

On a autrefois fait une conference sur ce sujet dans l'Academie de Peinture, & je souhaiterois que vous pussiez voir les desseins que M. le Brun en a faits, je suis asseuré que vous admireriez comment par de simples traits, il a si bien marqué toutes les passions de l'ame, & les divers mouvemens de l'esprit; Ce qui sans doute peut estre d'une grande utilité aux Peintres.

Lors que j'eus cessé de parler, nous demeurâmes assez long-temps apliquez à considerer les Tableaux qui ornoient cette Gallerie. Enfin aprés les avoir bien regardez, & avoir dit ce qui nous vint dans l'esprit sur ces divers ouvrages, & sur leurs manieres differentes, nous nous retirâmes contre une fenestre comme pour nous reposer, & il me souvient que Pymandre me parlant des Caraches, je luy dis.

La Peinture comme les autres sciences & les autres arts, n'est pas toujours demeurée dans un mesme estat. Elle a eu son commencement, son progrez, & aprés estre arrivée au plus haut point où on l'ait veuë, elle est comme tombée; & ceux mesme qui avoient pour exemple les plus excellens Peintres, ne les ont pas suivis dans le chemin qu'ils leur avoient tracé. Raphaël est sans contredit, celuy des Peintres modernes

ET LES OUVRAGES DES PEINTRES. 257

modernes, qui a mis cet art dans sa plus haute perfection, comme nous l'avons fait voir. Quelques-uns de ses Disciples l'ont suivy assez heureusement, mais enfin ceux qui sont venus depuis, soit qu'ils n'eussent pas un genie assez élevé, soit qu'ils negligeassent l'estude necessaire pour ce qu'ils entreprenoient, se sont esloignez beaucoup de la route que ces grands Maistres leur avoient marquée. Cela n'arriva pas seulement à l'esgard des Peintres de l'escole de Rome, mais encore de ceux de Lombardie, qui se relacherent insensiblement des maximes que le Corege, le Titien & Paul Veronese leur avoient enseignées dans ce qui regarde le Coloris. De sorte qu'encore que FREDERIC BAROCCIO, né des l'an 1528. dans la mesme Ville où Raphaël vint au monde, eust estudié d'aprés tous ces grands hommes, dont nous avons parlé, neanmoins on voit dans ses ouvrages une notable diminution de ces belles parties du dessein & du coloris, dont ces Maistres avoient fait une si grande estude.

<small>FREDERIC BAROCCIO.</small>

Ce n'est pas que ce Peintre que je cite seulement comme en passant ne merite beaucoup de loüange, & qu'il n'ait fait des ouvrages tres-estimez, ayant possedé un talent tout particulier pour les sujets de devotion. On

K k

FREDERIC BAROCCIO.

peut mesme l'estimer pour la quantité de Tableaux qu'il a faits pendant les infirmitez dont il estoit accablé. Car dans l'espace de 84. ans qu'il a vescu, il a esté plus de 50. ans toujours malade, mais d'une maladie qui l'empeschoit de reposer la nuit & le jour; & qui le tourmentoit tellement, que jusques à sa mort à peine avoit il deux heures le jour pendant lesquelles il pust travailler.

Arrivée en 1612.

Il me semble, dit Pymandre avoir veu des ouvrages de luy au Vatican, & en quelques autres endroits de Rome.

Il en a fait quantité, repartis-je, dans des Eglises & dans des lieux particuliers, parce qu'il estoit un des Peintres de son temps, qui avoit le plus de reputation.

FRANCESCO VANNI.

Le Cavalier FRANCESCO VANNI estoit de Siene & fils d'un Peintre, il quitta sa premiere maniere pour suivre celle du Baroccio; Et non seulement il tacha de l'imiter dans son goust de peindre, mais aussi dans le choix des sujets, & dans ses mœurs, ayant toujours recherché à faire des Tableaux de devotion, & vescu dans une grande pieté. On voit dans l'Eglise de Saint Pierre de Rome un Tableau où il a representé la mort de Simon le Magicien. Mais ce qu'il a fait de plus conside-

ET LES OUVRAGES DES PEINTRES. 259
rable eſt dans les Egliſes de Sienne. Il eſtoit FRANCESCO VANNI.
agreable dans ſon coloris & correct dans le
deſſein. Il ne ſurvécut le Baroccio que de peu
d'années eſtant mort l'an 1615. agé ſeulement
de quarante ſept ans.

Cependant la Peinture eſtoit alors déja beaucoup
decheüe dans toutes les eſcoles. On n'y
faiſoit plus une eſtude exacte de tout ce qui
eſt neceſſaire à la perfection d'un ouvrage.
Chacun ſuivoit ſon caprice, & dans Rome il
s'eſtoit eſlevé comme deux differens partis
qui partageoient toute la jeuneſſe. Les uns
s'attachoient particulierement à imiter la Nature
telle qu'ils la trouvoient, comme je vous
ay déja dit, & les autres ſans examiner le naturel,
ſe laiſſans conduire par la force de leur imagination,
& ſans autre modelle que leurs ſeules
idées, travailloient d'après les images qu'ils
ſe formoient dans l'eſprit. Le Caravage fut le
chef du premier party qui eut, comme je vous
ay dit ſes Sectateurs. Joſeph Pin eſtoit à la teſte
du ſecond, & par la hardieſſe de ſes entrepriſes,
& l'eſclat qui paroiſſoit dans ſes compoſitions
trouvoit un grand nombre de gens qui
le ſuivoient. Ces deux differens partis qui
s'eſloignoient l'un & l'autre de l'exacte & rigoureuſe
diſcipline des premiers maiſtres, jet-

K k ij

toient tous les Peintres dans un pur libertinage, & l'on peut dire que le bel art de la Peinture, se seroit bien-tost perdu, si le Ciel n'eust fait naistre ANNIBAL CARACHE pour le sauver des mains de ceux qui le traitoient si mal. Il nasquit à Bologne, son pere estoit tailleur & eut plusieurs enfans. L'aisné de ses fils qui se nommoit Augustin, s'adonna à la Peinture & à la graveure. Annibal qui estoit le plus jeune fut mis en aprentissage chez un Orphevre, mais comme Loüis Carache son cousin qui luy montroit à desseigner pour le rendre plus excellent ouvrier dans l'Orphevrerie, reconnût en luy un talent tout particulier pour la Peinture, & vit que la Nature toute seule luy faisoit executer des choses extraordinaires, il l'attira chez luy afin de l'abandonner entierement à cette sçavante Maistresse, qui seule instruit plus en peu de jours, que tous les meilleurs maistres en beaucoup d'années. Ce qui parut bien-tost dans Annibal, qui comprit si promptement & avec tant de facilité, la forme de tous les corps naturels qu'il en faisoit des desseins & des images admirables. Aprés avoir demeuré quelque-temps auprés de Loüis Carache, son frere Augustin & luy, resolurent d'aller voir tous les lieux de

ET LES OUVRAGES DES PEINTRES. 261

ANNIBAL CARACHE.

la Lombardie, où il y avoit des ouvrages du Corege & du Titien.

Annibal s'eſtant arreſté à Parme, eſtudia particulierement la maniere du Corege, & fit dans ce gouſt là le Tableau du grand Autel des Capucins de la meſme Ville. Il y repreſenta J. C. mort, eſtendu ſur un linceul, & appuyé ſur l'eſpaule de la Sainte Vierge. Il y avoit auſſi pluſieurs autres figures ſi belles & ſi bien peintes, qu'Annibal eſtant pour lors encore fort jeune, fit juger par cet eſſay ce qu'on devoit attendre de luy. Il alla enſuite à Veniſe où Auguſtin s'eſtant déja rendu, s'occupoit à graver au burin. Pendant le ſejour qu'il y fit, il contracta une eſtroite amitié avec Paul Veroneſe, le Tintoret & Jacques Baſſan; & ſans s'arreſter à peindre, conſidera ſeulement les Tableaux de ces grands hommes, & ſe mit à obſerver leurs maximes.

Aprés eſtre de retour à Bologne, il fit dans l'Egliſe de Saint Georges, & dans celle des Religieux de Saint François, deux Tableaux qui luy acquirent une telle reputation, que Louïs tout ſurpris de voir la belle maniere de peindre d'Annibal, quitta celle qu'il avoit toujours retenuë de Camillo Procaccino ſon premier maiſtre; & au lieu qu'un peu au-

K k iij

ANNIBAL CARACHE.

paravant il enseignoit Annibal, il devint son disciple, & s'efforça de l'imiter.

Peu de temps aprés, Augustin revint aussi à Bologne. Ce fut alors que la fameuse Academie des Caraches y fut establie. Dabord on l'appella *l'Academia delli Desiderosi*, à cause du grand desir que ceux qui la composoient avoient d'apprendre toutes les choses qui regardent la Peinture. Comme ces trois excellens hommes Annibal, Augustin & Loüis communiquoient librement avec tout le monde, ce qu'il y avoit dans la Ville de personnes studieuses & amies des beaux arts, ne manquoient pas de se rendre chez eux, parce qu'outre l'estude que l'on y faisoit d'aprés Nature, on y apprenoit les proportions, l'Anatomie, la Perspective, la bonne maniere d'employer les couleurs, & la raison des lumieres & des ombres. On s'y entretenoit de l'Histoire, de la Fable, & comment on devoit traiter toutes sortes de sujets, avec la bienseance necessaire. Cette Academie s'estant renduë celebre par le merite des Caraches, elle perdit son premier nom, & ne fut plus connuë que sous celuy de *l'Academie des Caraches*. Il est vray qu'elle devoit la plus grande partie de sa gloire à Augustin, qui prenoit

ET LES OUVRAGES DES PEINTRES. 263

un foin tout particulier d'inftruire les jeunes gens, de leur donner de l'émulation, & de faire connoiftre leur merite à mefure qu'ils fe perfectionnoient. Ils travailloient tous trois dans un fi grand accord, & vivoient avec tant d'union & de bonne intelligence, qu'ils entreprenoient enfemble toutes fortes d'ouvrages, & en profitoient efgallement.

Quand ils peignirent enfemble pour les fieurs Favi & Magnani, on fut furpris de ce qu'Auguftin, qui s'eftoit toujours occupé à graver au burin, parut tout d'un coup un excellent Peintre. Et que Loüis ayant quitté entierement la maniere du Procaccino, euft tant profité dans celle qu'il ne venoit que d'embraffer. Enfin on les admiroit tous les trois, voyant qu'ils travailloient enfemble, fans qu'il y euft parmy eux aucune fuperiorité, qu'ils euffent jamais aucuns differens, & de ce que dans leur travail, il y avoit une fi grande uniformité, que toutes leurs peintures paroiffoient conduites par un feul & mefme efprit.

L'humeur d'Annibal contribuoit beaucoup à leur bonne intelligence, n'eftant ny capable d'envie, ny fufceptible d'ambition. Il eftudioit avec les deux autres, comme s'ils euffent efté tous égaux. Cependant on luy donne l'hon-

ANNIBAL CARACHE.

neur d'avoir esté le maistre d'Augustin & de Louïs, qui ne faisoient rien que sous sa conduite. Ce que l'on reconnut bien quand il se separa d'avec eux. Car Augustin se remit à graver au burin, & Louïs travaillant seul diminüa peu à peu, & perdit sa bonne maniere. Mais Annibal continua de faire des ouvrages dignes d'une eternelle memoire. Le Tableau qu'il fit en 1593. pour un Marchand, où il representa la resurrection de Nostre Seigneur, est estimé un des plus beaux. Il peignit ensuite dans la Ville de Reggio, celuy que le Guide a gravé à l'eau forte, où Saint Roch est representé qui donne l'aumosne. Cette peinture est à present dans le Palais du Duc de Modene, avec quelques autres qu'il avoit encore faits à Reggio.

Il fit ensuite plusieurs ouvrages à Bologne. Mais enfin comme il y avoit long-temps qu'il souhaitoit d'aller à Rome pour y voir ceux de Raphaël, & ces restes antiques qui attirent en ce lieu là tant de Peintres & de curieux, il se trouva favorisé dans son dessein par le Duc de Parme, dont il avoit acquis les bonnes graces.

Le Cardinal Farnese voulant faire peindre la Gallerie & quelques apartemens de son Palais, le Duc proposa Annibal, auquel on
écrivit

ET LES OUVRAGES DES PEINTRES. 265

ANNIBAL CARACHE.

escrivit de se rendre à Rome pour faire cet ouvrage. Si-tost qu'il y fut arrivé, il alla trouver le Cardinal, & luy presenta un Tableau de Sainte Catherine qu'il avoit fait à Parme. Le Cardinal receut Annibal favorablement, & deslors le fit traiter chez luy comme ses autres Gentils-hommes.

Le premier Tableau qu'il fit dans le Palais du Cardinal Farnese, fut celuy de la Chapelle, où il representa la Cananée aux pieds de Nostre Seigneur. Mais comme en arrivant à Rome, il fut touché de l'excellence & de la beauté des Statuës antiques qu'il y vit, il employa d'abord une partie de son temps à visiter les lieux où sont les plus fameuses. Ce fut alors qu'il jugea bien que la veritable base, & le principal fondement de la Peinture est le dessein, que ceux de l'escole de Raphaël preferoient avec raison à la couleur, dont les Peintres de Lombardie avoient fait choix. Aussi dés ce moment il s'éloigna de sa premiere maniere qui tenoit beaucoup de celle du Corege, pour suivre la belle Nature sur le goust de l'antique : Ne s'arrestant pas comme il avoit fait autrefois à ce beau jeu de couleurs, qui sous une agreable aparence dont les yeux sont surpris, cachent souvent beaucoup de defauts dans la

L l

Annibal Carache. correction du dessein.

Resolu de travailler desormais sur ces principes, il s'apliqua tellement à considerer les plus belles statuës, & les plus excellens bas reliefs, qu'en peu de temps il les posseda si fort qu'il les avoit presens dans son esprit, comme s'il n'eust jamais desseigné autre chose. Ce qu'il fit bien connoistre un jour estant avec son frere Augustin dans la compagnie de quelquesuns de ses amis. Car comme Augustin Carache nouvellement arrivé à Rome, aprés avoir loüé beaucoup le grand sçavoir des anciens Sculpteurs, & aprés s'estre estendu particulierement sur la beauté du Laocoon, voyoit qu'Annibal ne disoit rien, & donnoit peu d'attention à ses paroles, il s'en plaignit comme s'il n'eust pas fait assez de cas d'un ouvrage si admirable. Mais pendant qu'il continuoit d'ellever le Laocoon par de beaux discours qui le faisoient escouter de tous les assistans; Annibal s'aprocha de la muraille, contre laquelle il desseigna le Laocoon, & ses enfans aussi exactement, que s'il les eust eus devant luy pour les imiter. Ce qui remplit d'admiration ceux qui estoient presens, & ferma la bouche à Augustin, qui avoüa que son frere avoit sceu bien mieux que luy representer à la compagnie les beautez de cet ouvrage. Annibal se re- ANNIBAL CARACHE. tira aussi-tost en sousriant, & dit seulement que les Poëtes peignoient avec les paroles, & que les Peintres parloient avec le pinceau. Ce qui regardoit Augustin qui faisoit des vers, & qui affectoit beaucoup de passer pour bon Poëte.

Quelque-temps aprés qu'Annibal fut arrivé à Rome, un Gentil-homme du Cardinal Farnese, nommé Gabriel Bambazi fit venir une copie de la Sainte Catherine qu'Annibal avoit peinte dans l'Eglise Cathedrale de Reggio. Ce Tableau qui avoit esté copié par Lucio Massari Esleve des Caraches & excellent copiste de leurs ouvrages fut aussi-tost retouché par Annibal, qui d'une Sainte Catherine en fit la Sainte Marguerite que vous avez veuë à Rome dans l'Eglise de Sainte Catherine *De funari.* Lors que cet Ouvrage fut placé sur l'Autel, comme c'estoit un des premiers qu'Annibal eust fait paroistre à Rome, tous les Peintres ne manquerent pas de l'aller voir pour en dire leur avis. Michel-Ange de Caravage fut un des premiers, & l'ayant beaucoup consideré, dit qu'il estoit bien aise que de son temps il se trouvast encore un Peintre qui entendit ce que c'estoit de peindre d'aprés le naturel, & de la bonne maniere qui estoit perduë à Rome, aussi-bien que dans tous les autres lieux.

Pendant qu'Annibal retouchoit ce Tableau, il ne laissoit pas de penser au dessein de la Gallerie de Farnese, & de la petite Chambre qui est à costé, où sous plusieurs Figures tirées de l'Histoire & de la Fable, il a representé divers sujets de moralité. Outre l'erudition & la connoissance qu'Augustin avoit des Poëtes, & des Historiens, dont il se servoit pour l'invention des sujets qu'Annibal desseignoit, ils furent encore beaucoup secourus par l'Agoucci homme sçavant dans les belles lettres. Et c'est en quoy ces excellens Peintres ont merité beaucoup de gloire d'avoir executé leurs ouvrages avec tant d'art & de science, & de s'estre si bien servis du conseil de leurs amis.

N'est ce pas, interompit Pymandre, dans la petite Chambre, dont vous avez parlé, qu'il a representé l'Histoire d'Hercule.

C'est dans ce lieu là mesme, luy repartis-je, & l'on peut dire que ce travail est un des plus beaux qu'Annibal ait faits. Quant à la grande Gallerie, il ne vous est pas difficile de vous en souvenir en voyant icy les mesmes Tableaux qui la composent. Vous sçavez qu'on la regarde dans Rome, comme un ouvrage accompli, & le chef d'œuvre des Caraches. Car il ne se

ET LES OUVRAGES DES PEINTRES. 269

voit rien de comparable à cette belle difpofi- ANNIBAL CARACHE.
tion d'Hiftoires & d'ornemens dont elle eft en-
richie. On y voit un affemblage de differentes
beautez, qui dans leur varieté ont une fi grande union, que la perfection d'un fujet particulier ne diminuë rien de l'excellence des autres.

Vous vous fouvenez bien que ces Figures
d'hommes qui pofent fur la corniche, ne font
pas coloriées dans l'original comme elles font
icy, mais qu'elles font feintes de ftuc, de mefme que les Termes & les Ornemens qui font fi
noblement placez entre les Tableaux, que ce
ne font pas les parties de cet ouvrage, où l'art
paroiffe avec moins d'efclat. Il n'y a rien que
de grand, de noble & de bien entendu, foit
dans l'ordonnance de tous les corps en general, foit dans l'expreffion de toutes les parties
en particulier, foit dans la conduite des lumieres & des ombres. Tout ce grand ouvrage
n'eft pas de ceux dont la feule vivacité des couleurs, & le brillant des lumieres, charme d'a-
bord les yeux, & furprenne ceux qui les regardent. On voit dans celuy-cy une beauté
folide qui frape l'efprit; & les plus intelligens,
y defcouvrent toujours des graces nouvelles à
mefure qu'ils le confiderent.

Bien qu'on en puiffe voir un échantillon dans

Annibal Carache.

les copies qui sont icy, tout cela n'est rien neanmoins en comparaison des originaux : Parce que la disposition du lieu où ils sont, l'estenduë de ce mesme lieu, & son ellevation contribuent à la perfection de tout l'ouvrage, & font mieux juger des raisons que le Peintre a euës pour ordonner son sujet de la maniere qu'il est ; & pour peindre chaque chose conformement aux jours, & aux ouvertures des fenestres.

Dans la Galerie, de mesme que dans la petite chambre dont j'ay parlé, Annibal a representé diverses Moralitez sous le voile de plusieurs Fables, qui toutes se raportent à faire voir les differens effets de l'Amour.

Sans nous arrester, interrompit Pymandre, à ce qui regarde l'Allegorie de ces Tableaux, considerons-en plutost je vous prie le travail, & faites moy voir s'il y a quelque difference des uns aux autres, puis qu'ils ne sont pas tous de la propre main d'Annibal.

Comme il estoit le principal auteur de cet ouvrage, repartis-je, on n'y voit pas aussi de grandes differences : tout y paroist d'un mesme esprit, & d'une mesme main. Cependant le Tableau où vous voyez Galatée entre les bras d'un Triton, a esté peint entierement par

ET LES OUVRAGES DES PEINTRES. 271

Auguſtin Carache, de meſme que celuy où l'Aurore & Cephale ſont repreſentez. Cet autre Tableau où eſt une jeune Fille qui embraſſe une Licorne, eſt de la main du Dominiquin. Celuy où vous voyez Polypheme au bord de la mer, & Galatée dans une conque tirée par deux Dauphins, eſt un des plus beaux de la Gallerie. La figure du Polypheme eſt deſſeignée de plus grande maniere & de meilleur gouſt que toutes les autres. C'eſt la derniere qu'Annibal fit de ſa main dans cette Gallerie, & par où il acheva tout ſon ouvrage l'an 1600.

Aprés qu'il eut finy ce grand travail, le Cardinal Farneſe ſouhaitoit qu'il peigniſt dans la ſalle du meſme Palais, l'Hiſtoire d'Alexandre Farneſe qui eſtoit mort en Flandres quelques années auparavant : Et deſiroit encore qu'il travaillaſt à la Coupe de l'Egliſe des Jeſuites de Rome, que le Pape ſon oncle avoit fait peindre par des Peintres de ce temps-là d'un mediocre ſçavoir, & dont le travail eſtoit ſi peu conſiderable, que le Cardinal eſtoit reſolu de faire tout abattre pour la faire peindre de nouveau. Cependant ces grands deſſeins ne reuſſirent pas ; Car voulant récompenſer Annibal, qui depuis huit ans avoit continuellement travaillé pour luy ; Lorsque ce Peintre s'attendoit de recevoir des effets de sa liberalité, un Espagnol nommé *Dom Juan di Castro*, qui s'intriguoit dans toutes les affaires du Palais, aprés avoir fait une supputation du pain, du vin & des autres choses qu'Annibal avoit receuës, persuada au Cardinal de les luy mettre en compte, & de luy envoyer seulement un present de cinq cent escus d'or. Comme on les eut portez à Annibal, il fut si surpris qu'il ne dit rien ; Mais fit bien connoistre par son silence le déplaisir qu'il ressentoit ; non pas tout à fait du peu d'argent qu'on luy donnoit, parce qu'il n'en faisoit nul compte, mais de ce qu'aprés avoir achevé un travail si considerable, il se voyoit trompé dans l'esperance qu'il avoit euë de trouver dans la recompense qu'il attendoit un témoignage glorieux de l'estime qu'on devoit faire de son ouvrage ; & aussi dequoy subvenir aux necessitez de la vie, & n'estre plus exposé à sa mauvaise fortune.

Comme Annibal estoit d'un naturel melancholique & timide, il se remplit tellement l'esprit de son malheur, que depuis ce temps-là il ne fut capable d'aucun plaisir, & tomba dans un tel estat qu'aussi-tost qu'il vouloit se mettre à peindre, il estoit contraint de quitter la pallette

&

ET LES OUVRAGES DES PEINTRES. 273

& les pinceaux que l'excez de sa melancholie ANNIBAL CARACHE. luy arrachoit des mains. Afin d'estre tout à fait libre & plus esloigné du monde, il se retira sur le Mont Quirinal auprés des quatre Fontaines, à l'endroit où est apresent l'Eglise de Saint Charles. Il y demeura sans entreprendre aucuns ouvrages, laissant à ses Esleves tous ceux qu'on luy offroit. Neanmoins ayant esté solicité par le sieur Henry Herrera, de peindre à fresque l'Eglise de Saint Jacques des Espagnols, il ne le peut refuser. Il est vray qu'aprés avoir fait les desseins & les cartons de cét ouvrage, il en abandonna l'execution à l'Albane l'un de ses disciples. Il fit seulement de sa main le Tableau de l'Autel qui est à huile, & quelques autres figures dans la Chapelle. On connut bien en ce temps-là que ce n'avoit pas esté le peu de récompense qu'il avoit receuë du Cardinal Farnese, qui avoit causé son desplaisir : mais le peu de cas qu'on avoit fait de luy & de son travail. Car la Chapelle de Saint Jacques estant achevée, il voulut que ce fust l'Albane qui en receust le payement, quoyque l'Albane en déferast l'honneur, & le profit à son maistre, qui en avoit pris la conduite, & donné les desseins. Ce qui fit naistre une genereuse contestation entre ces deux excellens hom-

Mm

Annibal Carache.

mes qui ne leur aquit pas moins d'honneur, que cet ouvrage donna de reputation à l'Albane.

Il est vray aussi que ceux qui ont connu, Annibal, ont beaucoup loüé son desinteressement, & le peu d'affection qu'il avoit, non seulement pour les richesses, mais mesme pour la loüange que la pluspart des ouvriers recherchent quelquefois avec tant d'empressement, qu'ils pensent moins à devenir sçavans qu'à acquerir de l'honneur. Il estoit persuadé que la gloire, qui semble estre la fin du travail des grands hommes, doit toujours les suivre. Que ce n'est pas à eux à la regarder ny à courir aprés : mais qu'elle doit estre consideréé par les autres sans qu'eux mesmes s'en aperçoivent. Aussi son application continuelle aux choses de son art, l'empeschoit de penser à ses affaires domestiques, & à ses interests particuliers. Il cherchoit la compagnie des gens sçavans & sans ambition. Il fuyoit les aplaudissemens de la Cour, & se plaisant à vivre en particulier avec ses Eleves, il estimoit que les heures les plus douces de sa vie, estoient celles qu'il passoit auprés de la Peinture, qu'il avoit accoustumé d'appeller sa Maistresse. Aussi n'aprouvoit-il point la maniere de faire de son frere Auguſtin qui demeuroit la plus part des jours dans les antichambres des Princes & des Cardinaux, veſtu en Cavalier pluſtoſt qu'en Peintre. Car bien qu'Annibal euſt toujours des habits aſſez propres, neanmoins lorſque ſur la fin du jour il quittoit le travail pour aller prendre l'air, il paroiſſoit aſſez negligé. Et quand il rencontroit ſon frere dans le Palais, ou ſur la place dans un eſtat qui ne ſembloit pas convenir à ſa condition, cela luy donnoit de la peine. Un jour l'ayant aperceu qui ſe promenoit avec des perſonnes de qualité, il feignit d'avoir quelque choſe à luy communiquer; Et l'ayant tiré à part luy dit tout bas à l'oreille: Auguſtin ſouvenez vous que vous eſtez fils d'un Tailleur. Puis s'eſtant retiré dans ſa chambre, il prit une feuille de papier, & y deſſeigna ſon Pere avec des lunettes ſur ſon nez qui enfiloit une eſguille, & au deſſus ſon propre nom d'Antoine. A coſté du meſme portrait, il repreſenta ſa Mere qui tenoit des cizeaux à la main. Auſſi-toſt il envoya ce deſſein à ſon frere, qui en fut ſurpris & fort offencé. Enſuite ayant eu quelques autres petits demeſlez enſemble, ils ne furent pas long-temps ſans ſe ſeparer, & meſme bien-toſt aprés Auguſtin ſortit de Rome.

Annibal Carache.

Tout cela peut donner sujet de faire divers jugemens sur l'humeur & sur la conduite d'Annibal, & d'attribuer à bassesse ou à grandeur d'ame, le peu de conversation qu'il vouloit avoir avec les gens de qualité, & la maniere dont il regardoit les choses. Cependant s'il s'est rencontré d'excellens Peintres, tant anciens que modernes qui ayent cherché à s'eslever au dessus des autres, & à faire paroistre leur merite par l'éclat des biens que la fortune leur avoit despartis, comme je vous ay autrefois fait remarquer en parlant de la vanité de Demon Athenien; ce n'est pas pourtant ce qui les a rendus considerables. On sçait bien que les grands Peintres & les Sculpteurs les plus celebres ne sont pas devenus sçavans à suivre la Cour. Au contraire il y en a eu plusieurs qui s'y sont perdus. Il s'en est veu, qui au lieu de faire valoir les talens qu'ils avoient receus de la Nature, & tâcher à se fortifier dans la connoissance de leur art, se sont contentez de la faveur des Princes, croyant leur gloire assez establie, aussi-tost qu'ils avoient acquis leurs bonnes graces.

Le Cavalier Joseph Pin fut un de ceux-là Pendant qu'Annibal vivoit avec les autres Peintres dans une moderation convenable à sa profession; Et qu'il ne pensoit qu'aux cho-

ET LES OUVRAGES DES PEINTRES. 277

ses de son art, & à perfectionner toujours ses ouvrages. Joseph Pin qui estoit d'une humeur toute opposée, content de l'estime qu'il avoit acquise auprés des Grands, ne songeoit qu'à faire sa fortune, & à paroistre dans un estat semblable aux gens de la plus haute qualité, & tres-different des autres Peintres qu'il méprisoit. Comme on luy eut dit un jour qu'Annibal avoit mal parlé d'un de ses ouvrages, l'ayant rencontré, il voulut mettre l'espée à la main pour se battre contre luy. Mais Annibal qui sçavoit que la veritable bravoure ne devoit estre entre eux, qu'en ce qui regarde le mestier de peindre, & non celuy de se battre en duël, prit un pinceau, & le luy montrant : C'est avec ces armes, luy dit-il, que je vous défie, & que je veux avoir afaire à vous, estant veritablement bien asseuré de remporter l'avantage sur son ennemy.

L'on ne peut encore assez loüer Annibal de l'amitié qu'il avoit pour ses Eleves, & du soin qu'il prenoit de les enseigner, non seulement par des paroles, mais encore par des exemples & par des demonstrations. Il avoit tant de bonté pour eux, que souvent il quittoit son ouvrage pour les voir travailler ; Et prenant le pinceau pour les corriger, il leur

ANNIBAL CARACHE.

M m iij

monstroit à mettre en pratique, les enseignemens qu'ils avoient receus de luy.

Quand il alloit avec eux dans les Eglises ou ailleurs pour y voir des Tableaux, il leur faisoit observer ceux qui estoient mauvais aussi bien que les bons ; leur faisant remarquer dans les uns & dans les autres ce qu'il faloit imiter, & ce qu'ils devoient fuïr.

Parmy les choses les plus serieuses de son art, il mesloit aussi quelquefois le plaisant & le burlesque, ayant mesme pour cela une inclination particuliere. Car non seulement il avoit l'esprit vif & prompt à dire de bons mots, & à faire des contes agreables ; mais il avoit aussi l'imagination prompte, & une facilité tres-grande à representer de ces choses bizares & extraordinaires qui ont donné le commencement à ces portraits burlesques ou chargez. Car c'est ainsi que les Peintres apellent certains visages & certaines figures, dont le dessein est alteré par l'augmentation des deffauts naturels de ceux qu'on veut representer: Ce qu'Annibal faisoit dans une ressemblance si ridicule qu'on ne peut s'empescher de rire lors qu'on en voit quelques-uns. Comme la peinture a raport à la Poësie, on peut mettre cette sorte d'imitation soubs un genre semblable à celuy des vers burlesques. Entre les ouvrages de plusieurs Peintres que le Prince de Neroli conserve, il a un livre remply de ces sortes de desseins faits par Annibal qui se divertissoit encore souvent à representer une maniere de phisionomie contraire à celle que l'on fait d'ordinaire, donnant aux animaux une ressemblance humaine. Quelque-fois aussi il representoit des hommes ou des femmes sous la figure d'un pot ou de quelque autre sorte de vase : Et de toutes ces diverses fantaisies, il composoit des ordonnances de figures, qui quoy que bisares, ne laissoient pas d'avoir quelque chose d'ingenieux & d'estre plaisantes à voir.

Cependant quoyqu'il cherchast dans ces differentes occupations à destourner l'humeur melancolique qui le travailloit, son corps & son esprit ne laissoient pas de souffrir. Les Medecins le voyant dans cette langueur, luy conseillerent de changer d'air au commencement du Printemps. Pour cet effet il s'en alla à Naples, où il fit ce qu'il put pour se rejouïr : Mais il n'y demeura pas long-temps. Dans l'impatience qu'il avoit de retourner bien-tost à Rome, il se mit en chemin pendant la chaleur de l'esté, & dans une saison

ANNIBAL CARACHE.

qui eſtant ordinairement perilleuſe à ceux qui arrivent, luy en fit reſſentir les mauvais effets; Ce qui ne fut pas neanmoins la ſeule cauſe de ſa mort. Les debauches amoureuſes auſquelles il ſe laiſſa emporter, y contribuerent beaucoup. Comme il ne s'en deſcouvrit point aux Medecins, il luy arriva le meſme accident que nous avons remarqué en parlant de Raphaël. Et n'ayant peu eſtre ſecouru par aucun remede, il mourut le 15. de Juillet 1609. agé de 49. ans.

Son corps fut porté dans l'Egliſe de la Rotonde, où il fut inhumé honorablement. Non ſeulement ſes Eleves & tous ſes amis y aſſiſterent pour luy rendre les derniers devoirs; tout le peuple meſme y acourut en foule, n'y ayant perſonne qui ne reſpandiſt des larmes, & ne regretaſt un ſi grand Perſonnage. Il eſt vray auſſi que la Peinture luy eſt extraordinairement redevable, & qu'on le doit conſiderer comme le Reſtaurateur de cet art, dans la force du deſſein, & dans la beauté naturelle des couleurs.

Il commença dabord à former ſa maniere en imitant la douceur & la pureté du pinceau du Corege; Il comprit enſuite la force & la diſtribution des couleurs du Titien: Et lors qu'il fut à Rome, il paſſa de l'imitation de la Nature &
de

ET LES OUVRAGES DES PEINTRES. 281
des couleurs à la beauté & à la perfection de l'art, dont il conceut les plus nobles Idées, en voyant les Statuës Grecques, qu'il s'imprima tellement dans l'esprit, qu'il les a esgalées, principalement dans ses belles Figures de blanc & noir, qui sont dans la Gallerie Farnese. Il considera aussi les ouvrages de Michel-Ange, mais laissant ce qu'il y avoit de trop sec dans sa maniere, & dans l'affectation qu'il avoit euë à faire parroistre les muscles & les nerfs, il ne fit attention que sur ce qu'il y a de plus beau dans ses Figures nuës que l'on voit principalement dans la voute de la chapelle où est son jugement. Quant à Raphaël il le regarda comme son maistre & son guide. Ce fut en consultant ses Ouvrages qu'il se perfectionna dans l'invention, dans les expressions, dans la grace, & dans les autres belles parties qu'il a possedées. Ce qu'Annibal tacha d'avoir de particulier fut de bien unir ensemble l'idée d'une beauté parfaite avec ce que la nature nous fait voir : se servant des maximes que les plus grands Maistres ont toujours gardées dans la conduite & dans l'execution de leurs Ouvrages.

Le jugement le plus universel qu'on a fait de ce Peintre, est qu'il acquit dans Rome une maniere beaucoup plus correcte, & un

ANNIBAL CARACHE.

Annibal Carache. deſſein plus excellent qu'il n'avoit auparavant: Mais qu'il n'avança pas de meſme dans la partie de la couleur. Ceux qui conſiderent particulierement les Tableaux qu'il fit pour les ſieurs Magnani, & qui en eſtiment plus le coloris, que celuy des peintures de la Gallerie Farneſe, veulent qu'il ait eſté meilleur Coloriſte à Bologne, & meilleur deſſeignateur à Rome. Mais c'eſt cette derniere maniere qui luy a donné un rang parmy les plus grands Peintres qu'il n'auroit peut eſtre jamais eu, s'il n'euſt ſuivy l'Eſcole de Rome, & quitté celle de Lombardie.

Ils diſent encore que les Figures & les Ornemens qu'il a feints de Stuc dans le Palais Farneſe ſont plus conſiderables que les Tableaux d'Hiſtoires qu'il a peints dans le meſme lieu; A quoy on ne peut mieux reſpondre, que ce que M. Pouſſin en a dit au raport du ſieur Bellory, qui eſt que dans les compartimens & les ornemens, Annibal ayant ſurpaſſé tous les Peintres qui avoient eſté devant luy, il s'eſtoit encore ſurpaſſé luy meſme dans ce travail: la Peinture n'ayant jamais expoſé à la veuë une compoſition d'ornemens ſi belle & ſi ſurprenante. Et quant aux Tableaux particuliers, ils meritent cette loüange d'eſtre les mieux diſpofez qu'on voye aprés ceux de Raphaël.

ANNIBAL CARACHE

Ce n'eſt pas qu'on ne puiſſe dire qu'il a pris quelque licence dans la quantité des corps qu'il a fait paroiſtre les uns ſur les autres dans la voute de la Gallerie, leſquels demandent une ſaillie de Corniche beaucoup plus grande que celle ſur laquelle il ſupoſe qu'ils ſont portez. Mais en cela il eſt excuſable, parce que ſon ouvrage eſtant tout de peinture, il a ſeulement penſé à luy donner beaucoup d'agrement & de *vaguezze*.

A l'égard du coloris, il eſt bien malaiſé de faire voir des Tableaux où l'harmonie des couleurs, & la beauté du pinceau paroiſſent d'avantage que dans les Tableaux qu'il a peints dans le Palais Farneſe, à Saint Gregoire, & en pluſieurs autres endroits de Rome. Et ſi l'on avoüe qu'il y a encore plus de deſſein & de nobleſſe, que dans ce qu'il avoit peint en Lombardie ; c'eſt un témoignage aſſez fort pour faire juger que la partie du deſſein eſt preferable à celle de la couleur, puis qu'Annibal travaillant à ſe perfectionner dans ſon art a bien voulu quitter en quelque façon la beauté du coloris pour ſuivre la grandeur du deſſein.

Car on ne peut pas dire qu'il fut moins propre pour une partie que pour l'autre, puisqu'il les a possedées toutes deux excellemment. Mais pluftoft on peut juger qu'il avoit reconnu que dans un Tableau la beauté du coloris en general ne peut pas toujours s'accorder avec l'exacte imitation de la Nature, dans laquelle il y a plusieurs demy teintes, des jours, des ombres & des reflais, qui souvent ne sont pas agreables. Il avoit veu en confrontant les ouvrages de l'Escole de Rome, avec ceux de l'Escole de Lombardie, combien ceux de Rome estoient plus excellens que les autres, & combien aussi il est difficile de joindre parfaitement ensemble ces deux parties dans un mesme sujet. C'est pourquoy comme il n'en voyoit point d'exemple, il s'en formoit des Idées si hautes & si belles, que ne pouvant rien faire dans ses ouvrages qui respondit à l'excellence de ses pensées, il refaisoit souvent une mesme chose. Il jetta plus d'une fois par terre une partie des Tableaux, & des ornemens de la Gallerie Farnese aprés les avoir peints ; parce qu'il n'en estoit pas satisfait, & qu'il les trouvoit beaucoup inferieurs à la grandeur de l'idée qu'il en avoit conceüe. Cela augmentoit sans doute beaucoup sa peine & son travail, mais il soufroit volontiers toutes ces sortes de fatigues ; se servant pour faire cet ouvrage avec plus de perfection, non seulement de desseins bien achevez, mais encore de cartons, & mesme de tableaux peints à huile, qu'il prenoit la peine de finir.

Si l'on peut trouver quelque chose à reprendre dans Annibal, c'est d'avoir abandonné quelquefois son genie à peindre des choses trop basses & deshonnestes; Et de s'estre mesme laissé tellement gouverner par Innocent Tacconi, l'un de ses Eleves, que pour luy complaire, il esloigna de luy le Guide, l'Albane, & mesme son frere Auguftin. Il est vray qu'il s'en repentit à la fin de sa vie, & qu'il chassa Tacconi, qui n'avoit garde d'estre aussi sçavant que ses autres Eleves.

Il n'est pas besoin que je vous parle de tous les Tableaux qu'Annibal a faits, soit en Lombardie, soit à Rome; si ce n'est pour vous dire qu'il y en a quelques-uns qui ne sont peints que de ses Disciples, & retouchez de sa main, comme il s'en voit trois dans l'Eglise de la *Madona del Popolo* à Rome. Pour des Tableaux de Cabinet, vous avez autrefois veu dans la Vigne Pamphile, celuy où il a representé Danaé, & dans la Vigne Aldobrandine, celuy du Couronnement de la Vierge, &

Annibal Carache.

quelques-autres qui sont composez de Figures & de Paysages. Nous en avons veu encore ensemble dans la Vigne Montalte, dans le Palais Bourghese, & chez la Marquise Sannaise, qui avoit alors le Martyre de Saint Estienne, Saint Jean qui presche au desert, & la fuite de la Vierge en Egypte, que le Cardinal Mazarin fit achepter, & qui se voyent dans le Cabinet du Roy.

Nous avons veu encore à Rome ce beau Tableau de la Nativité de Nostre Seigneur, que l'on aporta en France peu de temps aprés, M. Jabac l'ayant achepté le vendit à M. le Duc de Liancourt : Et aprés avoir passé en plusieurs autres mains, il est presentement dans celles de M. le Marquis de Hauterive.

Vous avez peu voir aussi un autre Tableau du mesme sujet, mais dont les Figures sont plus grandes. M. Mignard le vendit à M. d'Erval, & il est aujourd'huy dans le Cabinet de Monsieur Colbert. Vous vous souvenez de ceux qu'avoit autrefois M. de la Nouë. L'un de Figure ronde, dans lequel estoit representé la Vierge avec l'Enfant Jesus & Saint Joseph lors qu'ils sortirent d'Egypte : Un autre representant la Fable de Calisto ; Et le troisiéme où Venus est peinte auprés d'une Fontaine,

ET LES OUVRAGES DES PEINTRES. 287

avec les Graces & des Amours. Ces trois Tableaux sont agreables par la beauté des Figures, & par celle du Paysage, en quoy Annibal excelloit tellement qu'on peut dire qu'aprés le Titien, il a esté de tous les Peintres de son temps, celuy qui en a fait de plus beaux, non seulement en peinture, mais aussi à la plume. On voit de luy plusieurs estampes gravées à l'eau forte.

Ce n'est pas une petite gloire à Annibal d'avoir esté le seul aprés Raphaël, qui dans les derniers siecles a formé une Escole de la Peinture. Quelques-uns de ses disciples s'establirent en Lombardie sous Louis Carache, mais outre qu'Annibal enseigna Louis & Augustin, ce fut luy qui esleva les plus grands genies qui ont suivy sa maniere. Car il fut le maistre de l'Albane, du Guide, du Dominiquin, de Lanfranc, & d'Antoine Carache. Outre ceux-là ANTONIO MARIA PANICO de Bologne, estant venu fort jeune à Rome, travailla dans son Escole, & a fait plusieurs Tableaux, dont quelques-uns mesme sont retouchez d'Annibal.

Le Tacconi dont je vous ay parlé estoit aussi Bolonnois, & comme il demeuroit actuellement auprés d'Annibal, il se servoit de ses desseins,

Ant. Maria Panico.

& luy faifoit retoucher tout ce qu'il faifoit.

MASSARI. LUCIO MASSARI de Bologne que je vous ay auffi nommé, fut de ceux qui copia le mieux les Ouvrages des Caraches.

SISTO BA-DALOCCHIO. Mais un des bons deffeignateurs qui ayent travaillé fous-eux fut SISTO BADALOCCHIO de Parme. Il vint fort jeune à Rome avec Lanfranc fon compatriote. Ils furent tous deux inftruits par Annibal, aprés la mort duquel Sifto alla à Bologne avec Antoine Carache. Quelque-temps aprés eftant revenu à Rome, il fit plufieurs ouvrages dans une loge qui eft au Palais des fieurs Verofpi; Dans un Tableau, il repréfenta Polypheme avec Galatée, & dans un autre Polypheme & Acis qui s'enfuit.

Entre les Eftampes que ce Peintre a gravées à l'eau forte, il y en a fix d'aprés le Correge, & une d'aprés la Statuë antique du Laocoon qui eft à Bellevedere. Il entreprit auffi avec Lanfranc fon compagnon de graver l'Hiftoire de l'Ancien Teftament, d'aprés les Tableaux de Raphaël qui font dans les loges du Vatican. Ils en firent un livre qu'ils dedierent à Annibal Carache dans le temps qu'il commençoit à eftre fort incommodé. Sifto ne demeura pas long-temps à Rome, mais s'en retourna à Bologne,

logne, où il finit le reste de ses jours.

Comme j'eus cessé de parler, Pymandre me dit: ce que vous me venez d'aprendre des Caraches & de leurs Eleves, me confirme dans l'opinion que j'ay il y a long-temps, qu'il est bien difficile, quelque connoissant que l'on soit en Peinture de ne se pas tromper quelquefois dans les Tableaux de ces differens Peintres; & de ne pas prendre bien souvent ceux des disciples pour ceux des maistres, & des copies pour des originaux, comme vous m'avez fort bien fait remarquer qu'il y avoit des Tableaux que l'on attribuoit à Titien, à Paul Vernose, & à plusieurs autres qui n'estoient point de la main de ces Peintres.

Il faudroit estre bien hardy, luy repartis-je, pour vous asseurer qu'on ne puisse pas se tromper quelquefois dans le jugement que l'on peut faire d'un Tableau; soit pour dire s'il est original, soit pour juger precisement de quelle main il est, puisqu'il y en a eu de si bien copiez, que les maistres mesmes de l'art y ont esté trompez. Je crois vous avoir fait remarquer que cela arriva à André del Sarte. Le Comte Malvasie en parlant des Cara- *Felsina Pittrice.* Part. ches, nomme plusieurs Peintres qui se sont 3. trompez en prenant les Ouvrages de Loüis pour eſtre d'Annibal. Auſſi voit-on tous les jours des gageures & des conteſtations entre ceux de la profeſſion & les curieux. Il y a meſme quelques-uns de ces curieux qui s'y trompent volontairement, & qui feroient bien fâchez qu'on les defabuſat, aimant mieux eſtre duppez & contans, que de paſſer pour de meſchans connoiſſeurs.

Il eſt vray neanmoins que comme les belles copies font rares, & que celles qui ſont faites par des Peintres ordinaires, ſont beaucoup inferieures aux originaux, les perſonnes intelligentes, & qui ont veu quantité de Tableaux, connoiſſent aiſément la difference qu'il y a entre une ſimple copie & un original. Quand ils regardent exactement un Ouvrage fait par un diſciple, ils voyent bien s'il y a quelques parties qui ſoient retouchées par le maiſtre; Car lors que cela ſe rencontre, une telle copie eſt bien differente d'une autre. Et c'eſt ce qui fait qu'il y a des Tableaux où l'on voit de belles parties qui donnent ſujet de diſputer ſi ce font des copies ou des originaux.

Quant aux differentes manieres, vous pouvez juger qu'on n'en aquiert une parfaite connoiſſance, qu'aprés avoir beaucoup veu les divers ouvrages de tous les maistres, qui mesme ont changé souvent plusieursfois leur maniere de peindre, comme je vous ay fait remarquer des Caraches. C'est pourquoy on leur attribuë souvent des Tableaux qu'ils n'ont pas faits, sous pretexte qu'ils en ont fait de different goust.

Alors Pymandre m'interompant tout d'un coup. Comment donc, me dit-il, peut-on faire pour n'estre point trompé, & pour choisir des Tableaux qui soient originaux & de bonne main.

Le veritable moyen, repartis-je, c'est de sçavoir discerner le bon d'avec le mauvais. Je veux dire de bien connoistre, & de bien examiner un ouvrage, sans se mettre en peine qui l'a fait. Car il y en a tel qui pour n'estre que de la main du disciple ne vaut pas moins que s'il estoit fait par le maistre, comme il s'en rencontre du Dominiquin, qui ne cedent pas à ceux des Caraches. Si l'on en souhaite de la main de ces Peintres, il n'est pas impossible de les discerner entre les autres, quand on connoist leur maniere. Car pour ne pas se charger de ceux qui sont douteux, il faut regarder si toutes les parties y sont desseignées correctement, & d'un bon goust: Si le toucher du pinceau paroiſt avec une eſgale force, & une meſme franchiſe; Et enfin ſi ce beau faire & cette belle union de couleurs que l'on voit dans leurs ouvrages non conteſtez, ſe trouvent par tout, & avec une pareille entente dans celuy qu'on examine.

C'eſt ainſi à mon avis qu'il faut regarder les ouvrages des plus grands maiſtres pour en juger ſainement, ſans ſe mettre trop en peine de ſçavoir les noms de tant d'autres Peintres qui ont ſuivy leurs manieres, & qui les ont copiez. Que-ſert il, par exemple, de vouloir toujours aſſeurer qu'un Tableau eſt d'Annibal Carache, parce qu'il y aura quelques teſtes, ou un gouſt de Peindre ſemblable à ce qu'on voit de luy. Nous ſçavons que tous les Peintres qui ont eſté celebres, ont eu des diſciples qui ont tâché de les imiter, qui ont copié leurs ouvrages, qui en ont fait d'aprés leurs deſſeins, & que ces maiſtres meſmes ont bien voulu retoucher.

Je croy encore, dit Pymandre, qu'il apartient particulierement aux Peintres à connoiſtre la difference qu'il y a entre les copies & les originaux; Et que tous ceux qui ayment la Peinture ne ſont pas toujours capables de faire ce diſcernement.

L'on peut juger des Tableaux, luy repondis-je, en differentes manieres. Car premierement tout le monde peut dire son avis sur la ressemblance des choses. C'est pourquoy les ignorans jugent librement de ce qu'ils voient de bien imité dans un Tableau, & de ce qui plaist à leurs yeux, mais ne vont pas plus avant dans le secret de l'art. Les sçavans au contraire jugent de la parfaite imitation, & de la science de l'ouvrier : Et ces sçavans peuvent estre, ou les Peintres, ou ceux qui ont une notion parfaite de la Theorie de l'art. Car encore que quelques-uns ayent dit qu'il faut estre ouvrier pour juger de ce que font les Peintres, les Sculpteurs, ou les autres Artisans : & que Ciceron semble estre de ce sentiment, quand il croit que les Peintres descouvrent dans un Tableau beaucoup de choses que tout le monde n'y voit pas ; Il faut neanmoins entendre particulierement cela, pour ce qui regarde le travail de la main, & la difficulté qui se trouve dans l'execution. Car on ne peut pas nier que les Peintres & les Sculpteurs ne sçachent mieux que ceux qui ne travaillent point, combien il est mal-aisé de trouver les teintes de toutes les couleurs, & la peine qui se rencontre à bien tailler le marbre. Mais il faut aussi

Docti rationem artis intelligunt, indocti voluptatem. Quint. 9. 4.

De Pictore, Sculptore, Pictore nisi artifex judicare non potest. Plin. Jun. l. 1. Ep. 10. *Multa vident Pictores in umbris & in eminentia quæ nos non videmus.* Cic. acad. quæst.

demeurer d'accord qu'il y a bien des Peintres & des Sculpteurs qui sont aussi peu capables de bien juger d'un ouvrage, que d'en faire qui meritent de l'estime. Et qu'aucontraire il se voit beaucoup d'autres personnes qui ont l'esprit assez droit & assez éclairé pour en juger aussi bien que les Peintres mesmes, & qui souvent discernent mieux ce qu'il y a de bien & de mal, parce qu'ils ne sont preocupez d'aucun interest ny d'aucun goust particulier. Et quoique ces personnes n'ayent point d'experience dans ce qui regarde la pratique, ils connoissent pourtant ce qui est bien.

Je ne croy pas, interrompit Pymandre, que les Peintres & les Sculpteurs demeurassent d'accord de ce que vous dites.

Ils auroient grand-tort, repartis-je, d'y trouver à redire, puisqu'eux mesmes exposent tous les jours leurs ouvrages pour estre loüez ou censurez de tout le monde; & sçavent fort bien les faire valoir quand ils ont contenté ceux pour qui ils les ont faits, ou qu'ils ont l'approbation des gens connoissans.

Je vous diray bien plus, qu'il se rencontre des personnes qui ayant fait une estude particuliere de la Theorie de ces beaux arts, &

ET LES OUVRAGES DES PEINTRES. 295

de tout ce qui en defpend, font, fi j'ofe le dire, plus capables que certains Peintres, d'en juger fainement ; Parce que ces perfonnes ont plus d'intelligence & de lumiere que ces Peintres qui n'ont que la pratique & l'ufage de la main : Et que dans les arts comme dans toutes les fciences les lumieres de la raifon, font au deffus de ce que la main de l'ouvrier peut executer. Auffi c'eft une chofe beaucoup plus noble & plus confiderable de fçavoir parfaitement ce que plufieurs font, que de faire feulement ce qu'un autre fçait. Car comme felon Galien la main eft un organe qui peut fupléer à tous les inftrumens, ainfi la raifon dans l'homme peut fupléer à tous les arts. C'eft pourquoy elle eft confiderée comme la Maiftreffe qui commande & qui ordonne ; l'execution manuelle luy obeït comme fa fervante.

Multo enim majus atque altius fcire quod quifque faciat, quàm ipfum efficere quod fciat, &c. Boët Mufices. l. 1. c. 34.
Dans fon livre de l'ufage des parties.

Il eft vray que quand un efprit bien éclairé, une parfaite connoiffance, & une grande pratique fe trouvent joints enfemble dans une mefme perfonne, alors celuy qui les poffede a toute forte d'avantage pour juger, & pour travailler avec un heureux fuccez. Nous pouvons mettre dans ce rang tous les grands Peintres qui ont fi bien imité ce qu'ils ont veu dans la Nature, & ce qu'ils ont imaginé de beau.

Je vous diray aussi que souvent les grandes lumieres d'esprit, & une parfaite connoissance des choses, font que ces hommes celebres, quoique sçavans dans leur art, travaillent avec plus de peine, & sont plus retenus que les autres ; parce qu'agissant toujours avec un jugement fort esclairé, ils discernent aisement la difference qui se trouve entre ce qu'ils imaginent & ce qu'ils produisent. Et comme ils rencontrent beaucoup de choses à corriger dans l'execution de leurs pensées, cela augmente leur travail, & quelquefois leur en donne un degoust.

AUGUSTIN CARACHE. l'an 1558.

C'est ce qu'on a remarqué dans AUGUSTIN CARACHE, qui estoit né avec une disposition entiere pour les sciences & pour les arts. Aprés avoir apris les belles lettres, il s'apliqua à la Philosophie, aux Mathematiques, à la Poësie & à la Musique. Mais estant particulierement porté pour la Peinture, il se mit à dessigner, à travailler de Sculpture, & à graver au burin. Comme il avoit beaucoup d'esprit, il concevoit si aisement tout ce qui regardoit la perfection de chacun de ces arts, que ne trouvant pas une facilité aussi grande qu'il eust bien
voulu

ET LES OUVRAGES DES PEINTRES. 297

voulu pour executer ce qu'il avoit imaginé, il se fâchoit contre luy-mesme, & rompoit souvent ce qu'il avoit fait, sans le monstrer à Prospero Fontana qui fut son premier maistre. Et parce qu'on ne subçonnoit pas que ce qu'il en faisoit vint d'une connoissance qu'il avoit déja acquise du bien & du beau, on attribuoit ses emportemens à une humeur impatiente, & à un degoust qu'il avoit de la peinture.

Son pere l'ayant mis sous Domenico Tebaldi pour aprendre à graver au burin, il surpassa bien-tost son Maistre. Ce fut aprés l'avoir quitté qu'il alla, comme je vous ay dit, avec Annibal par toute la Lombardie, pour peindre d'aprés les plus beaux ouvrages que l'on y voyoit; que les siens auroient sans doute bien-tost esgalez, s'il n'eust point quitté la peinture pour s'attacher uniquement à la graveure, lors qu'ayant laissé Annibal à Parme, il s'en alla à Venise. Car bien qu'il n'ait rien gravé que de tres-considerable, & qui luy ait acquis beaucoup de gloire; cette gloire neanmoins n'est pas comparable à celle qu'il eust peu remporter, s'il se fut entierement apliqué à la peinture, pour laquelle il avoit des talens tous particuliers.

P p

AUGUSTIN CARACHE.

On conceut de grandes esperances de luy, lors qu'estant de retour de Venise, il fit ce Tableau qui est aux Chartreux de Boulongne, où il representa Saint Jerosme, qui reçoit la communion. Cet ouvrage passe pour un des plus beaux, & des plus considerables qu'il ait faits. Quelques-uns ont dit qu'il n'y travailla pas seul, mais que Louis & Annibal y mirent aussi la main. Il en fist encore plusieurs avant que d'aller trouver Annibal à Rome; Et quand ils se furent separez, & qu'il fut retourné à Parme, il en entreprit d'autres pour le Duc Ranuccio. Il peignit dans la voute d'une chambre plusieurs sujets qui avoient raport à l'Amour de la vertu, à l'Amour deshonneste, & à l'Amour d'interest. Il traita ces sujets poëtiquement & sous differentes fables. Il est vray qu'ils ne furent pas tous achevez, & qu'il y eut la place d'un Tableau qui demeura vuide par la mort d'Augustin.

Le Duc ne voulut pas permettre qu'aucun autre Peintre y touchast, & crut qu'on ne pouvoit remplir plus dignement cette place pour la gloire d'Augustin, qu'en y mettant son Eloge. Pour cét effet on se servit de la plume d'Achilini homme celebre & sçavant, qui fit celuy que je vais vous dire.

ET LES OUVRAGES DES PEINTRES.

AUGUSTIN CARACHE.

AUGUSTINUS CARRACIUS
DUM EXTREMOS IMMORTALIS SUI PENNICILLI TRACTUS
IN HOC SEMIPICTO FORNICE MOLIRETUR,
AB OFFICIIS PINGENDI ET VIVENDI
SUB UMBRA LILIORUM GLORIOSE VACAVIT:
TU SPECTATOR
INTER HAS DULCES PICTURÆ ACERBITATES
PASCE OCULOS,
ET FATEBERE DECUISSE POTIUS INTACTAS SPECTARI
QUAM ALIENI MANU TRACTATAS MATURARI.

Comme Augustin fut assez long-temps malade, il se retira dans le Convent des Capucins pour mieux se preparer à mourir. Là dans dans un esprit de Penitence, il passoit les jours à prier & à mediter. Pendant quelques heures de relâche qu'il eût dans sa maladie, il fist un Tableau où il representa Saint Pierre qui pleure son peché après avoir renié son maistre. Et parce qu'il avoit continuellement la mort devant les yeux, il entreprit de faire le Jugement universel. Mais à peine avoit il commencé de l'esbaucher que son mal estant venu à l'extremité, il mourut le 22. de Mars l'an 1602. agé de 43. ans. Annibal en eut beau-

Augustin Carache.

coup de deplaisir, & vouloit luy eslever un monument dans le lieu où il estoit enterré. Mais deux amis d'Augustin le previnrent & firent faire son Epitaphe par le mesme Achillini que je viens de vous nommer. L'Academie de Bologne luy fit aussi des funerailles magnifiques : tâchant par ces pieux devoirs à soulager la douleur qu'elle receut de la perte d'un homme auquel elle estoit si redevable, & qu'elle cherissoit si tendrement.

Je ne vous diray rien de particulier de toutes les choses qu'il a gravées tant de son invention, que d'aprés les ouvrages de plusieurs excellens maistres ; le nombre en est trop grand ; Elles sont si estimées & si belles, que vous serez bien aise de les voir un jour.

Antoine Carache.

Il laissa un fils nommé ANTOINE, lequel estant encore fort jeune, il recommanda à Annibal qui en prit beaucoup de soin, le faisant instruire dans les lettres humaines, & luy montrant à desseigner. Aprés la mort d'Annibal, Antoine se mist à estudier d'aprés les plus beaux ouvrages qui estoient à Rome. Le Cardinal Tonti qui avoit de l'affection pour luy, le fist travailler dans l'Eglise de Saint Sebastien qui est hors les murs de la Ville, & l'engagea à peindre à fraïque trois

ET LES OUVRAGES DES PEINTRES, 305

Chapelles à Saint Barthelemy dans l'Isle. Cette ANTOINE CARACHE
Eglise estoit autrefois le Temple d'Esculape.
Nous y avons esté ensemble voir les ouvrages
de ce Peintre. La Chapelle qui est dediée à
Saint Charles, est la derniere qu'il a peinte.
Entre plusieurs Tableaux où il a representé
l'Histoire de ce grand Saint : Celuy qui est sur
l'Autel, est des plus considerables ; & le Paysage d'un goust trés-exquis. Si ce Peintre eust
vescu long-temps, il y a apparence qu'il seroit arrivé à un haut degré de perfection :
mais il mourut qu'il n'avoit que 35. ans l'an
1618. Il y a dans le Cabinet du Roy un Tableau de luy, où est representé le déluge.

Voila en peu de mots quels ont esté les
Caraches, dont on peut dire que la fortune
estoit petite, & la reputation mediocre pendant qu'ils ont vescu, en comparaison de la
gloire qu'ils ont acquise aprés leur mort. Parce que durant leur vie ils avoient à combattre l'Escole du Caravage, & celle de Joseph
Pin, toutes deux bien differentes de la leur.
Car encore que celle des Caraches & de leurs
Eleves, ait enfin obscurcy les deux autres;
Rome neanmoins estoit si partagée dans le
temps que les Caraches y travailloient, que
Joseph Pin & le Caravage avoient bien plus

Pp iij

de Partifans qu'Annibal & Auguftin.

Ceux, comme je vous ait dit, qui ne regardoient dans la peinture qu'une forte & naturelle reprefentation des chofes, prenoient plaifir à confiderer dans les Tableaux du Caravage, cette fimple & vile, s'il faut ainfi dire, imitation de la Nature, fans faire aucun difcernement du beau d'avec le laid. Et ceux au contraire qui, fans s'attacher à la Nature, fe plaifent à voir de grandes imaginations bien reprefentées, admiroient cette abondance, cette facilité, & ce que les Italiens appellent *la furia*, qui fe remarquent dans les compofitions de Jofeph Pin.

LE CARA-VAGE.

l'an 1609.

Le CARAVAGE fit plufieurs Ouvrages à Rome, à Naples & à Malte, & ce fut au retour de Malte, qu'il mourut avant que d'arriver à Rome. Il fe nommoit Amerigi, fon pere eftoit un maçon de Caravage en Lombardie.

MANFREDE.

Entre fes Eleves BARTHELEMY MANFREDE natif de Mantoüe, fut un de ceux qui fuivit le mieux fa maniere, il y a plufieurs Tableaux de luy qu'on a pris pour eftre du Caravage, principalement ceux où il s'eft efforcé de l'imiter. Il luy manquoit pourtant la partie du deffein dans laquelle il fe fuft peut-

ET LES OUVRAGES DES PEINTRES. 303

eſtre fortifié s'il euſt veſcu d'avantage : Mais ſes desbauches deshonneſtes luy cauſerent des maux dont il mourut fort jeune.

Charles SARACINO Venitien ſuivit encore le meſme gouſt de peindre. Il affectoit dans ſes compoſitions de repreſenter ſouvent des Eunuques ſans cheveux & ſans barbe. SARACINO.

Le VALENTIN qui eſtoit François & natif de Coulommiers en Brie, imita auſſi la maniere du Caravage ; donnant beaucoup de force & de couleur à ce qu'il faiſoit. Il ne fut pas plus judicieux que ſon maiſtre dans le choix des ſujets, comme vous pouvez remarquer dans les Tableaux qui ſont icy, qu'on peut regarder neanmoins comme des plus beaux qu'il ait faits. Il mourut auſſi aſſez jeune, & l'on peut dire par ſa faute. Car un ſoir qu'il avoit fait la débauche, ſe ſentant extraordinairement eſchauffé, il ſe mit dans le Baſſin d'une Fontaine pour ſe rafraiſchir, où il ſe gela tellement le ſang, qu'il mourut incontinent aprés. LE VALENTIN.

JOSEPH RIBERA de Valence ſurnommé L'ESPAGNOLET fut encore un des Imitateurs du Caravage. Il travailla beaucoup à Naples. Il avoit une telle averſion pour le Dominiquin, qu'il ne le contoit jamais parmy les RIBERA.

bons Peintres; & mesme luy fist beaucoup de facheuses affaires dans Naples par le credit qu'il avoit auprés du Vice-Roy.

HONT-HORST.

Il y eut encore un GHERARDO HONTHORST natif d'Utrecht, qui estant venu à Rome pendant que le Caravage estoit en credit, se mist à peindre comme luy d'une maniere forte & noire. Il representoit ordinairement ses sujets dans une nuit, ou dans une grande obscurité, esclairez de la lumiere du feu. Je ne vous parle pas d'une quantité d'autres dont je pourray me souvenir dans la suite.

JOSEPH PIN.

Quant à JOSEPH PIN, comme il a vescu fort long-temps, & qu'il s'estoit mis de bonne heure en reputation, il a fait un grand nombre d'ouvrages. Son Pere qui estoit un Peintre assez mediocre natif de la Ville d'Arpino, le mist fort jeune avec les Peintres qui travailloient aux Loges que le Pape Gregoire XIII. faisoit peindre au Vatican. Il servoit seulement à accommoder leurs palettes, & à disposer leurs couleurs de la maniere qu'on s'en sert pour la fraisque. Cependant Joseph Pin avoit un si grand desir de peindre, qu'il eust bien voulu donner aussi quelques coups de pinceau. Mais comme il n'avoit guere plus de treize ans, il estoit timide & n'osoit pas entreprendre

ET LES OUVRAGES DES PEINTRES. 305

JOSEPH PIN.

treprendre de faire quelque chose de luy, près des ouvrages que l'on faisoit en ce lieu-là. Neanmoins un jour il fut tenté de faire voir ce qu'il sçavoit. Prenant le temps qu'il estoit seul, il se mit à peindre de petits Satyres, & d'autres Figures contre des pilastres. Quoique les choses qu'il fit ne fussent que des coups d'essay, elles se trouverent si bien & si pleines d'esprit, que de tous ceux qui peignoient pour lors au Vatican, il n'y en avoit guere qui eussent peu faire mieux. Dabord on vit ces peintures sans y faire attention. Mais comme l'on s'aperceut que de temps en temps il paroissoit quelque chose de nouveau qui se faisoit secretement, & pendant qu'il n'y avoit personne, il y eut des Peintres qui se cacherent pour voir qui en estoit l'auteur. Comme ils eurent découvert que c'estoit Joseph Pin, ils en furent encore plus surpris, ne pouvant assez admirer comment ce jeune homme, qu'ils ne regardoient presque que comme un enfant, avoit si bien reüssi dans ce qu'il avoit fait.

Pendant qu'ils s'entretenoient de cela, le Pere Ignace Danti Dominiquin, qui avoit la surintendance de ces peintures, estant survenu, il aprit d'eux ce qui s'estoit passé. Quand

Q q

JOSEPH PIN

on luy eut monftré l'ouvrage dont eftoit queftion, il ne fut pas moins eftonné que les autres, de voir de fi heureux commencemens. Ayant fait venir Joseph Pin, il remarqua en luy beaucoup de modeftie & de pudeur. Il doüa ce qu'il avoit fait, & pour l'animer davantage luy promit de le fervir. Ce qu'il fit bien-toft en effet, parce que dés le foir mefme, le Pape eftant venu felon fa couftume pour voir ce que l'on avoit peint, il luy prefenta Joseph Pin, & luy parla favorablement de luy. Il luy fit connoiftre combien on voyoit d'efprit dans ce qu'il faifoit, & qu'on avoit lieu d'efperer qu'il pouroit devenir un excellent Peintre, fi Sa Sainteté vouloit bien le favorifer de quelque fecours, afin de pouvoir s'appliquer davantage à l'eftude.

Le Pape qui ne manquoit pas de charité pour ceux qu'il voyoit portez à la vertu, luy accorda fur le champ, non feulement pour luy, mais encore pour toute fa famille, ce qu'on appelle à Rome *la parte*, avec une penfion de dix efcus par mois: donnant ordre que pendant qu'il travailleroit au Vatican, on luy payaft outre cela un efcu d'or par jour: Ce qui fut executé ponctuellement tant que le Pape vefcut.

Le premier ouvrage qu'il fit, est dans l'an- JOSEPH PIN.
cienne sale des Suisses, où il peignit de clair-
obscur Samson qui enleve les Portes de la
Ville de Gaza. Il fit ensuite plusieurs autres
Tableaux. Et comme il eut peint dans le Cloistre de la Trinité du Mont, la Canonisation
de Saint François de Paule, il acquit tant d'estime, qu'on ne parloit plus que de Joseph d'Arpino. Car bien qu'il fust né à Rome, il voulut toujours se faire appeller d'Arpino, soit
par l'amour qu'il eut pour les pays de son
Pere, soit que ce fust pour complaire aux
Boncompagni Seigneurs de cette Ville, &
desquels il tenoit sa fortune.

Je serois trop long si je voulois vous dire
tout ce qu'il a fait dans des Eglises & dans des
Palais de Rome. Vous avez veu ce qu'il a
peint au Capitole, où il a representé la bataille donnée entre les Romains & les Sabins.
C'est un de ses plus beaux & de ses plus grands
ouvrages, à cause de la quantité de figures
à pied & à cheval qu'il a disposées en differentes actions, & d'une maniere où l'on voit
beaucoup d'esprit. Il avoit une inclination
naturelle pour ces sortes de compositions, où
il entroit des chevaux, qu'il exprimoit assez
heureusement ; parce qu'il les aymoit, qu'il

Qq ij

JOSEPH PIN.

montoit souvent à cheval, & qu'il se plaisoit à paroistre en habit de cavalier.

Lorsque le Cardinal Aldobrandin vint Legat en France, Joseph Pin qui estoit à sa suite, fit present au Roy Henry IV. de deux Tableaux; l'un où Saint George est à cheval, & l'autre où Saint Michel est peint terrassant le Demon.

Quand il fut de retour à Rome, au lieu d'achever ce qu'il avoit commencé au Capitole, il travailla dans l'Eglise de Saint Jean de Latran, que Clement VIII. faisoit orner de peintures, & dont il luy avoit donné toute la conduite. Ensuite il fit quantité d'autres ouvrages sous les Papes Paul V. & Urbain VIII. Et aprés avoir vescu jusqu'à l'âge de quatre-vingt ans dans une grande reputation, il mourut à Rome le 3. Juillet 1640. Il fut enterré dans l'Eglise *d'Ara Celi*, où il avoit destiné sa sepulture, laissant deux garçons & une fille assez richement pourveus. Mais on peut dire que s'il se fust mieux conduit qu'il ne faisoit auprés des Princes qui l'employoient, il eust amassé beaucoup plus de bien qu'il ne fit, & plus d'estime pour sa memoire. Car au lieu de vivre de la maniere qu'il devoit avec les grands Seigneurs qui le recherchoient, il se comportoit de telle sorte qu'il sembloit les mépriser ; Ce qui leur donnoit beaucoup de dégoust pour sa personne. Le Pape mesme à qui il avoit toutes sortes d'obligations, fut à la fin rebuté de ses façons d'agir. Car bien que Sa Sainteté eust plusieurs fois employé jusques aux prieres pour luy faire avancer les Peintures de Saint Jean de Latran, neanmoins au lieu d'y travailler luy mesme assidüement, tantost il se cachoit & tantost il alleguoit mille excuses sur le retardement des ouvrages, & fit tant par ses delais, qu'ils ne furent point achevés pour l'année du grand Jubilé 1600. quoiqu'il l'eust plusieurs fois promis, & que le Pape le souhaitait avec passion.

Toutes les autres personnes, n'estoient pas plus satisfaites de luy, parce qu'il les traitoit de la mesme maniere, bien que par un certain destin il eust aquis un tel credit à la Cour du Pape, qu'on se sentoit comme forcé à le regarder, & à luy faire malgré qu'on en eust des caresses & des presens, que sa conduite ne meritoit point. S'il eust bien connu son bonheur, jamais personne n'eust passé sa vie plus heureusement que luy. Dés sa jeunesse la fortune luy fut favorable : mais au lieu de la bien recevoir ; il sembloit qu'il mesprisast toutes les graces qu'elle luy fit ; & les honneurs dont tout le monde le combloit. Il avoit une bonne complexion & une santé parfaite. Sa conversation estoit agreable, s'exprimant avec beaucoup d'esprit & de facilité. Cependant avec tous ces avantages, il estoit toujours mal content de son estat ; & se plaignant continuellement tantost d'une chose, tantost d'une autre ; il finit sa vie sans avoir jamais peu estre satisfait, ny de biens, ny d'honneurs, luy qui devoit l'estre dautant plus qu'il jouïssoit de tous ceux que les Caraches & beaucoup d'autres Peintres meritoient davantage que luy. Car outre les faveurs qu'il receut des Papes que je vous ay nommez, le Roy Louis XIII. l'honnora aussi de l'Ordre de Saint Michel ; & de plusieurs presens, en reconnoissance d'un Saint Michel, & de quelques autres Tableaux qu'il avoit envoyez à Sa Majesté.

Il a fait quelques Eleves & quantité d'ouvrages, mais à vous dire vray ses ouvrages demeurerent muets depuis qu'il eut perdu la parole ; Et l'Estoile qui conduisoit la fortune de Joseph Pin n'a pas pris le mesme soin de ses peintures, qui n'ont pas esté en si grande reputation depuis qu'il ne les a plus souste-

ET LES OUVRAGES DES PEINTRES. 311

nuës par sa presence, tant il est vray qu'on ne juge équitablement du merite des hommes, & de ce qu'ils ont esté, que lors qu'ils ne sont plus au monde; & que la faveur & l'envie qui les abandonnent, laissent la liberté de dire ce qu'on en pense.

On peut donc regarder Joseph Pin, interrompit Pymandre, comme un Peintre qui a esté en vogue, & qui avoit du credit à la Cour de Rome, mais qui n'a jamais acquis un veritable honneur, puisque l'honneur est la récompense de la vertu & du merite déferée à quelqu'un par le jugement, & par l'amour de tout le peuple. Ce qui fait que celuy qui obtient cette recompense par des voyes legitimes passe pour un honneste homme, & qu'au contraire ceux qui n'ont recherché que du credit & de l'estime, & qui pour en acquerir, ont (s'il faut ainsi dire) forcé les loix & violenté les esprits, n'ont jamais possedé qu'une fausse reputation. Peut-estre mesme que si le Peintre dont vous venez de parler se fust contenté de s'eslever par les degrez ordinaires, & qu'il eust tenu le chemin que tant d'autres excellens hommes ont suivy, il eust jouy d'une plus grande gloire, parce qu'ayant acquis de l'honneur par la liberté des suffra-

Joseph Pin.

Cic. in Brut.

JOSEPH PIN.

ges de tout le peuple, on ne luy eust pas osté aprés sa mort un bien qu'on luy auroit donné librement pendant sa vie; mais comme il l'avoit usurpé, il ne faut pas s'estonner si on ne l'a pas toujours laissé joüir de ce qui ne luy apartenoit pas.

Il s'est trouvé encore assez d'autres Peintres, repartis-je, qui emportez d'une passion immoderée, & qui comme Joseph Pin, aspirans à la gloire avec trop de precipitation, se sont perdus par leur vanité. Mais l'on ne doit pas mettre au nombre de ceux-là LE PADOüAN qui vivoit encore alors. Il faisoit fort bien des portraits, & gravoit sur l'acier pour faire des Medailles. Quoy qu'il fust beaucoup estimé à cause de l'excellence de son travail; il l'estoit encore davantage pour sa vertu & pour ses bonnes mœurs. Bien loin de s'eslever au dessus des autres, & de se remplir l'esprit de pensées ambitieuses, il ne songeoit, parmy ses occupations ordinaires, qu'à vivre dans la moderation, & mesme avec beaucoup de pieté. Il avoit toujours dans l'esprit qu'il faloit quitter cette vie, & pour mieux penser à la mort, il avoit fait faire un cercueil qu'il tenoit sous son lit, & qu'il regardoit souvent comme sa derniere demeure. Il vescut dans ces pieux sentimens jusqu'à l'âge

LUDOVICO LEONE PADOUANO.

de

ET LES OUVRAGES DES PEINTRES. 313
de soixante & quinze ans, qu'il mourut sous
le Pontificat de Paul V. Il laissa un fils qui he-
rita de sa vertu comme de ses biens. On l'ap-
pelloit aussi le PADOüAN, quoy qu'il fust né à Il Cava-
Rome. Il faisoit aussi particulierement des por- lier Ot-
traits, & mourut âgé de 52. ans. tavio Pa-
 doüano.

LE CIVOLI vivoit dans le mesme temps, il Ludovico
estoit de Florence, & avoit estudié d'aprés les Civoli.
ouvrages d'André del Sarte. Vous avez veu
dans l'Eglise de Saint Pierre un Tableau de
luy que l'on estime beaucoup. Il le fit par
l'ordre du Duc de Florence du temps de Clement VIII. Il eut pour disciple DOMINICO Li Feti.
FETI de Rome, qui mourut âgé de trente
cinq ans, & duquel vous avez peu voir des
ouvrages dans le Cabinet du Roy. Il y a un
Tableau où est representé l'Ange Gardien, &
un autre de Lapis, sur lequel est peint Loth
& ses deux filles. M. le Marquis de Hauterive
a un Saint François qui est un des beaux que
ce Peintre ait fait.

Le jeune PALME petit neveu de celuy qu'on Giacomo
nommoit le Vieux, travailloit aussi en ce Palma.
temps-là, & mourut au commencement du
Pontificat d'Urbain VIII.

J'oubliois de vous dire que pendant que le
Cavalier Joseph Pin estoit en vogue dans

R r

FREDERIC ZUCCHERO. Rome, FREDERIC ZUCCHERO avoit déja fait beaucoup d'ouvrages. Je vous en dis quelque chose en parlant de ce que Tadée son frere a fait à Caprarole: Mais vous ferez peut-estre bien aise de sçavoir qu'aprés qu'il eut fini pour le Cardinal Farnese, ce qu'il avoit commencé avec son frere, il fut appellé à Florence par le grand Duc pour achever de peindre la coupe de l'Eglise *de Sancta Maria del Fiore*, que le Vasari avoit laissée imparfaite. Ensuite le Pape Gregoire XIII. le fit venir à Rome pour Peindre la voute de la Sale Pauline. Pendant qu'il y travailloit il eut quelques differens avec des Officiers du Pape; & pour se venger d'eux, il fit un Tableau où il representa la Calomnie. Il y peignit au naturel & avec des oreilles d'asnes tous ceux dont il se tenoit offencé: & ensuite l'exposa publiquement sur la porte de l'Eglise de Saint Luc le jour de la Feste de ce Saint. Le Pape l'ayant sceu s'en fâcha de telle sorte contre le Peintre, que s'il ne fut sorty de Rome, il couroit risque d'estre chastié rigoureusement.

N'est ce point, dit Pimandre, ce que l'on voit gravé.

La Calomnie, répondis-je, que Corneille Cort a gravée d'aprés Frederic, n'est pas celle dont je viens de parler, mais une autre qu'il avoit peinte à destrempe à l'imitation de celle d'Apelle, laquelle a esté long-temps entre les mains des Ducs de Bracciano. La colere du Pape fut donc cause qu'il s'en alla en Flandre, où il fit quelques cartons pour des Tapisseries. De-là il passa en Holande, & en suite en Angleterre, où il fit le portrait de la Reine Elisabeth, qui l'en recompensa honorablement. Ce fut à son retour d'Angleterre qu'il travailla à Venise dans la grande Sale du Conseil, où il fit un Tableau en concurence de Paul Vernose, du Tintoret, de François Bassan, & du Palme.

Quelque-temps aprés, le Pape Gregoire ne pensant plus au sujet qu'il avoit eu de se fâcher contre Frederic, le fit retourner à Rome, où non seulement il acheva la voute de la Sale Pauline, mais y fit encore plusieurs histoires à fraisque contre les murailles. Ce fut sous le Pontificat de Sixte V. qu'estant appellé par Philipes II. Roy d'Espagne, il peignit à l'Escurial; mais on ne fut pas satisfait de ce qu'il y fit à fraisque. Desorte qu'il retourna à Rome, où il commença de travailler au parfait establissement de l'Academie : Et mettant en son entiere execution le Bref que Gregoire XIII.

Fraderic Zucchero avoit donné pour son erection ; il fut le premier qu'on esleut Prince de l'Academie, parce qu'il estoit cheri & estimé, non seulement de tous ceux de sa profession, mais de tous les honnestes gens. Ce fut dans ce temps-là qu'il s'avisa de bastir proche de la Trinité du Mont au bout de la ruë Gregorienne, cette maison que vous avez veuë, & qu'il a peinte à fraisque par dehors. Il fit faire une grande Sale propre pour y desseigner & pour y mettre l'Academie, qu'il affectionnoit si fort, que par son testament il la fit son heritiere universelle, & luy substitua tous ses biens en cas que ses heritiers mourussent sans hoirs. Cependant la despense qu'il fit à sa maison, l'incommoda de telle sorte, que lassé de bastir, & espuisé d'argent, il sortit de Rome, & s'en alla à Venise, où il fit imprimer les livres qu'il a faits sur la Peinture.

De là estant passé en Savoye, il commença de peindre une Gallerie pour le Duc qui le traita favorablement. Enfin aprés avoir esté à Lorette, & s'estre bien promené par toute l'Italie, il alla à Ancone, où estant tombé malade, il mourut âgé de soixante & six ans.

Il n'y a point eu de Peintre de son temps qui ait eu plus de bonneur dans ses entrepri-

ET LES OUVRAGES DES PEINTRES. 317

fes, qui ait efté fi bien payé de fes ouvrages, FREDERIC ZUCCHERO. & qui ait efté plus careffé de tous les grands. Non feulement il fut un excellent Peintre, mais auffi il travailla de fculpture & modela parfaitement bien. Il entendoit l'Architecture, il efcrivit de fon art comme je vous ay dit, & fit imprimer des Poëfies de fa façon. Avec tous fes talens il eftoit bien fait de corps, & avoit les mœurs d'un honnefte homme. On voit plufieurs de fes ouvrages gravez au burin ; entr'autres noftre Seigneur attaché à la colonne. Cette eftampe eft gravée par CHE- CHERUBIN ALBERT. RUBIN ALBERT, qui a auffi fait plufieurs Tableaux dans Rome, où il mourut âgé de 63. ans l'an 1615.

Le Cavalier PASSIGNANO fut difciple de DOMENICO PASSIGNANO. Frederic Zucchero. Il eftoit d'une honnefte famille de Florence, & ce fut dans le temps que Frederic travailloit à la coupe de *Santa Maria del Fiore* qu'il s'engagea fous luy. Bien que le Paffignan ne foit pas un Peintre que l'on doive mettre dans les premiers rangs. Il ne laiffa pas de travailler dans fon temps avec honneur & reputation. Comme il eftoit dans la curiofité des medailles antiques, & qu'il eftoit fort riche, il fut toujours recherché & confideré de tout le monde, il vefcut jufques à

R r iij

l'âge de quatre-vingts ans, qu'il mourut à Florence sous le Pontificat d'Urbain VIII.

<small>HORACE GENTILES-CHI.</small>

HORACE GENTILESCHI estoit Contemporain du Passignan, & né à Pise. Ses ouvrages estoient assez considerez; mais estant d'une humeur tout à fait brutale & porté à la medisance, sa personne ne fut pas en grande consideration. Vous pouvez voir un Tableau de luy dans la Chambre du Roy.

Alors Pymandre m'interompant; Encore, dit-il, qu'il y ait des ouvrages du Gentileschi chez le Roy, & peut estre aussi du Passignan, je m'imagine qu'on ne doit pas pour cela considerer davantage ces Peintres : & que leurs Tableaux ne sont pas de ceux qu'on y admire le plus. Car il me souvient qu'estant à Rome j'en vis un du Passignan, dont l'on ne faisoit pas grand cas, peut estre estoit-ce un des moindres qu'il ait faits.

Bien qu'il y ait eu, repartis-je, plusieurs des Peintres dont je vous ay parlé, qui ayent eu le courage d'aspirer à la perfection de leur art, ou du moins fait leurs efforts pour y parvenir; Il y en a peu neanmoins qui ayent esté assez heureux pour y atteindre. Mais mon dessein estant de remarquer les qualitez de ceux dont on voit davantage d'ouvrages, & dont le nom me vient dans l'efprit, je le fais fans crainde vous ennuyer, de forte toutefois que vous puiffiez diftinguer d'avec les plus grands Peintres, ceux qui n'ont fceu que faire du bruit dans le monde par la quantité de leurs Tableaux, ou par leurs intrigues. Car quoique la Peinture ne fut pas alors dans un aufli haut degré de perfection qu'elle avoit efté plufieurs années auparavant, elle ne laiffoit pas d'eftre en vogue; Et la Ville de Rome eftoit remplie de plufieurs Peintres eftrangers, qui travailloient conjointement avec ceux du pays, & qui avoient part à l'honneur des ouvrages qui fe faifoient alors.

HENRY GOLTIUS eft un de ceux qui a autant qu'aucun autre donné de la gloire à la peinture, & travaillé pour la reputation de quantité de Peintres, par les belles eftampes qu'il a gravées, & qui fe font répanduës par tout le monde. Car quoy qu'il peignit affez bien, & qu'il ait fait des portraits que l'on eftimoit beaucoup: C'eft pourtant par les chofes qu'il a deffeignées à la plume, & qu'il a gravées au burin, qu'il s'eft rendu confiderable. Il naquit l'an 1558. à Mulbracht, petit Bourg dans le pays de Julliers. Son pere nommé JEAN GOLTS eftoit habile à peindre fur le

Goltius

Verre. Henry avoit environ 33 ans lors qu'il demeura incommodé d'un crachement de sang qui luy dura pendant trois ans. Ce qui le fit resoudre de voyager, dans l'esperance que le changement d'air le gueriroit. Estant party de chez luy, il passa en Allemagne, & de là en Italie. Aprés avoir sejourné à Venise & à Naples, il demeura quelque-temps à Rome, où il desseigna quantité des plus beaux ouvrages de peinture : & en fit mesme desseigner par Gaspar Celio Peintre Romain, mais qu'il ne grava que long-temps aprés. Car dabord qu'il fut de retour de ses voyages, il ne fut guere en estat de travailler ; il tomba malade, & estant devenu etique, il fut reduit pendant un assez long-temps à ne prendre pour toute nouriture que du lait de femme. Enfin estant revenu en santé contre l'opinion de tous les Medecins, il grava toujours jusques à sa mort, qui arriva en 1617. estant agé de 59. ans.

En 1591.

Il n'a pas beaucoup peint comme je vous ay dit, mais il a fait quantité de desseins à la plume sur du velin, & sur de grandes toilles imprimées. Il leur donnoit mesme quelquefois un peu de coloris. De cette maniere il representa grand comme Nature une femme nuë avec un Satyre, dont il fit present à l'Empereur

ET LES OUVRAGES DES PEINTRES. 321
pereur Rodolphe. Pendant qu'il eſtoit à Rome, il avoit fait pluſieurs portraits de ſes amis, leſquels on eſtimoit beaucoup. Quant à ſes ouvrages au burin, on ſçait ceux qu'il a faits d'aprés Raphaël, d'aprés Polidore, & d'aprés quantité des plus excellens Peintres : dans leſquels on ne peut rien ſouhaiter davantage pour ce qui regarde l'art de bien manier le burin, & couper le cuivre avec franchiſe & netteté. Ce que l'on y pouroit deſirer, eſt qu'il euſt deſſeigné d'un meilleur gouſt, & qu'ayant beaucoup travaillé en Italie comme il a fait, il en euſt pris davantage la maniere.

Pendant qu'il travailloit à Rome, il n'eſtoit pas le ſeul des Peintres eſtrangers qui euſt aquis de l'eſtime ; Il y avoit auſſi d'excellens payſagiſtes qui eſtoient en grande reputation.

ADAM ELSHYEME natif de Francfort eſtoit un de ceux là. Il eſt vray qu'il ne travailloit pas à de grands ouvrages, & qu'il ſe plaiſoit à faire de petites figures, en quoy on peut dire qu'il excelloit. Vous avez veu autrefois de ſes Tableaux chez M. de la Noüe, un de ceux-là eſt preſentement dans le Cabinet de M. le Duc de Leſdiguieres ; il y en a auſſi dans le Cabinet du Roy.

ADAM.

Comme il les finiſſoit beaucoup, & qu'il
S s

mourut assez jeune *, il en fit peu, ce qui les rend assez rares.

PHILIPES D'ANGELI surnommé le NAPOLITAIN, ne vescut pas long-temps ; il estoit né à Rome, mais son pere l'ayant mené fort jeune à Naples, le nom de Napolitain luy demeura toujours. Il a fait quantité de paysages à Naples, à Florence & à Rome. Il peignit à Montecaval dans le Palais du Cardinal Scipion Borghese, neveu de Paul V. Ce Palais fut depuis nommé le Palais de Bentivoglio : & on l'appelle à present le Palais Mazarin. PAUL BRIL y travailloit aussi dans le mesme-temps.

Paul Bril n'estoit il pas Flamant, interrompit Pymandre ; & n'est ce pas de Flandre que nous sont venus tous ces beaux paysages que nous voyons de luy ?

Il estoit natif d'Anvers, repartis-je, mais estant allé à Rome avec un frere qu'il avoit, nommé MATHIEU BRIL, du temps que Gregoire XIII. faisoit travailler aux loges & à la Galerie du Vatican, ils y firent conjointement plusieurs Tableaux. Mathieu estant mort dés l'année 1584. Paul continua les mesmes ouvrages pendant le Pontificat de Gregoire.

ET LES OUVRAGES DES PEINTRES. 323

Quand Sixte V. fut esleu Pape, Paul s'asso- PAUL BRIL; cia avec d'autres Peintres pour faire les paysa- ges dans les Tableaux d'Histoires qu'ils repre- sentoient à fraisque. Ce fut luy qui sous le Pape Clement VIII. fit ce grand paysage qui est dans la Sale Clementine, où Saint Cle- ment Pape est representé sur un vaisseau, lors qu'on le precipite dans la mer, avec une ancre attachée au col. Comme ce Peintre estoit en reputation, le Cardinal Borghese le fit tra- vailler dans son Palais. C'est là qu'on voit plu- sieurs Tableaux de sa main, mais ceux qu'il a fait les derniers surpassent de beaucoup les autres; parce qu'ayant veu ceux d'Annibal Carache, & en ayant copié d'aprés le Titien, il changea beaucoup sa premiere maniere; imitant ce qu'il y a de plus beau dans la Na- ture. Desorte qu'il se mit en si grande esti- me qu'il vendoit ses Tableaux ce qu'il vou- loit, à des Marchands de son pays qui en faisoient trafic, & les respandoient de tous costez.

Il est vray aussi que les paysages qu'il faisoit en ce temps-là sont admirables. L'invention en est plus belle que dans ceux qu'il avoit faits auparavant: la disposition plus noble, & tou- tes les parties plus agreables & peintes d'un

Ss ij

Paul Bril. meilleur goust. Il en grava plusieurs à l'eau forte, parmy lesquels il s'en trouve de très beaux. Il demeura toujours à Rome, jusqu'à sa mort, qui arriva le septiéme Octobre 1626. estant alors âgé de soixante & douze ans.

Gobbo. Je puis vous nommer encore entre ceux qui faisoient alors du paysage, PIERRE PAUL GOBBO de Cortone. Il travailla dans le mesme Palais du Cardinal Borghese, mais ce qu'il faisoit le mieux estoit des fruits. Et l'on pouroit en cela non seulement le comparer à cet ancien Peintre, qui trompa des oiseaux avec des raisins qu'il avoit peints, mais le mettre au dessus, puisqu'il n'y avoit sorte de fruits qu'il n'imitast si parfaitement, que tout le monde y estoit trompé. Il est vray que son principal talent estoit dans la couleur, & qu'il ne desseignoit pas comme il peignoit.

Le Viole. LE VIOLE qui estoit Esleve d'Annibal Carache, & qui s'estoit entierement appliqué au paysage, avoit beaucoup plus de facilité que le Gobbo. Il estudioit d'aprés Nature, & quand il avoit peints quelques petits morceaux, il les mettoit en grand. Il y a un paysage dans la Vigne Montale, qu'il fit en concurrence de Paul Bril. C'est aussi de luy tous ceux que vous ayez veus à Frescati dans la

ET LES OUVRAGES DES PEINTRES. 325

Vigne Aldobrandine, & où le Dominiquin a peint les figures qui representent l'Histoire d'Apollon. Il en fit deux dans la vigne du Cardinal Lanfranc, que l'on nomme la Vigne Pie, proche le Temple de la Paix. Ils sont peints à fraisque, & vous pouvez bien vous en souvenir, puisque vous en fistes copier un dans le temps que nous estions à Rome par le sieur Cochin, qui travaille aujourd'huy à Venise avec estime. Quoique le Viole n'ait pas esté aussi sçavant dans le paysage que son maistre, ny que l'Albane, & qu'il y ait un peu de secheresse dans ce qu'il a fait; sa maniere neanmoins est bien au dessus de celle des Flamands, & l'on y voit un certain choix du beau qui les fait estimer de tous les Peintres.

Lors que Gregoire XV. fut esleu Pape, comme le Viole avoit toujours esté attaché auprés de sa personne pendant qu'il estoit Cardinal, il le fit son *Guardaroba*, qui est comme Concierge du Palais. Alors croyant sa fortune assez establie, il ne voulut plus travailler de peinture. Mais il ne jouyt pas long-temps du repos qu'il s'estoit proposé; il mourut au mois d'Aoust 1622. âgé de 50. ans.

Cependant comme les Peintres Flamans

S s iij

avoient toujours une inclination naturelle à beaucoup finir leurs paysages; ceux particulierement qui travailloient en Flandre gardoient leur ancienne maniere, & imitoient pluſtoſt les Tableaux de Brugle, & de Mathieu & Paul Bril, que non pas ceux des Peintres d'Italie.

SAVERI.

ROLAND SAVERI eſtoit un de ceux qui eſtoient alors aſſez en vogue; ſa maniere eſt fort finie, mais ſeche. Toutefois comme dans les choſes qui ſont finies, on deſcouvre pluſieurs parties que l'œil regarde avec plaiſir, ſes Tableaux ont toujours eſté aſſez recherchez, principalement par ceux qui ſe contentent d'une expreſſion ſimple & naturelle, & qui ne diſcernent pas ce que l'art execute avec plus d'excellence.

Dans le temps que les Peintres que je viens de nommer travailloient en Italie. Il y en avoit en France qui eſtoient employez dans les maiſons Royales. Les plus eſtimez eſtoient Jean de Hoëy, Ambroiſe du Bois, & Martin Freminet. Je croy vous avoir déja parlé des deux premiers, mais je ne penſe pas vous avoir rien dit de leur naiſſance.

JEAN DE HOEY.

DE HOEY eſtoit de Leyde en Hollande. Eſtant venu en France, il s'attacha au ſervice

ET LES OUVRAGES DES PEINTRES. 327

du Roy Henry IV. qui le fit un de ses valets de chambre ordinaires, & luy donna la garde de tous ses Tableaux. Il mourut âgé de 70. ans l'an 1615.

Ce fut dans la mesme année que mourut aussi AMBROISE DU BOIS. Il estoit d'Anvers: Il n'avoit que 25. ans lors qu'il ariva à Paris, mais il estoit fort avancé dans la peinture. Il se fit bien-tost connoistre, & ayant eu ordre du Roy Henry IV. de travailler à Fontainebleau, il commença la Galerie de la Reyne, où il fit plusieurs Tableaux de sa main : les autres furent faits sur ses desseins par des Peintres qu'il conduisoit conjointement avec Jean de Hoey. Ensuite il peignit dans le Cabinet de la Reyne l'Histoire de Tancrede & de Clorinde. Il fit outre cela plusieurs Tableaux sur les cheminées des apartemens du Roy & de la Reine ; Il representa l'Histoire de Theagene & de Cariclée, qui est dans la Chambre ovale où Louis XIII. nasquit.

Aprés avoir fait dans la Chapelle deux grands Tableaux, il en commençoit un autre lors qu'il tomba malade, & mourut âgé de 72. ans. Entre plusieurs Esleves qu'il fit, les plus estimez furent Paul du Bois son neveu ; un nommé Ninet Flamant, & Mogras de

AMBROISE
DU BOIS.

Fontainebleau.

MARTIN FREMINET.

Quant à MARTIN FREMINET, il estoit bien au dessus des deux que je viens de nommer. Il estoit de Paris, & avoit esté eslevé chez son pere, qui estoit un Peintre assez mediocre, & qui peignoit des Canevas pour travailler de tapisserie. Cependant Dubreüil y estudioit aussi dans le mesme temps, parce que Freminet le pere estoit en estime d'honneste-homme. Lors que le fils eust atteint l'âge de 25. ans, il resolut d'aller à Rome. Il avoit déja fait plusieurs Tableaux, entr'autres un S. Sebastien que vous pouvez voir dans l'Eglise de S. Josse. Il arriva en Italie dans le temps que les Peintres estoient partagez pour Michel Ange de Caravage, & pour Joseph Pin. Comme il avoit de l'esprit, & qu'il estoit bien fait, il se fit beaucoup d'amis. Le Cavalier Joseph Pin fut un des Peintres, avec lequel il contracta une estroite amitié : Neanmoins ce ne fut pas sa maniere qu'il se proposa d'imiter. Il suivit plus volontiers celle du Caravage; mais pourtant, considerant principalement les ouvrages de Michel Ange, dont il prist cét air fier, & cette forte maniere de desseigner, qui fait que l'on voit dans ses figures les nerfs & les muscles, comme ils paroissent dans celles

les de Michel Ange. Entre les ouvrages qu'il FREMINET. fit pendant sept ou huit ans qu'il demeura à Rome, il peignit de blanc & noir la façade d'une maison ; car je ne m'aresteray pas à vous parler de tous ses autres Tableaux.

Aprés avoir demeuré dans Rome le temps que je viens de dire, il en passa encore autant dans les autres Villes d'Italie. Il alla à Venise; ce qu'il y vit des Peintres Lombards, ne luy fit pas changer de maniere. Ensuite il passa en Savoye, où il travailla beaucoup dans le Palais du Duc, qui pour les belles qualitez que ce Peintre possedoit, l'estima si fort, que ce fut avec déplaisir qu'il le vit partir pour revenir en France. Car comme du Breüil qui conduisoit tous les ouvrages de Fontainebleau & du Louvre vint à mourir, le Roy estant informé du merite de Freminet, il le choisit pour son Peintre ordinaire.

Estant arrivé à la Cour, Sa Majesté le receut favorablement, & luy ordonna de peindre la Chapelle de Fontainebleau, parce qu'on avoit dit au Roy, qu'un Grand d'Espagne estant allé voir cette Royale Maison, & trouvant que la Chapelle en estoit mal ornée, avoit témoigné de l'estonnement de ce qu'un lieu si Saint, & qui est consacré à Dieu fust negligé de la sorte; Et que mesme il n'avoit pas voulu voir

T t

FREMINET. le reste du Chasteau.

Il commença donc cét ouvrage, & l'avoit un peu avancé lors que le Roy Henry mourut. Il le continua sous Louis XIII. qui n'eut pas moins d'estime pour luy que le Roy son Pere. Il luy en donna des marques en l'honorant de l'Ordre de S. Michel; Mais il ne jouyt pas long-temps des graces & des honneurs qu'il recevoit à la Cour. Car lors qu'il travailloit à finir la Chapelle, il demeura malade, & s'estant fait mener à Paris, il mourut âgé de 52. ans le 18. de Juin 1619. Son corps fut porté dans l'Eglise de Barbaux proche Fontainebleau, comme il l'avoit desiré.

La partie dans laquelle il excelloit, estoit celle du dessein. Il estoit sçavant dans l'Anathomie, & dans la science des muscles & des nerfs. Il sçavoit bien l'Architecture. Tous ces talens avec beaucoup d'autres bonnes qualitez luy firent meriter la charge de premier Peintre du Roy, & l'estime, & l'amitié de tous les honnestes gens.

Cependant vous serez obligé de m'avoüer, dit Pymandre, qu'il n'y a guere eu de Peintres dont la reputation ait si peu duré que celle de Freminet. Car je n'entens point parler de luy; Je ne voy aucun de ses ouvrages dans les

Cabinets, & si j'ose vous parler librement, je vous diray qu'ayant consideré plusieurs fois la Chapelle de Fontainebleau, je n'ay rien trouvé qui me peut plaire, quoique je tâchasse de me conformer en quelque sorte au jugement de ceux qui en faisoient estat; à cause peut estre que l'ouvrage n'estant fait que pour les sçavans, j'ay trop peu de connoissance pour en découvrir les beautez.

Si le vulgaire mesme, luy repartis-je, distingue ce qu'il y a de choquant, ou d'agreable dans les diverses cadences du stile, & des vers; on ne doit pas trouver mauvais que vous disiez vostre sentiment sur les peintures de Freminet. La force de la Nature est admirable dans le jugement qu'elle fait des choses de l'art, non seulement comme dans les Tableaux & dans les Statuës, mais encore en plusieurs autres ouvrages, dont les hommes par une notion commune, discernent les beautez & les deffauts. Peu de gens, dit Ciceron, sçavent la Poësie & la Musique; si neanmoins un Acteur gaste un vers par une fausse prononciation, ou si un Musicien tombe dans quelque discordance, le peuple mesme en témoigne du dégoust: Tant il est vray, que s'il est besoin de sçavoir l'art pour en faire les ouvrages, la nature suffit pour en juger; A cause que l'art descend de la nature, & qu'il n'arrive jamais à son but, que lors qu'il s'accommode à la nature mesme, & qu'il la contente. Ainsi il est vray que ce qu'il y a dans les Peintures de Freminet de plus à estimer, n'est pas connu de tout le monde, parce qu'il s'est esloigné de la nature, & c'est aussi ce qui les a renduës si peu recherchées. Car encore qu'un Peintre possede le dessein qui est la base de tout son art : Neanmoins s'il ne sçait s'en servir agreablement, par des dispositions aisées, par des actions naturelles, par des expressions agreables ; Et que tout cela soit encore accompagné de couleurs, d'ombres & de lumieres bien conduites, & bien entenduës ; Il est certain que, non seulement les personnes les moins connoissantes en cét art, ne se plairoient pas à voir de tels ouvrages, mais aussi les sçavans, qui se lassent bien-tost de les regarder. Parce qu'il en est de ces sortes de choses comme de ceux qui chantent ou qui joüent d'un instrument. Quoy qu'ils soient tres-doctes dans la Musique, & qu'ils chantent avec science ; il faut pour plaire à ceux qui les escoutent, que la voix soit conduite, ou que l'instrument soit touché agreablement, & qu'il y ait une varieté de tons, & de voix qui frapent l'oreille avec douceur ; autrement on s'ennuyera bien-toſt, & l'on preferera ſouvent une ſimple chanſon agreable, à un grand air.

Or il eſt vray que Freminet n'avoit pas une maniere de peindre qui peut plaire à tout le monde. Elle eſtoit comme je vous ay dit fierre & terrible ; donnant à ſes figures des mouvemens trop forts & marquant tellement les muſcles qu'ils paroiſſent juſques ſous les draperies. Deſorte que ſes ordonnances ſont preſques toujours d'actions eſtudiées & recherchées à la maniere des Florentins, & non pas naturelles & aiſées. C'eſt pourquoy on regarde avec plus de plaiſir les Tableaux de FRANÇOIS PORBUS qui travailloit à Paris dans le temps de Freminet ; quoy qu'à dire vray, il n'y ait pas dans ce que Porbus a peint, ny un grand feu, ny une force de deſſein ; mais ſeulement une beauté de pinceau qui plaiſt à tout le monde. Bien qu'il euſt eſté en Italie, il garda beaucoup de la maniere de ſon pere qui eſtoit ſon premier maiſtre. Car il eſtoit fils de François Porbus Peintre de Bruges, & petit fils de Pierre, deſquels je vous ay parlé. Il a fait de grandes compoſi-

FR. PORBUS.

tons d'Histoires ; mais c'estoit à faire des portraits qu'il reussissoit davantage. Vous en avez peu voir quantité qu'il a faits dans l'Hostel de Ville de Paris pour les Prevosts des Marchands, & les Eschevins qui vivoient en ce temps-là. Il y en a aussi dans plusieurs Cabinets de curieux. C'est de luy le Tableau du grand Autel de S. Leu & S. Gilles ; & celuy des Jacobins de la ruë Saint Honoré, où est representé une Annonciation. Il ne survescut Freminet que de trois ou quatre ans.

Comme j'achevois de parler, nous vismes entrer dans le lieu où nous estions plusieurs personnes qui venoient visiter les appartemens de ce Palais ; cela nous fit retirer, remettant à un autre jour à poursuivre nostre entretien.

FIN

TABLE.

A

A Cademie des Caraches. pag. 262
Academie de Rome fondée par Gregoire XIII. 117
Adam Elshiemé. 321
De l'Admiration. 216
Adonis & Venus Tableau du Titien. 66
De l'Adoration. 240
De l'Agrément. 214
De l'Air, & des differences qui s'y trouvent. 23
Alexandre Allori. 120
Alexandre Bonvincino. 116
Ambroise du Bois. 327
Ambroise du Bois. 136
De l'Amour. 209
André Schivon. 113
Annibal Carache. 260
Antoine Badille. 144
Antoine Carache. 300
Antoine Fantose. 126
Antoine More. 139
Antonio. 124
Antonio Maria Panico. 287
Des Apparences des corps dans l'eau. 49. 50
L'Aretin amy du Titien. 65
L'Arioste peint par le Titien. 64

l'Aventure du Pescheur, Tableau de Paris Bordon. 79
Augustin Carache. 296

B

Badalochio. 288
Bagnacavallo. 125
Cl. Baldouin. 125
Baptista del Moro. 176
Fred. Baroccio. 257
Jacopo *Barozzi* dit Vignole. 118
Les Bassans. 158
Bataille de Constantin peinte par Raphaël, 237. 250
Barthelemy de Miniato. 124
Baullery. 136
Nicolas *Belin.* 125
Benedetto frere de P. Veronese. 158
le Blanc doit estre employé dans les esclats de lumiere. 104
Bol. 138
Boniface Venitien. 118
Nicolas *Bouvier.* 135
Louis *du Breuil.* 126
Toussaint *du Breuil.* 134
Mathieu *Bril.* 322
Paul *Bril.* 322
Le Bronzin. 120
Bulant Arch. 134

TABLE.

Jacob *Bunel*.	135
Jean *Buron*.	125
Pelegrin *Buron*.	125
Virgile *Buron*.	125

C

Cachetemier.	125
Califto de Lodi.	116
Jean *Calker*.	78
Louis *Carache*.	260
Le *Caravage*.	302
Ch. *Carmoy*.	125
Le Centaure Neffe qui enleve Dejanire, peint par le Guide.	18
L'Empereur Charles Quint Couronné à Bologne, & peint par le Titien.	65. 67
Charles fils de P. Veronefe.	158
Cherubin Albert.	317
Chiron peint en Centaure.	18
Les chofes peintes ne peuvent avoir tant de relief que le Naturel, & pourquoy.	5
Le *Civoli*.	313
Clement VII. couronne Charles Quint.	65
Julio *Clovio*.	120
Cock.	138
De la colere.	348
J. *Contarino*.	176
Corneille Cort Grave pour le Titien.	70
Corneille de Lion.	127
Leo. *Corona*.	176
Du nombre des Couleurs.	27

Des Couleurs, & de celles qui font propres à huile & à fraifque.	8. 9
De leur meflange.	15
Jean *Coufin*.	128
Michel *Coxis*.	137
De la Crainte.	238

D

Danaé peinte par le Titien.	66. 76
Dario Varotari.	176
Du Defir.	217
Du Defefpoir.	248
Domenico Feti.	313
Ch. & Th. *Dorigni*.	125
De la Douleur.	222
Du Bois.	327
Euft. *Du Bois*.	126
Guillaume *Dumée*.	136
Du Monftier.	127

E

De l'Emulation.	235
De l'Envie.	234
L'*Efpagnolet*.	303
De l'Efperance.	274
De l'Expreffion.	207

F

Marco da Faenza.	123
Pao. *Farinato*.	176
Le *Feti*.	313
Le *Fialetti*.	171
Profpero *Fontani*.	123
Francefchi.	175
François *Baffan*.	161
Frederico *Zucchero*.	314

De

TABLE

de la Fuite. 328
Freminet. 217

G
Gabriel fils de P. Veronese. 158
Galerie Farnese. 268
Galerie des Tuilleries ornée de Tableaux. 193
Gentileschi. 318
Mort de Germanicus peinte par le Poussin. 232
Girolamo da Sermoneta. 123
Le Gobbe. 324
Goltius. 319
Le Marquis du Guast peint par le Titien. 69

H
des differens Habits. 178
Cl. & Ab. Hallé. 135
de la Hardiesse. 236
Henry III. passant à Venise, alla voir le Titien. 71
Histoire de l'Aventure du Pescheur peinte à Venise par Paris Bordon. 79
Geor. Hoefnaghel. 141
Guill. de Hoëy. 126
Gab. Honnet. 136
de la Honte. 244
Gh. Honthorst. 304
de l'Horreur. 204

I
Janet. 127
Jaques Bassan. 158
Jean Bassan. 163
Jean Bol. 158

Jerosme Bassan. 158
Jerosme Cock. 163
Il Moretto. 116
de l'Impudence. 241
de l'Indignation. 234
Joseph Pin. 304
les Jours & les Ombres se representent diversement selon les differentes surfaces des corps. 41
de la Joye. 217
Jude Indocus. 141
Jugement qu'on peut faire des Tableaux. 293
Jugement de Salomon peint par le Poussin. 231

L
Le Laocoön, combien estimé par Augustin Carache. 266
Lavinia. 123
Leandre Bassan. 162
H. Lerambert. 136
L. F. & I. Lerambert. 125
Francisque Libon Fondeur. 128
Lits & Triclines des Anciens. 150
Livio Agresti. 198
Lorenzino de Bologne. 198
Lucas Romain. 125
Ludovico Civoli. 313
Ludovico Leone Padouano. 312
de la Lumiere. 35

M
Manfrede. 302

TABLE

des differentes Manieres de peindre. 201
Maniere de peindre du Titien. 97
Marc de Sienne. 198
Lucio Massari. 288
Damiano Mazzu. 77
Du Meslange des couleurs. 15
Michel Ange sçavant dans l'Anathomie. 33
Gir. Michel. 126
M. I. Miervert. 142
des Modes & des vestemens. 178
Germain Musnier. 126
Le Mutian. 116

N

Baptiste Naldino. 124
de la Nature, & de l'effet des couleurs. 26
Nicolao Dalle Pomarancie. 124
du Noir & du Blanc. 105

O

de l'Ombre & de l'Obscurité. 34
Ottavio Padouano. 313

P

Le Padoüan. 312
Giacomo Palma. 313
le jeune Palme. 313
Paris Bordon. 78
Parrhasius sçavant à bien arondir les corps. 19
Barth. Passerotti. 123
Des Passions. 209

Le Passignan. 317
Paul III. peint par le Titien. 66
Paul Franceschi. 175
Paul Veronese. 143
Paysage du Titien comment traité. 108
Pellegrin de Bologne. 199
du Perao. 135
de la Perspective Aerienne. 21
des regles de Perspective. 85
de la Peur. 238
Philbert de Lorme Archi. 125
Philippes Napolitain. 322
Pinaigrier. 133
du Plaisir. 217
Pomponio fils du Titien. 67
Francesco du Ponte. 158
Da. & N. Pontheroni. 135
Fr. Porbus. 333
Pier. Porbus. 139
Portraits chargez. 178
Psammetite. 233
de la Pudeur. 245
Pyoro Ligorio. 118

R

des Reflexions des corps dans l'eau. 49
de la Refraction. 56
Laurent Renaudin. 124
Joseph Ribera dit l'Espagnolet. 303
Giacomo Rocca. 199
Domi. Riccio. 176

TABLE

Jacques *Robusti* dit Tintoret. 163
Mich. *Rochetet* 126
Roger de *Rogeri*. 134
Girolamo *Romanino*. 116
I. & G. *Rondelet*. 125
Simon *le Roy*. 125

S

J. Sanson. 126
Ch. *Saracino*. 303
Saveri. 326
Girolamo *Savoldi*. 116
Jac. *Sementa*. 123
Sisto Badalocchio. 288
Bart. *Sprangher*. 142
J. Strada. 141

T

Tableau de Daniel de Volterie peint à Rome. 229
Tableaux d'Annibal Carache qui sont à Paris. 286
Tableau d'Aristide. 223
Tableaux de P. Veronese dans le Cabinet du Roy. 156
Tableau du Poussin aux Jesuistes. 216
Tableau de Timanthe. 123
Tableau de Venus & Adonis dans le Cabinet de M. le Grand. 70
Tableaux du Titien dans le Cabinet du Roy. 69

Testelin. 136
Le *Tintoret*. 163
Mar. *Tintoretta*. 174
Girolamo *di Titiano*. 77
Le *Titien*. 61
Le Titien grand observateur des lumieres & des couleurs. 32
de la Tristesse. 222

V

Le *Valentin*. 303
Francesco *Vanni*. 258
Varotari. 176
Vazari. 121
François *Veccelli* frere du Titien. 72
Horace *Veccelli* fils du Titien. 73
Marc *Vecellio*. 176
Marcello *Venusto*. 123
Mario *Verdizotto*. 77
des Vestemens anciens & modernes. 178
Vignole. 118
Viole. 324
Vitres de la Chapelle de Gaillon. 133
M. *de Vos*. 175

Z

Bap. *Zelotti*. 158
Zucchero. 314
Lambert *Zustrus*. 113

FIN.

EXTRAIT DU PRIVILEGE du Roy.

PAr Lettres Patentes du Roy, données à Paris le 9. Octobre 1663. Signées HERVE', & Scelées du Grand Sceau de cire jaune. Il est permis à ANDRE' FELIBIEN sieur des Avaux, de faire Imprimer par tel imprimeur qu'il voudra, *Vn Traité de l'Origine de la Peinture, & des plus Excellens Peintres anciens & modernes*, & ce durant l'espace de vingt années, avec deffences, &c.

CORRECTIONS.

PAge 2. lig. 19. sombres pour *lisez* sombres comme pour. Id. lig. 10. avoir traversé, *lisez* avoir parcouru. page 3. penult. *effacez* jamais. pag. 12. lig. 11. & davantage *lisez* & plus d'avantage. pag. 20. lig. 4. ce qui est caché *lisez* ce qui en est caché. pag. 21. lig. der. ombre *lisez* ombres. pag. 58. lig. 6. & plus ses rayons *effacez* &. pag. 59. lig. 3. l'obscurité *lisez* obscurité. pag. 60. lig. 3. & 4. *lisez* puisque de l'un & de l'autre. pag. 82. lig. 13. l'escole *lisez* ceux de l'escole. pag. 87. lig. 10. appartenances *lisez* apparances. pag. 99. lig. 7. des moyens *lisez* de moyens. pag. 102. lig. 6. se rassemble *lisez* les rassemble. pag. 103. der. lig. pente *lisez* peine. pag. 108. lig. 18. le feuilles *lisez* les feuilles. pag. 117. der. lig. de pus *lisez* depuis. pag. 118. lig. 7. Salme *lisez* Palme. Id. qui estudia *lisez* qui l'imita. pag. 127. lig. 14. dames *lisez* des dames pag. 133. lig. 6. je considerasse *lisez* je ne. pag. 134. lig. 22. Fremius *lisez* Freminet. pag. 152. lig. 7. apprence *lisez* apparence. pag. 168. lig. 5. qu'il n'avoit *lisez* qu'ils n'avoient. pag. 171. lig. 11. voyez *lisez* voila. pag. 173. lig. 15. *effacez* l'Aretin. pag. 201. lig. 23. les copistes *lisez* les esprits. pag. 203 lig. 17. ne peut *lisez* ne put. pag. 204. lig. 15. enfermez *lisez* fermez. pag. 209. der. lig. pouvoit *lisez* pouroit. pag. 234. lig. 12. j'ay continué *lisez* je continué. pag. 239. lig. 10. la chair *lisez* la chair.

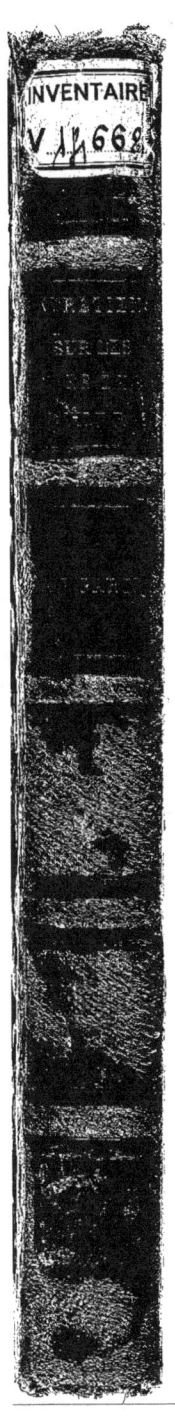

www.ingramcontent.com/pod-product-compliance
Lightning Source LLC
Chambersburg PA
CBHW052238220526
45471CB00001B/101